框架桥盾构法施工技术

李家稳　编著

中国铁道出版社

2012年·北 京

内容简介

本书介绍了框架桥盾构法施工的概念，系统地分析了框架桥盾构法结构的设计方法，对框架桥盾构法施工的技术及施工中特殊处理技术和监测技术等进行了全面论述。

本书可供铁路和公路工程技术人员参考。

图书在版编目(CIP)数据

框架桥盾构法施工技术/李家稳编著.—北京：中国铁道出版社，2012.11

ISBN 978-7-113-15388-5

Ⅰ.①框… Ⅱ.①李… Ⅲ.①刚构桥—盾构法—桥梁施工 Ⅳ.①U448.23

中国版本图书馆 CIP 数据核字(2012)第 234519 号

书　　名：**框架桥盾构法施工技术**
作　　者：李家稳　编著

策　　划：张　婕
责任编辑：张　婕　　**编辑部电话**：(010)51873141　　**电子信箱**：crph_zj@163.com
编辑助理：邱金帅
封面设计：崔丽芳
责任校对：胡明锋
责任印制：陆　宁

出版发行：中国铁道出版社(100054，北京市西城区右安门西街 8 号)
网　　址：http://www.tdpress.com
印　　刷：三河市华业印装厂
版　　次：2012 年 11 月第 1 版　2012 年 11 月第 1 次印刷
开　　本：787 mm×1 092 mm　1/16　印张：11.5　字数：264 千
书　　号：ISBN 978-7-113-15388-5
定　　价：35.00 元

前　言

近10年来，我国经济建设的发展对交通业的需求日益高涨，新建的公路、城市道路日趋增多，不可避免地出现与既有公路、铁路形成交叉通行的状况。由于上跨结构受到用地范围、城市规划及工程造价等因素的制约，促进了下穿框架桥顶进工程的飞速发展。

下穿的框架桥结构，在顶进施工时，框架桥上的既有铁路或公路运行将受到一定的限速影响，这对铁路或公路的运行是十分不利的，既影响行车速度，又带来不安全因素，而采用框架桥盾构法施工技术能有效地避免这些问题。框架桥盾构法施工技术的特点是在框架桥顶进施工前，先在框架桥前端制作好与框架桥结构类似的盾构体，将盾构体上面的子盾构分次顶进路基内，然后再顶框架桥并推动前端的盾构体一起顶进路基内，这种顶进过程循环往复直至将整个框架桥顶进到位。在顶进过程中框架桥盾构体起到保证路基稳定、提高线路安全的作用。

本书全面、系统、详细地介绍框架桥盾构法施工的概念及框架桥盾构体的设计方法和施工过程中需要解决的一系列问题。主要突出在以下几个方面：一是结合最新规范，讨论多种工况下盾构的受力情况，来对盾构进行设计；二是详细讲解框架桥盾构各组成部分在施工中的施工工艺和注意要点；三是介绍了盾构体的一些特殊施工技术是如何保证工程顺利完成的，以及实际工程的监测方法；四是结合多个工程实例介绍了近几年在框架桥盾构体设计与施工中常见的工程问题和相应的解决方法与措施。

本书在编写过程中，得到北京中科智邦软件设计院的张海燕博士及北京科宝华软件开发有限公司的李邦德，北京交大建筑勘察设计院有限公司的田雅菲、温贵琼、李达、齐会珍、曾晓敏、田启明，北京方达工程管理公司总监李家道，以及研究生郭建波、陈旭、马中建、刘翰林、张丽君、郑海龙、李仁涛等的大力支持。同时文中还引用了有关框架桥盾构体顶进施工方面的专著和论文，在此谨向原作者致谢。由于作者水平有限，书中难免有错误、不当之处，敬请读者批评指正。

编　者

2011年5月

目　　录

第一章 概 述

第一节 框架桥顶进法施工的发展过程

随着经济发展，城市化发展越来越快，城市人口逐渐密集，只有城市交通运输的现代化，才能确保城市道路畅通无阻，这是衡量一个城市是否现代化的尺度之一。近代城市的发展，是伴随着铁路运输而兴起的，但是铁路发展也随之成为城市交通的障碍。因为当铁路线纵贯城市时，多数城市干道需要与铁路交叉，这些交叉道大多采用平面形式，既对城市交通的干扰很大，也影响城市交通安全，更不利用应急和战备的需要。因此，如何在运营车次频繁的铁路线上修建立交桥，则是迫切需要解决的问题。

我国在20世纪60年代发展起来的既有铁路线下修建框架桥采用顶入法施工，解决了我国多年来铁路与城市道路在交通运输上难以解决的矛盾。框架桥采用顶入法施工，既可以避免修建便线、便桥，又能够最大限度地避免对行车的干扰，从而达到保证铁路运输，节省工程造价的目的。其优越性已广泛地被人们所认同，此种施工工艺也越来越多地在营业线上得到应用。

根据道路与被交路面位置的不同，立交的方式可以分为两大类：道路在被交路的路面结构以上通过的方式称为上跨立交方式；道路在被交路的路面结构下部穿过时的方式称为下穿式立交方式，或者更通俗的称之为地道桥，其结构形式一般采用框架桥的方式。修建时，需拆迁地下管线，附属工程量大，且设计时应注意净空、通风、照明、排水和防冰（严寒地带）等要求。

一、顶进施工技术

随着技术的发展，框架桥顶进工艺不断地改进和完善，顶进框架桥的尺寸由小到大，孔数由单孔、双孔、三孔到四孔连续框架，由横向分节顶进到四孔整体顶进，顶部覆土逐渐由厚到薄，甚至到完全可以架空顶进；框架桥与铁路的交角由正交发展到斜交，顶进方法也由顶入法发展到对顶法、顶拉法、牵拉法、中继间法等。

一次顶入法也称整体顶入法，它是指桥体整体预制，纵向不分节、横向不分体，从桥体顶进到桥体就位一气呵成。一次顶入法不论桥涵位置正交、斜交，还是覆土厚薄，一般都能一次顶入就位。铁路一侧一次整体顶入法是按公路的规划位置和铁路线路平面位置，在线路一侧设置工作坑，坑底做滑板，按穿越铁路股道的多少、净宽、净高要求，在滑板上预制一个单孔或多孔钢筋混凝土框架桥，框架桥的前端做成突出的刃角，再在离框架桥尾部不远处修筑后背，然后在后背梁与框架桥底板之间安设千斤顶（或称顶镐），同时对铁路进行加固，最后顶镐借后背的反力将框架桥顶入路基。顶进时，框架桥前端刃角处不断挖土，随顶随挖，直至框架桥全部顶入路基为止。

对顶法是在铁路两侧各挖一工作坑，将框架桥分成两半，分别在两侧工作坑内预制，并修筑后背，同样凭借后背反力将框架桥顶入路基。桥身接口（对扣）的位置应选择在铁路两股道之间，以利列车运行和逐次拆卸钢刃角以顶进另侧桥身就位，并便于设置沉降缝。拆除钢刃角时，应注意避免发生塌方，最好将刃角分块安装，拆除时即可分块进行。小型框架桥，若路基土质较好，可以不设刃角。

顶拉法是根据中继间的原理，将后节桥体与前节桥体以钢筋拉杆相连，使前后节桥体互为后背，交替顶进，即以后节桥体为后背顶进前节桥体，继而以前节桥体为拉杆锚固点拉进后节桥体，如此将分节的桥体拉入路基的方法。当框架桥穿越股道较多，桥身较长，顶部无覆盖土或土层不厚，在顶进时能将线路架空时，采用顶拉法较为合适。一般中、小型框架桥采用顶拉法施工效果较好，对于后背修筑困难的情况，顶拉法更显示出其优越性。

牵引法是将顶进施工的千斤顶安置在要顶入的结构物前方，通过钢绞线将置于对面的结构物拉入路基中的方法。为此，牵引法也称“前置千斤顶法”或“拉入法”。牵引法的特点：不必专门建筑后背，可利用下一步待牵引的结构物或原路基等当后背，由于不必设专门的后背，因而，能在无法修筑后背的地段或环境比较狭窄的地带施工；方向性较好；覆土极薄的地方也能施工；采用分段牵引法时，可用较小的牵引力进行大型结构物的施工。

当穿越多股线路时，因框架桥轴向长度较长，顶进时所需顶力较大，后背设备增多，此时宜将框架桥分节预制，在节间设置中继间，将框架桥接力顶进。

将桥身轴向分节预制，在工作坑后端修建小型后背，各节桥身间设中继间，各节桥身之间和末节桥身与后背之间均安设千斤顶，然后由前至后依次逐节驱动千斤顶，逐节推动桥身。后背处的千斤顶回收后，安放顶铁，再开始第二次顶进，依次往复循环顶进，直至桥身顶进就位。由于逐节顶进桥身，故后背的最大反力仅为最后一节桥身的顶力，使后背工程大为简化。此法的优点是后背小，顶进设备用量少，不需要拉锚设备，桥身预制简单，而且桥身的分节顶进比顶拉法自由，还可以克服因桥身过长而纵向配筋增多的问题。当受地形限制，不能沿桥身轴线分节预制时，还可以沿线路横向排列分节预制。例如桥体分 3 节预制，将中间沿顶进轴线排列的第 1 节先顶入路基，然后将第 2 节横移至顶进的轴线位置上，安装第 1 个中继间，待第 2 节顶入路基后再横移第 3 节就位，安装第 2 个中继间，再继续顶入路基，直至全部桥身就位。由于具有上述优点，故在桥身长、顶力过大，或受场地限制无法修建大型后背的情况下中继间法被广泛采用。

二、框架桥盾构法的发展过程

用顶进法修建框架桥，起源于施工地点无法开槽施工，是地下工程穿越地面障碍的一种施工方法，所以，也称作不开槽施工法。自 20 世纪 50 年代以来，不开槽施工法先是用于修建圆形管线，而在修建城市框架桥中的广泛应用，则是近十几年的事。

我国采用顶进法来修建穿越铁路的框架桥开始于 1964 年，该年哈尔滨市在某一工程中顶进了宽 2.4 m、高 1.8 m、长 35.5 m 的排水框架桥。1965 年天津市用牵引法在铁路下顶入了一个宽 1.6 m、长 16 m 的框架桥；同年，郑州铁路局在京广线上顶进了宽 2 m、长 20 m 的框架桥；石家庄市在德太铁路线下用架梁的办法，推进了一座宽 3.2 m，长 11.7 m 的框架桥作人行道；北京市在某一立交桥扩建中也推入了一个宽 4 m 的框架桥作为人行道。第一座能通行机动车的框架桥则是1966年在天津市建成的,该工程用顶墩拉梁法建成了一个具有两个2 m宽的人行道和两个5.5 m宽的车行道,净高为4.2 m的地道桥,使顶入法进而推广应用到框架桥的施工。1967年天津市直接以单个箱形框架作为框架桥的主体结构,分次顶入了具有两个5 m人行道(包括非机动车道)及两个7 m车行道的适合城市道路规模的框架桥。1968年在地形狭窄的地区,将一个5.5 m—9 m—5.5 m三孔连续的箱形框架结构一次顶入铁路。自此,采用顶入法修建框架桥日益广泛。

20世纪60年代后期到现在,可称为用顶进法修建框架桥蓬勃发展的时期,1966年闻名的东风框架桥在天津市建成。北京地区顶进了一连串的框架桥,其中包括我国最大跨度的西大望框架桥(8.15 m-16.3 m-8.15 m,1973年)以及广渠门(6 m-14.5 m-6 m,1971年)、城子镇(6 m-14.5 m-6 m,1971年)等大型框架桥,上海市也建成了军工路框架桥(4.5 m-14 m-4.5 m,1975年)。20世纪80年代开始,框架桥技术有了更大的发展。仅1980年就顶进完成我国最大一级跨度的天津红旗路框架桥(8 m-16 m-8 m)、沈阳南八街框架桥(8 m-16 m-8 m)、呼和浩特呼仑路框架桥(8.15 m-16.3 m-8.15 m)以及北京三环路纪家庙框架桥(9 m-11.75 m-9 m)共四座。事实证明,用顶进法修建立交框架桥具有强大生命力,框架桥技术达到了新的水平,顶进法的优越性已为人们所认识。

框架桥顶进法的施工越来越被人们所认识,适合中国国情的发展。

"框架桥盾构法"施工是一种较为先进的顶涵施工方法,是在保留传统顶涵施工,即桥涵结构路侧预制工艺的基础上,对结构顶进支护方法进行了重大改革。它将明挖开槽改为地下暗挖盾构支护,使用暗挖推进,减低了施工对行车的影响。

我国从2000年施工的广深线K68+399.12石龙站1-4 m人行地道接长工程使用的钢棚箱出现框架桥盾构的雏形开始,到2004年成功施工长沙市人民路东延长线一期穿越京珠高速公路框架桥工程,2006年新余市成功施工人民北路下穿沪昆铁路框架桥工程、南昌市施工阳明路下穿京九线框架桥工程、漯河市施工河南省常付公路K323+090.24顶进涵,到最近的2008年施工的萍乡市滨河路下穿框架桥、2009年施工的南昌市丰和北大道下穿框架桥等,都取得了比较明显的经济和技术效益,其施工工艺已经随着工程实施的不断深入而得到了逐步的完善,许多科技工作者也从不同的侧面展开了对该种新方法的研究,使其技术日臻成熟。

第二节 框架桥盾构法施工过程

框架桥盾构法施工中前端的组合钢结构部分我们称为"盾构体",盾构体由钢柱、钢梁、盾壳、子盾构、液压推进系统、辅助机构六大部分组成。装配在第一节框架桥前端的盾构,作为带土顶进时掘进面与路基的施工支护,同时也担负顶推导向。根据不同地质情况设计盾构长度以确保中心土天然支护作用是框架桥盾构法施工的关键。

盾构法顶进框架桥施工时,施工前期工作与普通施工方法相同,主要为以下几个方面:施工准备、基坑开挖及滑板制作、框架桥身预制、后座制作等。

框架桥工程采用框架桥盾构法施工,掘进时,每组子盾构由1名工人配合修整掘进面、出土以及盾构母体推进时对子盾构套入桥体状态的监视。子盾构作业为人力配合机械,视挖掘面土体的自稳能力而定,有先顶后挖、边顶边挖、先挖后顶三种掘进方式。

盾构墩柱设计为多层，每层土体由1名工人完成掘进，每组墩柱由4人担负出土、顶推监视工作。大断面中心土采用挖机掘进与装车，自卸汽车外运弃土。

图1—1所示为框架桥盾构法使用设备框架桥盾构机的横断面示意图。因为横向断面呈桥梁形，所以取名为框架桥盾构机。

图1—1　框架桥盾构横断面图

框架桥盾构机的施工工序如下：

(1)小断面矩形子盾构分别掘进至设计深度；

(2)内部土砂的掘削(普通掘削机械切削内部土砂)；

(3)框架桥盾构机整体向前推进；

(4)轮廓躯体的构筑(预制件拼装或框架顶进)；

(5)(1)~(4)工序循环，至掘进完成；

(6)内部构筑(二次衬砌)。

框架桥盾构具体的施工过程如下：

1.开挖工作坑

工作坑是预制和顶进框架桥的工作基地。工作坑内设有滑板，其上铺设润滑隔离层，框架桥在工作坑内预制。框架桥顶进工作能否顺利进行与工作坑的布局有很大的关系。

2.修筑滑板、设置润滑隔离层

滑板是顶进工艺极为重要的设施，除了要求具有一定的强度和刚度外，还要求有较高的平整度，以便在润滑隔离层的作用下，使框架桥易于启动，并脱离滑板而滑进。当浇筑框架桥底板时，过大的启动力会使滑板拉断并被框架桥带走，造成严重的工程事故。

3.预制框架桥和组拼盾构

按设计要求及施工规范，在滑板油毛毡隔离层上绑扎钢筋以预制钢筋混凝土框架桥，并对盾构体进行组拼安装。

4.修筑后备墙

后备墙是顶进的依托，应该做到牢固可靠，以保证顶进的顺利进行。

5.安设顶进设备和反拉系统

顶进设备分液压系统和传力设备两部分。液压系统由高压油泵、控制阀、调节阀、千斤顶、油箱、油管压力表等组成。千斤顶规格和数量由桥身计算顶力和桥体底板宽度决定，通常选用双作用、卧式、起重力为150~200 t、顶程1.0 m的千斤顶为宜，其顶力可按额定顶力的70%计算，还有适当的储备。千斤顶的布置应以框架桥中心线为轴，对称布置。传力设备由顶铁、顶柱、横梁组成。

6.线路加固

框架桥顶进施工中，必须对铁路线路进行加固，实时对线路变化进行观测，做到有变即调，确保线路行车安全。

线路加固必须根据铁路线路、桥尺寸、材料设备、施工环境等因素来确定加固形式。常见的有三种：吊梁、扣轨梁加固；纵挑横抬加固；低高度便梁加固。框架桥盾构法线路加固一般采用第一种。

7. 试顶

8. 启动顶进

启动时,需逐渐加压,并对设备及滑板、后备墙等进行检查。启动后要掌握好框架桥顶进方向,用全站仪实时观测框架桥的方向及高程变化,并注意及时纠偏,以保证顺利地把框架桥按设计要求的位置顶入路基。

9. 盾构拆解

框架桥顶进到位后,进行盾构体的拆解。

第三节 框架桥盾构法设计原则

盾构法设计原则一般为在高速公路项目中以保障安全通行为目的,对支承框架桥顶部的恒载、行车动载以及保护掘进面路基土体稳定性至关重要,采用网格式原理,把高速公路路堤化整为"零"。其含义为:设置多个墩柱将掘进面分隔开,且每个墩柱又分隔为多层的网格形状;盾构上部最前端设置若干子盾构、相互之间独立作业,将掘进面的整体开挖化解为单一开挖。掘进面的开挖分为三个部分:子盾构箱内土体开挖;墩柱内土体开挖;中心土开挖。通过盾构钢结构部分的受力分析,进行钢结构的设计、制作;通过盾构部分荷载计算,确定千斤顶外形尺寸及规格。

框架桥盾构法施工技术的关键就是利用中心土作为架空支撑载体,以实现路基架空加固的作用。其作用一是承受上部荷载(恒载+动载),就是利用公路夯实的路基土承载力较高的特性作为支撑,以实现路基架空加固的作用;二是平衡侧向土压力。通过上述技术成功解决了公路路堤架空加固的技术难题。

框架桥盾构法的原理为:盾构体中的子盾构由液压系统控制,单台组错开推进,相邻子盾构不得同步推进,同时人工等截面挖除盾构桥体、立柱前端部分土体(每次约0.4~0.5 m长度)、挖掘机刷中心土坡面及清除框架底板前方部分土体。在推进框架桥前应对减阻板实施预反拉,当盾构体随框架桥同步推进时,应对减阻板施加足够反拉力,使减阻板处于相对静止状态,控制减阻板上的路基、道床不产生横向位移,此时子盾构原推出部分被掘进面土体阻挡,子盾构与子盾构桥体作相对运动,退回桥体内,即完成盾构掘进一个工作循环。为确保行车安全,采用本盾构法顶进施工,必须严格遵循顶进不行车、行车不顶进原则。

盾构法在框架桥等结构物的顶进工程中,经实践证明,其效果是显著的。盾构法具有不中断通行、不限跨径、施工安全、地质条件受限制小以及缩短施工周期等优点。而任何一项先进技术都有一定的局限性:盾构全部由钢材经现场切割焊接而成,因重量大在运输、吊装中易产生形变;现场制作易造成较大误差,对技术工人的技能水平要求较高,安装不当易造成较多的返工工作;盾构全部为钢结构,重复利用次数少,一次性投入大(盾构本身的制作成本较高)。

针对其缺点可以进一步提出改进措施,盾构可由现场制作、焊接连接的方式改进为半成品构件拼装连接,组装构件能够在工厂集中制作,同一构件制作多种尺寸以适应不同的顶进结构,而改进方向及内容须在设计、验算的基础上经过实践检验。

第二章 框架桥盾构法设计技术

第一节 主盾构设计

一、主盾构构成

框架桥盾构主体由主梁、钢支柱、主盾构侧板和盖板及其连接件组成。它设置于框架桥前端,形成盾构体的主体围护和支撑体系。设置于盾构中部的格构式钢支柱连同其顶部和底部的纵向托梁是盾构体的竖向支撑体系,将顶部横梁的竖向荷载传递至路基土体;设置于盾构两侧的格构式钢支柱连同其顶部和底部的纵向托梁不仅承受盾构体的竖向荷载,而且承受侧面盾壳传递来的土体侧压力;主梁支撑于钢支柱上部,沿盾构横向设置,承受上部盾壳传递的土体压力,并传递给钢支柱;在主梁间沿盾构纵向设置中间纵向支撑,不仅提高主梁的横向稳定性,而且承受盾构顶进时的顶进力。图 2—1 为盾构体的立面和剖面图。

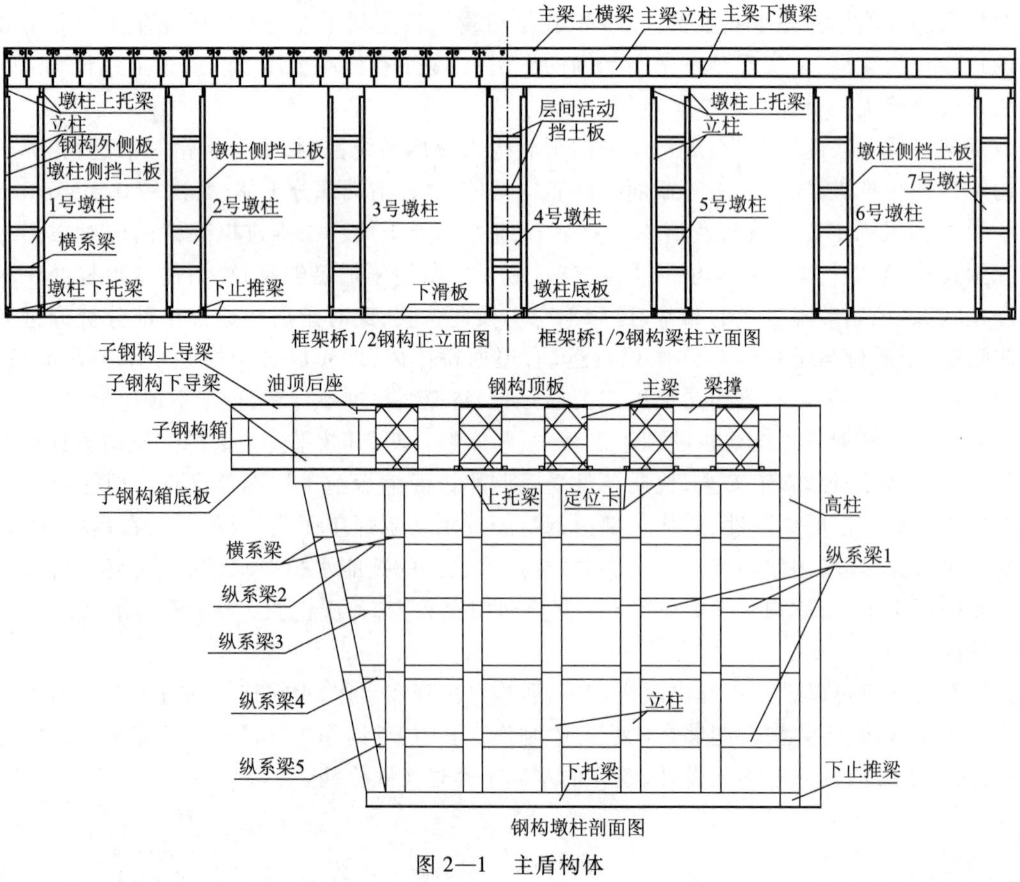

图 2—1 主盾构体

二、主盾构设计原理

(一)设计荷载

根据《铁路桥涵设计基本规范》(TB 10002.1—2005,以下简称《桥规》)中的规定,应考虑表2—1所列荷载,并按其可能的最不利组合情况进行计算。

当比较后,如果用主力和附加力的组合作为设计荷载时,应将材料基本容许应力和地基容许承载力乘以不同的提高系数。

表2—1　荷载类型

荷载分类	荷　载
恒载	结构构件及附属设备自重 土压力
活载	列车竖向静活载 公路活载(需要时考虑) 活载土压力
附加力	制动力或牵引力 温度变化的影响

列车活载按"中—活载"考虑,公路活载按交通部现行的《公路工程技术标准》规定的全部活载的75%计算,但对仅承受公路活载的构件,应按全部公路活载考虑。

1.恒载

(1)结构自重

结构物重力及桥面铺装、附属设备等外加重力均属结构重力密度,当缺乏实际资料时,常用材料重力密度可按表2—2选用。

表2—2　材料容重表

材料种类	容重(kN/m^3)	材料种类	容重(kN/m^3)
钢	78.5	铸铁	72.5
钢筋混凝土(配筋率在3%以内)	25.0	混凝土和片石混凝土	23.0
浆砌粗料石	25.0	浆砌块石	23.0
浆砌片石	22.0	干砌片石	20.2
填土	17.0	填石(利用弃砟)	19.0
碎石道砟	21.0	浇注的沥青	15.0
压实的沥青	20.0	不注油的木材	7.5
注油的木材	9.0		

注:(1)钢筋混凝土中配筋率大于3%时,其容重为单位体积中混凝土(扣除所含钢筋体积)自重加钢筋自重。

(2)直线上双侧人行道铺设木步行板时容重采用8 kN/m,铺设钢筋混凝土或钢步行板时采用10 kN/m。

(3)当全跨度上的竖向恒载不均匀,但实际的不均匀值与平均值相差不大于平均值的10%时,可按均匀计算。

(2)土的侧压力

作用在盾构体两侧的土体侧压力,按库伦理论(楔体极限平衡理论)推导的主动土压力计算公式进行计算。

$$q = \gamma \cdot h \cdot \tan^2\left(45° - \frac{\varphi}{2}\right) \tag{2—1}$$

式中　q——单位面积上的主动土压力(kN/m^2);

γ——土体的容重(kN/m^3);

φ——土体的内摩擦角(°);

h——计算主动土压力点以上的土体高度(m),如果上面不是土壤而是其他介质,还需按其不同容重予以折算。

由上式可知，土的侧向压力是按梯形分布的，浅处小，深处大，作用方向沿水平分布。因盾构两侧均有相等的土体侧压力，所以这种荷载是对称的。

2. 活载

(1)列车活载

《桥规》第 4.3.1 条规定：铁路列车竖向活载必须采用中华人民共和国铁路标准活载，即“中—活载”。其计算图式如图 2—2 所示。

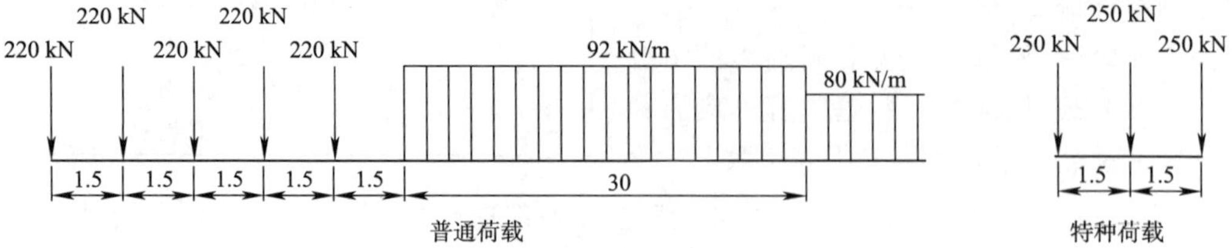

图 2—2 “中—活载”图式(距离以 m 计)

加载时，可由计算图式中任意截取，或采用特种活载。

《桥规》附录 C 中规定：对单符号影响线和多符号影响线的单独加载区段，不论影响线的形状如何，如影响线加载长度小于 3 m 而最大纵坐标位置在中间者，以及长度小于 1.5 m 而最大纵坐标位置在端部者，均按一个特种活载 250 kN 计算，但应符合《桥规》附录 C 表 C.0.1“中—活载的换算均布活载”中注 2 的规定(桥面上道砟及填料厚度大于 1 m 时可采用表列数值，但不得大于每线 165 kN/m)。

按《铁路桥涵钢筋混凝土和预应力混凝土结构设计规范》第 8.2.1 条规定：活载横向分布宽度 B 为：

①在轨枕底面上，由轨枕两端向下分布至结构顶板底，其坡线在道砟及顶板内为 1∶1，如有覆土，在土层内为 1∶0.5，如图 2—3 所示。

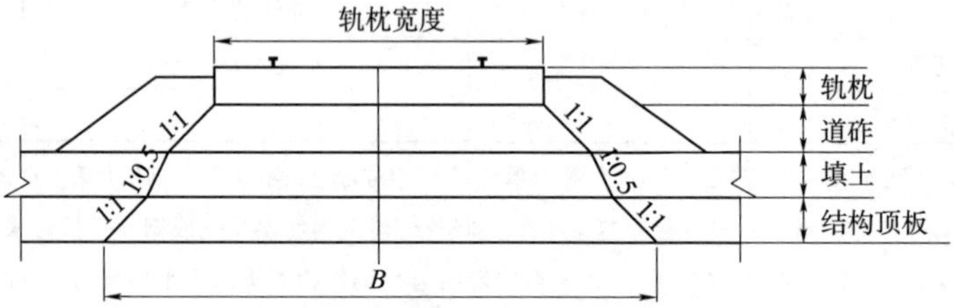

图 2—3 单线顶桥活载分布

②对双线及多线，如中间分布线无重叠，按单线处理，有重叠时，如图 2—4 所示。

③《桥规》第 4.3.9 条规定：同时承受多线荷载的桥跨结构，其列车竖向活载，双线时应为两线活载总和的 90%，三线及三线以上时应为各线活载总和的 80%，各线均假定按同样情况的最不利活载取值。

为了计算上的方便，上述的标准轴重荷载可以换算为均布荷载。《桥规》附录 C 列有铁路标准活载换算均布荷载表。它是以加载长度 l 和影响线最大纵坐标位置 α 来决定的。以三角形影响线为例，$\alpha=\frac{\alpha l}{l}$，见图 2—5 所示。

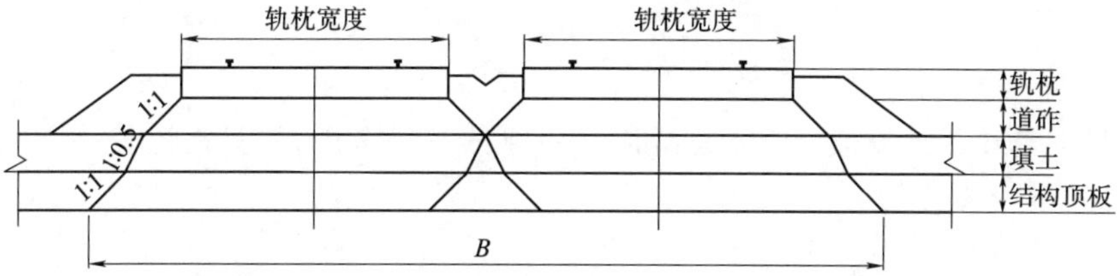

图 2—4　双线或多线顶桥活载分布

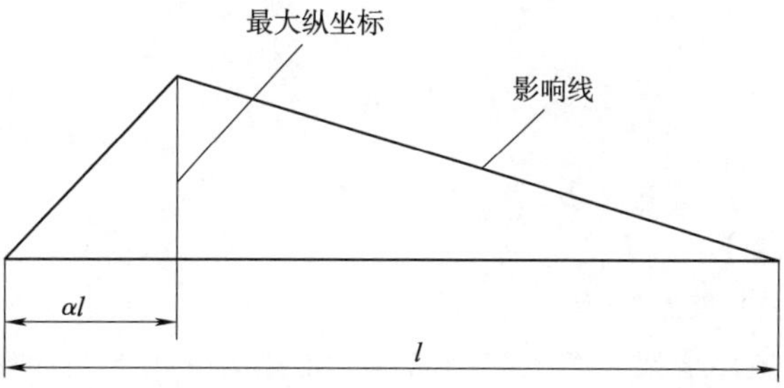

图 2—5　影响线

如果影响线是凹三角形和歪曲系数 γ 大于 1 的双向曲率的曲线，如图 2—6 所示，还要增加修改值 $E(\gamma-1)\%$，其中，$\gamma=\dfrac{A_0}{A}$，E 为系数：

$$E=\frac{1\ 500}{30+\lambda}-\frac{1\ 500}{30+\lambda^2} \qquad (2\text{—}2)$$

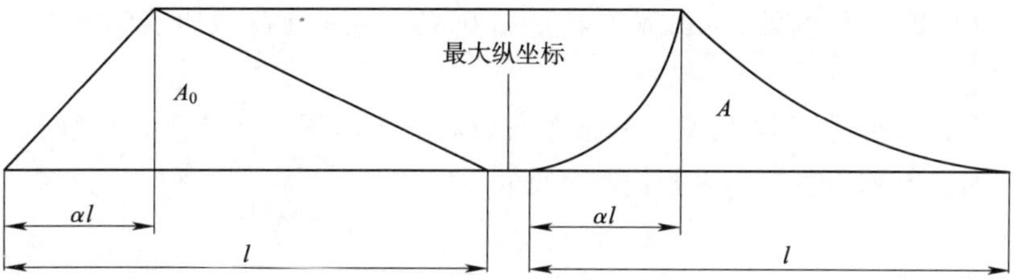

图 2—6　凹三角形影响线

式中　λ ——影响线加载长度(m)。

前面曾经说过，在计算中常常是把一定长度的框架结构切割出 1 延米的一条作为计算单元来考虑。这是为了计算简化，把一个原属空间结构的问题当作平面问题来处理。这样，对于列车活载就要按全桥线路数求出总的荷载，然后再按横向分布宽度求出每延米计算单元上的列车均布活载。

但是，在一个多线桥上，有时可能只有一线行车，有时也可能多线同时行车，由于每一种行车情况下列车活载分布宽度都不同，故当截取 1.0 m 宽作为计算单元时，就需要选取最不利的行车情况下，所产生的每延米的列车均布活载作为计算列车活载。

例如，按照三角形影响线加载长度及最大纵坐标位置 α，从《桥规》附录 C 的表格中查得换算均布活载 K，然后再分别按一线、二线和三线的线路数 N、折减系数 η 和横向分布宽度 B，计算出相应的每延米的列车均布荷载：

$$q_{活} = \frac{K \cdot N \cdot \eta}{B} \tag{2—3}$$

选取最大者作为计算值。由于三线以上一律按三线考虑，故只需比较一、二、三线三种情况即可。

(2)冲击力

列车活载包括冲击力时，其值应按静活载所产生的力乘以冲击系数$(1+\mu)$来确定。《桥规》第4.3.5条中规定：刚架桥，其顶上填土厚度$h \geqslant 1$ m(从轨底算起)时不计冲击力；当$h<1$ m时：

$$1+\mu = 1+\alpha\left(\frac{6}{30+L}\right) \tag{2—4}$$

式中　$\alpha = 4(1-h) \leqslant 2$；

L——桥跨长度(m)。

(3)列车活载所引起的水平土压力

列车活载作用于主体框架边墙上的侧向水平土压力p按下式计算：

$$p = \xi \cdot q_h \tag{2—5}$$

$$q_h = \frac{165}{2.5+h} \tag{2—6}$$

式中　q_h——在轨底以下深度h(m)处，活载的竖向压力强度(kN/m^2)；

ξ——系数，填土时采用0.25~0.35，视设计的控制情况选用。

应当指出：列车可能从这一侧开来，也可能从那一侧开来，甚至是两列车从不同的侧面在两条线上对向开来。所以，列车活载所引起的土侧压力，可能是一侧的，也就是不对称的；也可能是双侧的，也就是对称的。因此，在进行荷载组合时要取其最不利的情况。

当进行内力分析时，只需按某一侧来车所引起的土侧压力计算。对双侧来车的情况，只需将两侧分别有土侧压力的内力叠加起来即可。

3.附加力

(1) 制动力或牵引力

按《桥规》第4.3.7条的规定，制动力应按竖向静活载的10%计算。若制动力与冲击力同时考虑时，制动力可按静活载的7%计算。双线桥应采用一线的制动力；三线或三线以上的桥应采用两线的制动力。根据计算列车活载时的同样道理，制动力亦应按一线、两线折算为每延米的列车制动力，并取其大者。

制动力为水平力，其作用点在轨顶以上2 m。计算刚架时，移至顶板中线处，不计移动作用点所产生的力矩。

采用特种活载时，不计算制动力或牵引力。

(2)温度变化的影响

按《桥规》第4.4.4条规定，桥涵各部件受温度变化而引起结构内力的影响，应根据当地情况与建造条件按相应的线膨胀系数计算。

钢筋混凝土的线膨胀系数$\alpha = 0.000\,010$，钢材的线膨胀系数为$(12.1 \sim 13.5) \times 10^{-8}/℃$。

温度变化的幅度,可按当地气候条件决定。当地最高和最低月平均气温一般取7月份和1月份的平均值。

(二)设计工况

根据框架桥盾构体的工作情况,可以将盾构体的设计工况分为四个,以最不利工况对盾构体进行设计。

工况1:当列车接近框架桥时,停止顶进,受力如图2—7所示。在此工况下,盾构体主要承受竖向的土层荷载、铁路线路设备及道砟荷载、侧面的土压力荷载及上部车辆荷载传递至侧面造成的侧面土压力增大荷载。

上部主梁在竖向主要承受铁路线路设备、道砟等引起的荷载,纵向则承受由边立柱传递来的线路道砟设备、列车荷载引起的横向土压力,横向弯矩为最小,而纵向轴压力则接近最大值,有可能形成较大轴力、较小弯矩的不利工况。

盾构边立柱在横向主要承受线路设备及列车荷载所引起的侧向土压力,竖向则承受由主梁传递来的线路道砟设备重量,此时,立柱的轴向力最小,而其横向弯矩值接近其最大值,有可能形成较小轴力、较大弯矩的不利的受力工况。

中立柱主要承受上部道砟线路传递来的荷载,受力形式为轴向受压,压力值为其所受力的最小值。

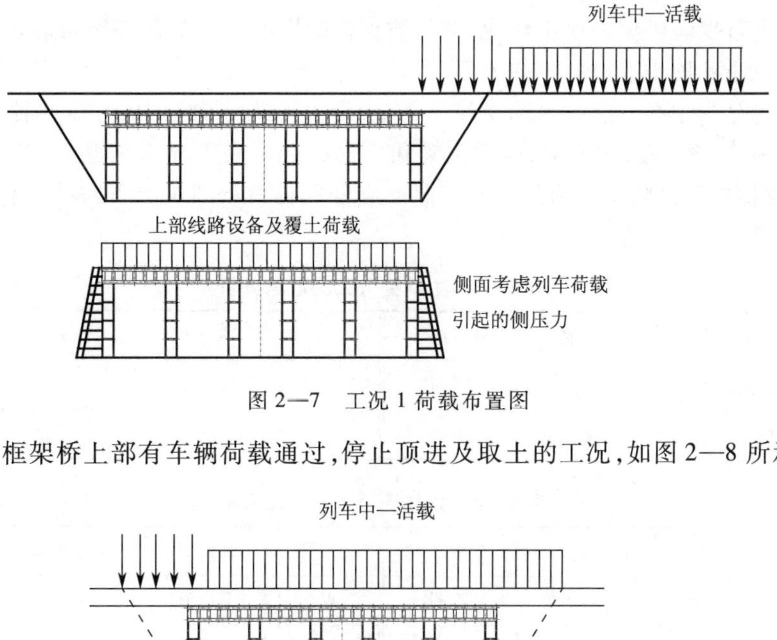

图2—7　工况1荷载布置图

工况2:框架桥上部有车辆荷载通过,停止顶进及取土的工况,如图2—8所示。

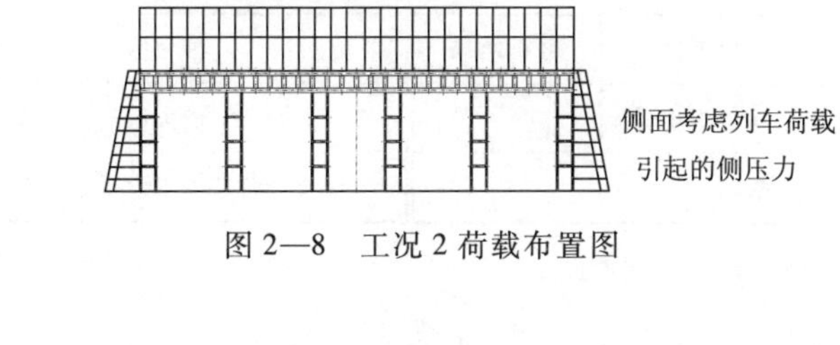

图2—8　工况2荷载布置图

在此工况下，盾构体主要承受竖向的土层荷载、侧面的土压力荷载及上部车辆荷载传递至盾构体顶部形成的竖向均布荷载、传递至侧面造成的侧面土压力增大荷载。

在此工况下，盾壳承受较大的面荷载。

上部主梁在横向要承受线路道砟设备及列车活载传递的横向力，其横向力值达到其所受最大值，在纵向承受由立柱传递来的土体侧压力，有可能形成较大弯矩、较大轴力的不利工况。

边立柱在竖向需要承受由主梁传递来的线路道砟设备及列车荷载产生的轴向力，且达到其所受力的最大值，在横向承受的竖向荷载最大，同样有可能形成较大轴力和较大弯矩的不利工况。

在此工况下，中立柱主要承受由主梁传递来的道砟、线路设备荷载和车辆荷载，受力形式为轴向受压，且其压力值达到最大。

工况3：顶进工况。当无列车运行时，框架桥才能顶进。因此，在此工况下，作用于盾构体上的荷载主要是线路道砟设备自重、盾构体的顶进力、侧向土压力、土体对盾构的正面阻力和周围土体对于盾壳的摩擦力。主要的受力部位是主梁、立柱之间的横向支撑，而主梁和立柱则作为盾构体纵向支撑的连接体，以减少纵向支撑的轴向受压长度。

工况4：盾构体不顶进、上部无车辆荷载、盾构体内部处于取土阶段。在此工况下，盾构体内部主要进行挖装机械的取土作业，对于盾构体的影响主要是存在振动荷载，并存在可能的立柱两侧取土不同步造成的横向土压力。

现将结构分为主梁、立柱、纵向支撑三部分，受力形式分为轴力、弯矩两种，将以上分析结果汇总在表2—3～表2—5中，得到主梁和立柱的最不利工况为工况1和工况2两种工况，而纵向支撑在顶进状态下为最不利工况。应分别在最不利工况下对盾构体进行设计计算并确定合理的受力截面。

表2—3 主梁受力工况汇总分析

项 目	轴力值	弯矩值	分析结果	项 目	轴力值	弯矩值	分析结果
工况1	接近最大值	最小值	不利	工况3	最小值	最小值	
工况2	接近最大值	接近最大值	不利	工况4	最小值	最小值	

表2—4 立柱受力工况汇总分析

项 目	轴力值	弯矩值	分析结果	项 目	轴力值	弯矩值	分析结果
工况1	接近最小值	接近最大值	不利	工况3	最小值	最小值	
工况2	接近最大值	接近最大值	不利	工况4	最小值	最小值	

表2—5 纵向支撑受力工况汇总分析

项 目	轴力值	弯矩值	分析结果	项 目	轴力值	弯矩值	分析结果
工况1	基本不承受	基本不承受		工况3	最大值	基本不承受	不利
工况2	基本不承受	基本不承受		工况4	基本不承受	基本不承受	

根据盾构体所受荷载及其荷载的传递过程简化和确定盾构体的结构体系：

(1)框架桥盾构体总体上是一个空间桁架结构。

(2)盾壳为简支于主梁上的四面简支板，承受垂直和平行于表面的面荷载。

(3)主梁为简支于立柱上的连续桁架，竖直方向承受上部土体、轨道、车辆荷载；水平方向沿线路方向承受由立柱传递的土压力或在车辆荷载作用的土压力，在顶进时则起着保证纵向传力体系的稳定作用。

(4)中间立柱为格构式杆件，在工况 1 和工况 2 情况下，主要承受轴向压力，而在工况 2 情况下较大。

(5)前部与土体接触处立柱为一偏心格构式杆件，在工况 1 和工况 2 中其承受竖向的荷载和盾构体前部的土体侧压力，在工况 3 中其承受竖向荷载、盾构体前部的土体侧压力和后部系梁传递来的顶进力，始终处于纵向偏心受力情况。

(6)侧面与土体接触处的立柱同样为一偏心格构式杆件，在工况 1 和工况 2 中其承受竖向的荷载和盾构体侧面的土体侧压力，属于横向偏心受压构件；在工况 3 中其承受竖向荷载、盾构体侧面的土体侧压力和后部系梁传递来的顶进力，处于纵向和横向双向偏心受力情况。

结合盾构体的荷载情况、荷载工况和结构体系分析，以最不利工况展开盾构体的设计工作，以满足不同工况下对盾构体的要求。

(三)设计计算方法

盾构体各部分构件材料均为钢结构，主要结合其各自的受力特点，采用钢结构设计的基本原理来进行设计计算。

截面选择的具体步骤如下：

(1)计算构件的内力设计值，即弯矩设计值 M 、轴心压力设计值 N 和剪力设计值 V；

(2)选择截面形式；

(3)确定钢材及强度设计值；

(4)确定杆件的计算长度；

(5)根据经验或已有资料初选截面尺寸；

(6)对初选截面进行整体稳定验算、局部稳定验算、挠度验算，如验算不满足要求，则对初选截面进行调整，重新计算，直至满足要求。

在盾构体整体计算时将各部构件简化为一杆系结构体系，立柱及主梁均作为一杆件进行处理，主梁的受力跨度为立柱之中距，立柱受力高度计算至主梁底，各杆系之间均假设为铰接体系。

受力分析：由于各构件之间简化为铰接，所有主梁、边立柱、中立柱可以简化为如图 2—9 ~ 图 2—11 所示的受力简图。

由主梁受力简图很容易求得支座反力 $R_1 = qL/2$，其中 L 为两支座之间的距离。而此支座反力亦即主梁对立柱的轴力，即 $N_2 = R_1 = qL/2$，$N_3 = R_1$。由边立柱简图很容易求得 $R_2 = (\frac{1}{3}q_1 + \frac{1}{6}q_2)H$，$R_3 = (\frac{1}{6}q_1 + \frac{1}{3}q_2)H$，其中 H 为立柱的受力高度，计算至主梁底。此支座反力 R_2 亦即立柱传递给主梁的轴力，即 $N_1 = R_2$。

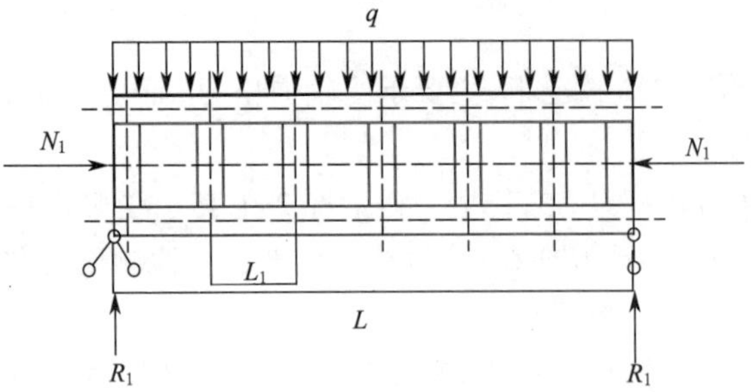

图 2—9　主梁受力简图

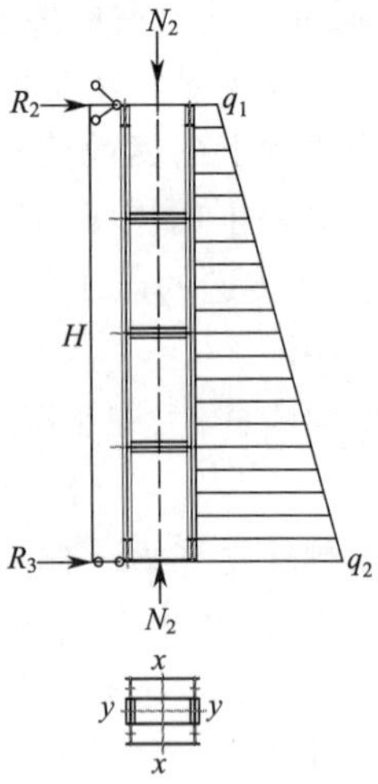

图 2—10　边立柱受力简图

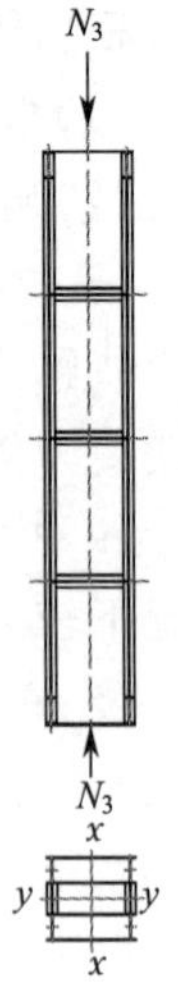

图 2—11　中立柱受力简图

1. 主梁的设计

主梁在任何情况下都受由上部传来的横向力和由边立柱传递来的土压力,从受力形式上讲是一偏压构件。主梁分为上下两层,层中间设竖向加劲肋。为使计算结构更符合实际情况,取两榀主梁来研究,则构成一格构式压弯构件,加劲肋按缀板来设计。此时,横截面如图 2—12 所示。

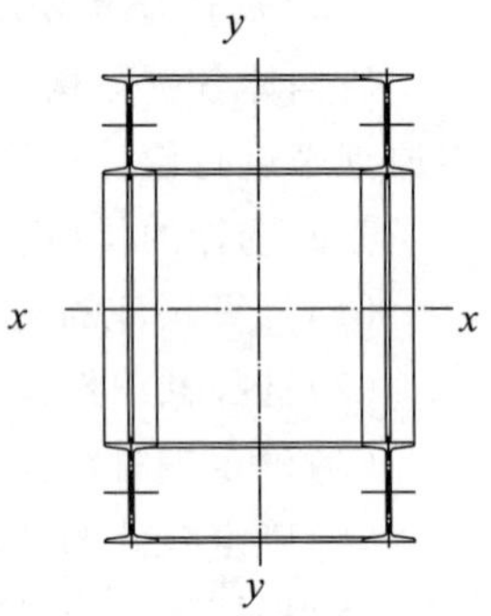

图 2—12　主梁的横截面

(1)受力计算

一榀主梁所受的最大弯矩为 $M_{主梁}=\dfrac{1}{8}qL^2$,轴力为 N_1,最大剪力为$\dfrac{1}{2}qL$。两榀主梁受力为弯矩 $M_x=2M_{主梁}=\dfrac{1}{4}qL^2$,轴力 $N=2N_1$,剪力 $V=qL$。

(2)弯矩作用平面内的整体稳定计算

$$\frac{N}{\varphi_x A}+\frac{\beta_{mx}M_x}{W_{1x}\left(1-\varphi_x\dfrac{N}{N'_{Ex}}\right)}\leqslant f \qquad (2\text{—}7)$$

式中　A——截面面积;

f——抗弯强度设计值;

N——主梁所受的轴向压力设计值;

N'_{Ex}——考虑抗力分项系数的欧拉临界力,$N'_{Ex}=\pi^2EA/(1.1\lambda_{0x}^2)$;

φ_x——弯矩作用平面内的轴心受压构件的稳定系数;

M_x——主梁所受的弯矩设计值;

W_{1x}——弯矩作用平面内对较大受压纤维的毛截面模量;

β_{mx}——等效弯矩参数,如果不考虑二阶效应,取 $\beta_{mx}=1.0$。

式中 $W_{1x}=I_x/y_0$,I_x 为对 x 轴(虚轴)的毛截面惯性矩;y_0 为由 x 轴到压力较大分肢轴线的距离或者到压力较大分肢腹板外边缘的距离,二者取较大值。

φ_x 和 N'_{Ex} 分别为轴心压杆的整体稳定系数和考虑抗力分项系数的欧拉临界力，均按对虚轴（x 轴）的换算长细比 λ_{0x} 确定。

主梁的计算长度 $l_{0x}=L$，对 x 轴回转半径为 $i_x=\sqrt{\dfrac{I_x}{A}}$，长细比为 $\lambda_x=\dfrac{l_{0x}}{i_x}$。

分肢的计算长度 l_{1x} 取为上下层主梁立柱之间的中心距 L_1，分肢回转半径为 $i_{1x}=\sqrt{\dfrac{I_{1x}}{A_1}}$，其中 I_{1x} 为分肢的截面惯性矩，A_1 为分肢的截面面积。则分肢的长细比为 $\lambda_1=\dfrac{l_{1x}}{i_{1x}}$。由此得换算长细比为 $\lambda_{0x}=\sqrt{\lambda_x^2+\lambda_{1x}^2}$。由《钢结构设计规范》表 5.1.2—1 得四肢格构式杆件截面分类为 b 类，再查表 C—2 可得稳定系数 φ_x。

到此，就可以根据式（2—7）验算结构弯矩作用平面内的整体稳定性。

（3）分肢的整体稳定计算

弯矩绕虚轴作用时，在弯矩作用平面外的整体稳定性由分肢的稳定计算予以保证，故不必再计算整个构件在平面外的整体稳定。

将整个构件视为一平行弦桁架，将构件的两个分肢看作桁架体系的弦杆，两分肢的轴心力应按下列公式计算：

$$\text{分肢 1：}N_1=\frac{N}{2}+\frac{M}{a}\qquad\text{分肢 2：}N_2=N-N_1\tag{2—8}$$

式中　N，M——主梁受到的总的轴力和弯矩；

N_1，N_2——两分肢各自受到的轴力；

a——两分肢的形心距。

对分肢进行计算时，除轴心力 N_1（或 N_2）外，还应考虑由剪力作用引起的局部弯矩，按实腹式压弯构件验算单肢的稳定性，计算应符合下式要求：

$$\frac{N_1}{\varphi_x A}+\frac{\beta_{mx}M_x}{\gamma_x W_{1x}\left(1-0.8\dfrac{N}{N'_{Ex}}\right)}\leqslant f\tag{2—9}$$

式中　N_1——分肢所受的轴向压力设计值；

N'_{Ex}——参数，$N'_{Ex}=\pi^2EA/(1.1\lambda_{0x}^2)$；

φ_x——弯矩作用平面内的轴心受压构件的稳定系数；

M_x——剪力引起的局部弯矩；

W_{1x}——弯矩作用平面内对较大受压纤维的毛截面模量；

β_{mx}——等效弯矩参数，如果不考虑二阶效应，取 $\beta_{mx}=1.0$；

γ_x——截面塑形发展系数，按《钢结构设计规范》表 5.2.1 取。

（4）分肢的局部稳定计算

如分肢采用热轧型钢，则由于板件宽（高）厚比较小，能够满足局部稳定要求，不需要计算。当不能满足要求时，应进行局部稳定性验算。为了保证分肢的局部稳定，要限制受压翼缘和腹板的宽厚比和高厚比。

工字形受压翼缘板外伸宽度 b 与其厚度 t 之比，应符合下式的要求：

$$\frac{b}{t}\leqslant 13\sqrt{\frac{235}{f_y}}\tag{2—10}$$

当不考虑塑形发展，即取 $\gamma_x = 1.0$，可放宽至符合下式的要求：

$$\frac{b}{t} \leqslant 15\sqrt{\frac{235}{f_y}} \tag{2—11}$$

工字形截面压弯构件腹板高厚比限值如下：

当 $0 \leqslant \alpha_0 \leqslant 1.6$ 时

$$\frac{h_0}{t_w} \leqslant (16\alpha_0 + 0.5\lambda + 25)\sqrt{\frac{235}{f_y}} \tag{2—12}$$

当 $1.6 < \alpha_0 \leqslant 2\ 0$ 时

$$\frac{h_0}{t_w} \leqslant (48\alpha_0 + 0.5\lambda - 26.2)\sqrt{\frac{235}{f_y}} \tag{2—13}$$

式中　α_0——应力梯度，$\alpha_0 = \dfrac{\sigma_{max} - \sigma_{min}}{\sigma_{max}}$；

σ_{max}——腹板计算高度边缘的最大压应力，计算时不考虑构件的稳定系数和截面塑性发展系数；

σ_{min}——腹板计算高度另一边缘相应的应力，压应力取正值，拉应力取负值；

λ——构件在弯矩作用平面内的长细比；当 $\lambda < 30$ 时，取 $\lambda = 30$；当 $\lambda > 100$ 时，取 $\lambda = 100$。

其中，$\sigma_{max} = \dfrac{N_1}{A} + \dfrac{M_x}{I_x} \cdot \dfrac{h_0}{2}$，$\sigma_{min} = \dfrac{N_1}{A} - \dfrac{M_x}{I_x} \cdot \dfrac{h_0}{2}$（$N_1$ 为分肢 1 所受轴力，M_x 为分肢所受的弯矩，即为第（5）项中缀板内力 M）

当 $\alpha_0 = 0$ 时，式（2—12）符合对轴心受压构件中腹板高厚比的要求；当 $\alpha_0 = 2$ 时，式（2—13）符合受弯构件中腹板在弯曲应力和剪应力共同作用下高厚比的要求。

（5）缀材的计算

计算压弯构件的缀材时，应取构件实际剪力和按式（2—14）计算所得剪力两者中的较大值。

最大横向剪力为

$$V = \frac{Af}{85}\sqrt{\frac{f_y}{235}} \tag{2—14}$$

缀板式格构构件可视为一多层框架。整体弯曲时，假定各层分肢中点和缀板中点为反弯点，缀板内力为

$$剪力：T = \frac{V_1 l_1}{a} \qquad 弯矩：M = T\frac{a}{2} = \frac{V_1 l_1}{2}$$

式中　V_1——最大剪力；

l_1——缀板中心线间的距离；

a——肢件轴线间的距离。

按《钢结构设计规范》第 4.1.2 条规定，缀板的抗剪强度按下式计算：

$$\tau = \frac{TS}{It_w} < f_v \tag{2—15}$$

式中　S——计算剪应力处以上毛截面对中和轴的面积矩；

I——毛截面惯性矩；

t_w——腹板厚度；

f_v——钢材的抗剪强度设计值。

缀板与肢体间用角焊缝相连，角焊缝承受轴力、剪力和弯矩的共同作用，需用轴力 N 和上述 M、T 验算缀板与肢件间的连接焊缝。轴力 N 亦即主梁对主梁间立柱的压力。

焊缝最小焊脚尺寸 $h_{fmin} \geqslant 1.5\sqrt{t_1}$，$t_1$ 为较厚焊件厚度(mm)。

最大焊脚尺寸 $h_{fmax} \leqslant 1.2t_2$，$t_2$ 为较薄焊件的厚度(mm)。据此定出焊脚尺寸，选取焊条，查《钢结构设计规范》附表1—2，得到角焊缝的强度 f_f^w。求出焊缝的截面面积 A_e。

由轴心力 N 产生的应力

$$\sigma_A^N = \frac{N}{A_e}$$

由弯矩 M 产生的应力

$$\sigma_A^M = \frac{M}{W_w} = \frac{6M}{h_e l_w^2}$$

式中　h_e——角焊缝的计算厚度，对直角角焊缝等于 $0.7h_f$，h_f 为焊脚尺寸；

l_w——角焊缝的计算长度，对每条焊缝取其实际长度减去 $2h_f$。

两个应力相叠加，得垂直于焊缝方向的最大正应力为

$$\sigma_f = \frac{N}{A_e} + \frac{6M}{h_e l_w^2}$$

剪力 T 产生平行于焊缝长度方向的切应力

$$\tau_f = \frac{T}{A_e}$$

将正应力和切应力带入焊缝的强度验算式进行验算：

$$\sqrt{\left(\frac{\sigma_f}{\beta_f}\right)^2 + \tau_f^2} \leqslant f_f^w \qquad (2—16)$$

式中　σ_f——正面角焊缝强度增大系数，此处 $\beta_f = 1.22$；

f_f^w——角焊缝的强度设计值。

(6)整体挠度计算

简支梁的挠度应满足下式

$$\frac{v}{l} = \frac{5}{384} \cdot \frac{q_k l^3}{EI_x} \leqslant \frac{[v]}{l} \qquad (2—17)$$

式中　q_k——均布荷载标准值；

I_x——跨中毛截面惯性矩；

v——荷载标准值作用下梁的最大挠度；

$[v]$——梁的容许挠度值，见《钢结构设计规范》附表2；

l——主梁的计算跨度。

(7)单根主梁的设计

为防止一根主梁本身出现问题而影响整个结构的安全，需要对单根主梁进行承载力的验算。

①强度验算：

主梁所受均布横向荷载为 q。假设主梁所受轴向力由上弦和下弦平均承受，则单根主梁所受轴力为 $N = \dfrac{N_1}{2}$，跨中最大弯矩 $M_x = \dfrac{1}{8}qL^2$。

代入下式进行强度验算：

$$\frac{N}{A_n} \pm \frac{M_x}{\gamma_x W_{nx}} \leqslant f \tag{2—18}$$

式中 A_n——净截面面积；

W_{nx}——对 x 轴的净截面模量；

γ_x——截面塑性发展系数，对工字型截面取 $\gamma_x = 1.05$。当主梁受压翼缘的外伸宽度与其厚度之比大于 $13\sqrt{235/f_y}$，但不超过 $15\sqrt{235/f_y}$ 时，应取 $\gamma_x = 1.0$。

②弯矩作用平面内的稳定性按式(2—9)进行计算。

上下层主梁之间的立柱看做是主梁的侧向支撑，因此，主梁的计算跨度为主梁立柱中心距 L_1，长细比 $\lambda_x = \dfrac{L_1}{i_x}$。查《钢结构设计规范》附录 C 稳定系数 φ_x。按公式 $N'_{Ex} = \dfrac{\pi^2 EA}{1.1\lambda_x^2}$求欧拉临界力，即可代入式(2—15)进行验算。

③弯矩作用平面外的稳定性按下式计算：

$$\frac{N}{\varphi_y A} + \eta \frac{\beta_{tx} M_x}{\varphi_b W_{1x}} \leqslant f \tag{2—19}$$

式中 φ_y——弯矩作用平面外的轴心受压构件稳定系数；

φ_b——均匀弯曲的受弯构件整体稳定系数，按《钢结构设计规范》附录 B 计算；

η——截面影响系数，对工字型截面取 $\eta = 1.0$；

W_{1x}——弯矩作用平面内较大受压纤维的毛截面模量；

β_{tx}——等效弯矩系数。

④局部稳定性验算同第(4)项分肢的稳定性。

2. 立柱的设计

由于立柱也是压弯构件，可以将立柱看做是竖起来的梁。因此，立柱的设计过程与主梁的设计过程相似，只是受力不一样。可以参考主梁的设计，这里不再赘述。

3. 盾构纵撑的设计

盾构纵撑设置于单榀立柱和主梁之间，一方面起着缩短横向杆件自由受压长度的作用，一方面又起着传递盾构顶进力的作用且以传递盾构顶进力为主，应对其进行设计计算，防止在顶进力的作用下发生强度不足或失稳的现象，造成主梁或立柱的失稳。

为简化计算且偏于安全考虑，框架桥按刚体进行考虑，不考虑其旋转造成的力值分配差异，即总的顶进力按面均布荷载作用于盾构体上。并认为所有顶进力均由纵撑来承担，不考虑盾壳对顶进力的传递作用。

设框架桥总顶力为 N，共有 n 个纵向支撑，则每个支撑平均承受的轴力为 N/n。按轴心受压构件对支撑进行计算。设立柱纵向之间的距离为 l_0，即为每个支撑的计算长度。

(1)假定构件的长细比 λ，求出需要的截面面积 A。一般假定 $\lambda = 50 \sim 150$，当压力大而计算长度小时取较小值,反之取较大值。根据 λ 和截面分类可查得稳定系数 φ,则需要的截面面积为 $A=\frac{N}{\varphi f}$。

(2)计算两个主轴所需要的回转半径 $i_x=\frac{l_{0x}}{\lambda}$,$i_y=\frac{l_{0y}}{\lambda}$,此处 $l_{0x}=l_{0y}=l_0$。

(3)由计算的截面面积 A 和两个主轴的回转半径 i_x、i_y,优先选用轧制工字型钢,初选截面尺寸。

(4)验算截面的强度、刚度和稳定性。

初选出截面形式和尺寸后,就可以定出截面面积 A、强轴回转半径 i_x、弱轴回转半径 i_y。

支撑的刚度是以限制其长细比来保证的,即

$$\lambda=\frac{l_0}{i}\leqslant[\lambda] \tag{2—20}$$

式中　λ——构件的长细比,取 λ_x 和 λ_y 中的较大值;

l_0——构件的计算长度;

i——截面对应于屈曲轴的回转半径,$i=\sqrt{I/A}$;

$[\lambda]$——构件的容许长细比。

《钢结构设计规范》根据构件的重要性和荷载情况,分别规定了轴心受压和轴心受拉构件的容许长细比,详见规范表 5.3.8 和表 5.3.9。

整体稳定性验算按下式计算:

$$\sigma=\frac{N}{\varphi A}\leqslant f \tag{2—21}$$

式中　φ——轴心受压构件的整体稳定系数。

整体稳定系数 φ 值应根据构件的长细比、钢材屈服强度和《钢结构设计规范》表 5.1.2—1、5.1.2—2 的截面分类,按附录 C 采用。因为支撑截面没有局部削弱,故不必再验算强度。

4. 盾壳的设计

盾壳敷设在立柱和主梁外侧,直接与土体接触,将所承受的力传递给相应的结构体系。对盾壳可按四边支撑的双向板进行设计。板两方向的长度分别为两榀主梁的间距 a 和主梁之间支撑间距 b,并且 $b\geqslant a$。

钢板的最大弯矩　$M_{\max}=\alpha q a^2$

式中　$M_{\max}$——钢板最大弯矩设计值;

q——单位宽度板上均布荷载设计值;

α——均布荷载作用下四边支撑板弯矩系数,按表 2—6 采用,中间值用线性插值法计算。

板的强度应满足下式要求:

$$\sigma=\frac{M_{\max}}{\gamma W}=\frac{6M_{\max}}{\gamma t^2}\leqslant f \tag{2—22}$$

式中　γ——截面塑性发展系数;

t——盾壳厚度;

f——钢材强度设计值。

同时,盾壳的挠度要满足下式要求:

$$v=\beta\frac{q_k a^4}{Et^3}\leqslant[v] \tag{2—23}$$

式中 q_k——单位宽度板上均布荷载标准值;

β——均布荷载作用下四边支撑板挠度系数,可按表 2—6 查取;

$[v]$——规范规定的挠度容许值,这里取为 $a/150$ 。

表 2—6 四边简支板的弯矩系数 α 和挠度系数 β

b/a	1.0	1.1	1.2	1.3	1.4	1.5
α	0.048	0.055	0.063	0.069	0.075	0.081
β	0.043 3	0.053 0	0.061 6	0.069 7	0.077 0	0.084 3
b/a	1.7	1.8	1.9	2.0	>2.0	
α	0.091	0.095	0.099	0.102	0.125	
β	0.096 4	0.101 7	0.106 4	0.110 6	0.14	

5. 框架桥盾构体长度确定

根据不同地质情况设计盾构长度以确保中心土的天然支护作用是“框架桥盾构法”的关键。盾构的横向截面成简支梁桥形,其外廓尺寸与刚架桥外廓尺寸基本相同,“桥形”梁跨中滞后挖掘的大断面土体(中心土)从盾构入土直到出土前均保持 1∶0. 75 坡比,并滞后子盾构掘进面开挖,它与盾构共同平衡周边土压,成为掘进面的强大支护体系。盾构体是框架桥顶推期路基掘进的临时支护及导向装置,设计时不可违背其中心土平衡原理。盾构长度应不小于刚架桥断面总高,宽度大于刚架桥断面总宽。

在建成运营的铁路线路上,之所以能够保持一个稳定的工作状态以承受自身以及上部列车荷载的作用,是因为土体内部各颗粒之间能够相互平衡内部的力,并将所受到的力均匀地分散传递到稳定的地基上。

由于路基土体之间的土体颗粒之间是存在内力的,所以如果直接开挖,形成部分土体颗粒的临空面,势必破坏部分土体颗粒的平衡状态,造成土体的坍塌,进而危及行车的安全。

框架桥盾构法的工作原理就在于使盾构体内的土体形成一个滞后于开挖掌子面的稳定土坡,通过土坡内部的内力平衡来平衡上部荷载的作用,从而达到保持线路稳定的目的。

取其中的一个土颗粒进行分析:

作用于其上的力主要有:自重和上部结构施加的荷载 G ;土坡对其的支撑力 N ;土坡对土颗粒的摩擦阻力 F 。

假设土坡的坡脚角度为 α ,其单颗土颗粒的受力图如图 2—13 所示。

$\sum x = 0$ 得: $G\sin\alpha = F$

$\sum y = 0$ 得: $G\cos\alpha = N$

摩擦力: $F = N\mu$

由以上可得:$\mu \geqslant \tan\alpha$,可知其平衡条件在坡脚角度和土体的内摩擦角确定的情况下是与外力无关的,而且坡脚角度 α 越小,其稳定的程度越大。

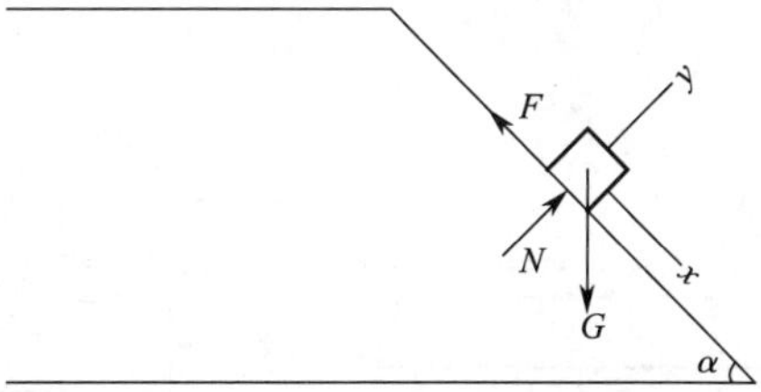

图2—13　框架桥盾构体内部土体颗粒受力图

在框架桥盾构体内，工作状况如图 2—14 所示。

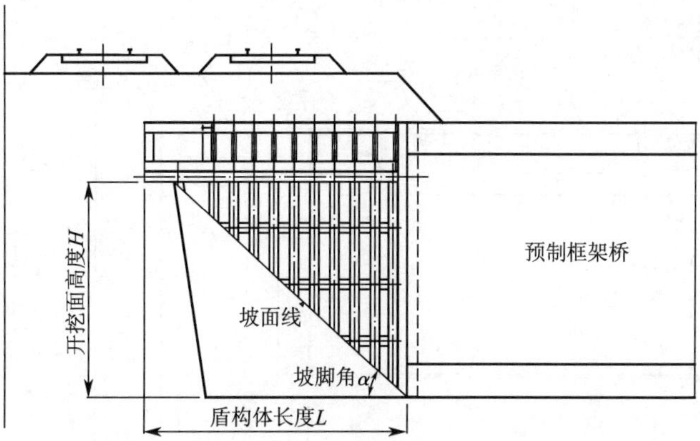

图 2—14　框架桥盾构体内部稳定边坡工况图

在盾构体内形成一定的滞后于开挖掌子面的稳定土坡，通过设置合适的坡度来保证土体颗粒的稳定，防止发生滑塌等失稳现象，从而保证线路的稳定。

若设土体的内摩擦角为 φ，坡脚角度为 α，则边坡的稳定系数为 $k=\frac{\tan\alpha}{\tan\varphi}$。可见坡脚角度越小，其稳定性越高，但是过小的坡角将使盾构体的长度加大，造成经济上的浪费，但是太大又将降低线路的稳定性。

对于一般线路而言，压实土的内摩擦角 $\varphi=30°\sim40°$，取 $\varphi=35°$，边坡坡角 $\alpha=45°$，则 $k=\frac{\tan45°}{\tan35°}=1.43$，能够满足施工的需要且与一般的路基边坡坡角保持一致。

对于实际工程，土坡临空面高度 H，设计盾构预留边坡长度 L，边坡坡角应满足 $\alpha=\arctan\frac{H}{L}\leqslant45°$。

盾构前端考虑设置子盾构需要延伸出一定长度，后部与预制框架桥应有连接长度，据此可求出盾构总长度。

第二节　子盾构设计

一、子盾构构成

子盾构由子盾构箱、子盾构上导梁、子盾构下导梁、切割刀、三角板、顶后座等组成，如图

2—15 所示。

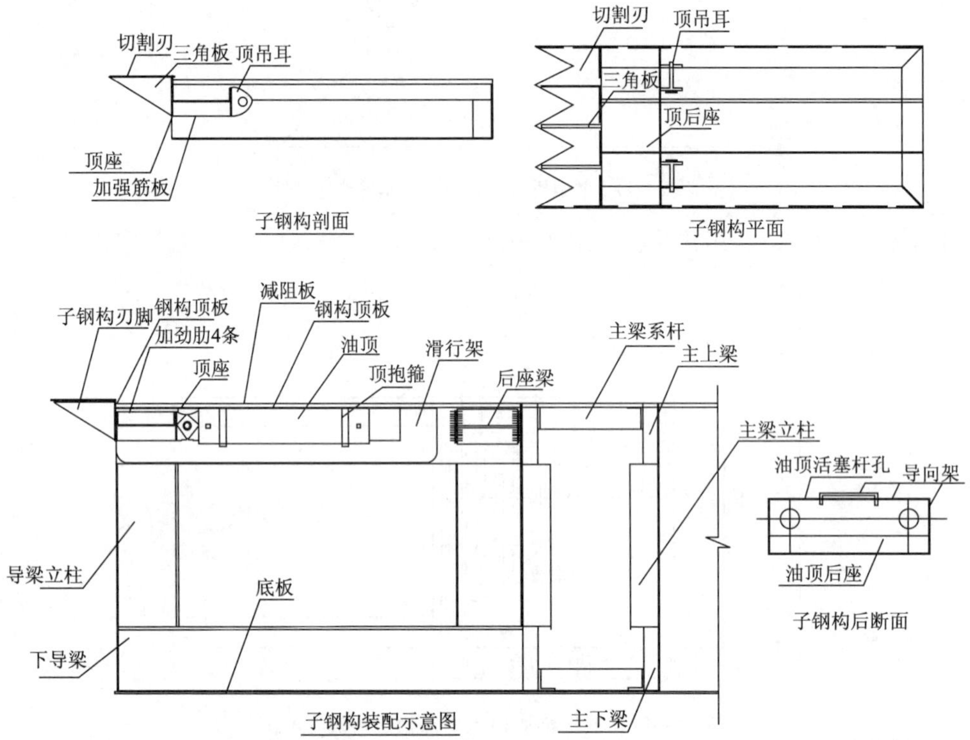

图 2—15　子盾构体组成

二、子盾构作用及工作原理

子盾构设置于盾构体顶部前端，在每次循环顶进前子盾构首先间隔顶进，以降低顶进时对土体的扰动，并减小顶进时与原土体上部的纵向摩阻力，从而保持既有线路的线形。

"盾构顶进"采用网格式的原理，化整为零，多层隔离。

1. 化整为零

盾构上部设有若干个子盾构，每个子盾构由几台油顶控制。在每个子盾构的刃角尾部均安装一条与子盾构等宽、一定厚度、与框架桥等长的钢板（称为减阻板）。当单个子盾构向前顶进时，减阻板因子盾构牵引向前运动，将大面积摩擦造成的破坏性剪切力以大化小，变成若干分之一，使覆盖土处于稳定状态。

2. 多层隔离

在框架桥顶部，除了减阻板之外，沿顶进轴线方向通常设置扁铁。扁铁前端与盾壳尾端焊接，后端摆放于框架桥顶板上。框架桥顶部与土层被扁铁与减阻板隔开，当子盾构牵引减阻板就位后，减阻板不动，第一节框架桥与盾构带着扁铁在减阻板下运动，第二、三节框架桥顶进也在扁铁下运动。摩擦系数由混凝土与土的 0.5～0.7 下降到了钢与钢的 0.1～0.2。顶进前，在减阻板与扁铁间涂抹黄油、板面及框架桥外侧壁涂工业废油，降低周边土体的摩擦力。

在第一节框架桥前装配盾构，作为框架桥带土顶进时掘进面与路基的支护。掘进面开挖分为三个部分：

(1)子盾构内开挖

盾构上部设有多个子盾构，将上部开挖面等分。当子盾构向前顶进时，其上部土方由前端锯齿刃角切割下落，子盾构承担了上部荷载。视挖掘面土的自稳能力，子盾构作业分先顶后挖、边顶边挖和先挖后顶三种方式。上部子盾构由液压系统控制，单台错开推进，插入土体中以托住上方，至下一掘进面止。盾构母体随第一节框架桥推进时，子盾构推出部分被掘进面土体阻挡而与盾构母体作相对运动，套回子盾构箱内，完成一个工作循环。

(2)墩柱开挖

每个墩柱分层，每层下部有一块支垫钢板，可将每层封闭成独立箱室。每次仅向前开挖 35～40 cm，正立面设有 1∶0.2 的坡。一旦发现有坍塌现象，可对这个独立箱室进行单独封闭，不会造成大面积塌方。

(3)中心土开挖

中心土采用机械开挖，按墩柱上的 1∶0.5 剪力板线开挖，一般情况下中心土滞后子盾构掘进面 5 m 左右。中心土自稳能力不强时，可放缓开挖坡度。"盾构顶进"受力的关键就是利用中心土支撑，有两个主要作用：

①承受上部荷载

上部荷载由覆盖层恒载、汽车恒载和动载组成。上部荷载直接作用在主梁和子盾构箱上，再由墩柱传递到基底。墩柱的底面积不大，当地基承载力较低时，墩柱底部不足以承受所有的荷载，但在框架桥顶进期间，先人工挖土开槽，将盾构主梁和墩柱正前方土体挖空，盾构由第一节框架桥推动切入土体中，受力模式就发生了新的变化。高速公路路基经过分层碾压成形，尤其是紧靠路面结构层下的土体，因长年汽车振动形成板结层，承载力相当高。"盾构顶进"就是利用这一点，在子盾构箱和主梁下部安装一块上托板，它紧压在"桥形"梁跨下滞后挖掘的土体(中心土)上，承受所有的上部荷载。

②平衡侧向土压力

因框架桥侧墙是垂直的，顶进开挖时就形成了一个垂直的临空面。当框架桥高度比较高时，侧向土压力也会十分大，容易造成坍塌。当盾构切入土体后，利用中心土的侧向土压力平衡了盾构外侧的侧向土压力。

三、子盾构设计注意事项

有时单层减阻板并不能满足要求，这时我们可将减阻板分为上下两层。当框架桥顶进上层之后将上层减阻板甩掉，尾部用工字钢焊接上，上层减阻板不再向前移动，这范围内的上层土体不再受框架桥摩擦扰动，相对稳定。子盾构继续牵引下层减阻板向前移动。

各框架桥出口边坡上部设置钢筋挡土梁一条，两端与抗滑桩相连，上部用袋装土反压，用以抵抗子盾构及减阻板上部土出洞时的轴向推力，以保护路边坡。

第三节　反拉系统设计

一、反拉系统简介

反拉是框架顶进时，防止线路和道床因摩阻力的作用发生沿顶进方向的位移，而施加的反向力。

线路和道床会发生沿顶进方向的位移，主要是由框架顶部与线路和道床底部的摩擦阻力引起的。当框架顶部与道床的摩阻力大于道床结构的黏聚力时，即会对线路道床发生破坏，线路随即发生位移。因此，我们只要有效地减小框架顶部与道床间的摩阻力，使之小于道床结构的黏聚力，线路便不会被破坏而发生位移，其几何状态也能得到有效保证。

为减小框架顶部与道床的摩阻力，我们预先在框架顶面上用 40 mm × 4 mm 扁铁做骨架铺设 4 mm 厚石蜡，上面采用 3 mm 钢板满铺，作为线路道床与框架间的隔离减阻板，以降低摩擦系数，同时将铁板分割为每条 740 mm 宽，防止钢板被牵引通过线路时引起线路位移。框架后端设置后座，安装液压油顶，液压油顶和减阻钢板间用扁铁进行连接。待钢板穿越部分线路顶进引起线路变化时，即可利用液压油顶将减阻钢板拉住，将钢板与道床土体的摩擦改为钢板与框架上扁铁的摩擦，控制线路变化。由于油顶压力是可调的，我们可以很方便的根据需要随时调整压力。

二、反拉系统受力分析

反拉系统主要承受的是减阻板与框架和道床土体间的摩阻力，由于钢板与框架上扁铁及钢板和道床土体摩擦系数的差异，反拉系统只要能克服钢板与框架间的摩擦系数引起的摩阻力即可控制线路的变化。

1. 反拉单条受力计算

道床上部结构单重取值：γ。

钢板与扁铁的摩擦系数：μ_1。

钢板与道床的摩擦系数：μ_2。

油顶效率系数：ν。

框架桥宽度：b。

道床宽度取值：B。

则单条反拉减阻板承受土重：$G = b \times B \times h \times \gamma$。

反拉减阻板与道床产生的摩擦阻力：$f_1 = G \times \mu_2$。

反拉减阻板与框架产生的摩擦阻力：$f_2 = G \times \mu_1$。

油顶提供的有效拉力为：$F_{有效} = F_{油顶} \times \nu$。

每个油顶可以承担的减阻板条数为：$A = F_{有效}/f_2$。

2. 反拉作用距离计算

减阻板进入路基距离为 B' 时，上部的摩擦阻力：$f' = b \times B' \times h \times \gamma \times \mu_2$。

此时其前端的阻力：$f'' = b \times (B - B') \times h \times \gamma$。

当 $f' = f''$ 时，道床已处于位移的临界状态，为保证反拉的有效，反拉在减阻板前端进入距离小于 B' 处时，即开始受力防止线路位移。

3. 反拉力与顶力的关系

为满足框架桥顶土处于零位移，即反拉系统的回行速度与框架桥盾构顶进速度可视为大小相等，方向相反；根据动力学的基本原理，可略估算出：

$$(F_{顶} - f_1)/M_1 \times t_1 = (F_{反拉} - f_2)/M_2 \times t_2$$

式中 $F_{顶}$——框架桥顶进时候的顶推力；

$F_{反拉}$——为反拉系统启动时油顶提供的反拉力；
M_1——框架桥、盾构与桥顶覆土的总重量；
M_2——桥顶覆土的重量；
t_1——顶推力作用的时间；
t_2——反拉力作用的时间。

三、反拉系统的构造

考虑到反拉受力的不均匀性，中间大、两侧小。制作时，将反拉系统进行了分解，形成独立的受力单元，避免相互干扰和影响。

1. 后座：后座的组成部件为 I28b 工字钢焊接成的“7”字型钩，每两个“7”字钩一组，安放一个油顶，组成一个后座，承担两根减阻板的反拉力。后座的焊接全部采用满焊。

2. 分配梁：分配梁由单根 I28b 工字钢横卧组成，长度应略大于后座的长度。受力位置必须焊接加强肋，以防发生局部变形，同时安装限位装置，防止滑落。其与油顶的连接部位必须进行加强，板厚不得小于 20 mm，全部采用满焊。

3. 减阻板：减阻板由 3 mm 的钢板整块焊接后，烧割成 740 mm 宽的长条，长度根据路基的宽度确定。

4. 反拉扁铁：反拉扁铁由 100 mm × 10 mm 的扁铁组成，是减阻板和油顶间的连接和传力系。为便于组装和调整，反拉扁铁采取了组合拼装式的结构，连接采用的是 Φ27 的螺栓。可以拆装反复使用，提高了利用率和工效。

5. 油顶：为反拉提供动力的是 30 t 双向作用油顶，油顶行程100 cm，顶升时可以提供 30 t 顶力，而当其受拉时受效率影响仅能提供 20 t 拉力。

四、反拉系统控制

反拉控制系统采用的是两台 BZ63-25、63 MPa 超高压油泵站，油顶采用的是千斤顶厂家生产的 30 t 双作用千斤顶。

反拉力的增加必须同主控制台同步逐级提高压力，在框架未启动前，其最大压力不得超过 15 MPa。框架启动后，反拉装置的压力同步增加至所需压力值，减少因同步问题造成的线路位移。顶进时根据线路的变化情况在指挥人员的指令下进行调整，每次调整不得超过 2 MPa。考虑到两侧和中间受力的不均匀，其压力值应有所差距。

顶进时，反拉必须及时向指挥人员汇报行程和压力情况，按照顶进流程，呼唤应答，确保指挥系统的畅通。

顶进结束后，反拉装置保压 10 s 后，逐级卸载，防止因忽然卸载造成的线路回弹。

五、框架顶面的处理

为减少框架顶面摩擦阻力，除了在框架预制时对框架顶面进行良好的找平外，还应对局部相差较大的位置用砂浆进行修整，使其满足平整度要求。同时在框架顶面铺设 40 mm × 4 mm厚的扁铁骨架，内浇石蜡，进一步降低阻力。

六、工程实例

南昌市阳明路延伸段下穿铁路框架桥工程，位于京九铁路 K1441 + 707 处。新建一座下穿铁路框架桥孔径为1-5.5 m+2-12.85 m+1-5.5 m,是京九线上目前跨度最大的群体框架工程,外框为6.6 m+27.5 m+6.6 m。该工程穿越江边货场专用线,京九上、下行线,南昌电厂专用线在内的四股道,框架桥与既有股道均为斜交。其中框架一、框架二、框架五为一部分,穿越既有京九线铁路和南昌电厂专用线,斜交角度3°,斜长20.80 m;框架三、四、六为另一部分,穿越江边货场专用线,斜交角度12°,斜长15.50 m。

京九上、下行线,电厂专用线侧框架桥施工时采用盾构法一次顶进框架一、框架五和框架二,线路加固为扣轨简易加固。加固电厂及京九下行线2股道,路两侧先安装P432+3扣纵向轨束,两线间采用吊轨。

以1-6.6 m跨框架计算:

道床宽度取值:18 m。

则框架上部板承受土重:$6.6\times18\times1.2\times2=285.1$ t。

反拉减阻板与道床产生的摩擦阻力:$285.1\times0.5=142.6$ t。

反拉减阻板与框架产生的摩擦阻力:$285.1\times0.2=57.0$ t。

油顶提供的有效拉力:$20\times0.75=15$ t。

共需要20 t油顶的个数:$57.0\div15=3.8$台,取4台。

在实际施工中,中间油顶压力达到46 MPa,两侧压力达到42 MPa,即满足线路反拉的需要。通过控制台还可以实现位移的精确控制,有效减少了对既有线路的影响,降低了保养强度,提高了施工期间的线路质量。同时,线路仅限速60 km/h,提高了列车通过能力,提升了运输能力,减少了施工对行车的干扰。

第三章　框架桥盾构法施工技术

第一节　框架桥盾构法施工简介

随着国内铁路的频繁提速，许多既有铁路线路或公路线路需要进行全封闭运行模式的改造，以提高线路的运行速度，保证运行安全。在这种趋势下，大量的传统平交道口需要改建成立交的形式并较多地采用下穿立交的方式。为保证正常行车，多采用顶进法施工。

传统的顶进法施工都需要对既有的线路进行加固，不仅线路加固的工作量巨大，作业过程中也存在有许多的不安全因素和影响线路运行的隐患，还需要对既有线的运行实施较大幅度的限速，对线路的运行造成很大的影响。

利用盾构技术修建地下通道目前已经成为国际上的一种发展趋势，从某种程度上讲，盾构技术基本代表了一个国家的地下通道施工水平和技术进步程度。日本在20世纪60年代就已经开始了盾构技术的研究，并成功地进行了手掘式盾构的工程实践，以后陆续推出了多种系列和形式的盾构体系，在世界上处于领先地位。

框架桥盾构体系是在借鉴盾构工作原理的基础上，新开发的一种顶进法施工技术，它具有盾构机的一系列优点：土压平衡、开挖面稳定、作业安全等，而且可以极大地减小线路限速的幅度，克服了传统意义上盾构断面固定、适应性较差的缺点，经过国内近年来的工程实践，其技术也越来越臻于成熟，成为目前顶进法施工的一个新的发展方向。

盾构技术以其安全、高效的特点在得到越来越广泛应用的同时，也暴露出其存在的一些缺点和不足。传统的盾构体其断面形式是基本固定的，可以调整的范围很小，一种规格的盾构只能应用于与其设计断面相适应的地下通道施工，若断面不同则需对盾构进行改造甚至重新设计加工新的盾构机，造成巨大的成本支出，在断面尺寸多变的情况下具有很大的局限性和不经济性。

框架桥盾构体的基本工作原理与传统意义上的盾构是相同的，是一种采用盾构法实施框架桥顶进的新的顶进施工方法，实际上其为一敞开式、自然平衡式或半自然平衡式、手掘式或机械掘进式的盾构。框架桥盾构体设置于框架桥前端，支撑侧面及顶部传来的土压力、车辆荷载，盾构体设置一定的长度使开挖面形成一稳定边坡以平衡原土中应力形成自然平衡土压体系，或在盾构沿高度方向设置中间隔板，在每层隔板上使开挖面形成半自然平衡土压体系的稳定边坡。框架桥盾构体前端设置子盾构，起到超前支护作用，整体盾构的顶进依靠框架桥后部的顶镐或中继间顶镐提供的顶进力前行，直至设计位置后，将盾构体拆除，完成框架桥的顶进施工。

框架桥盾构体由盾构主体、子盾构、盾壳、反拉系统、液压推进系统和顶进跟踪观测控制等部分组成。

其各组成部分作用如下：

1. 子盾构（图3—1）

设置于盾构体顶部前端，在每循环顶进前子盾构首先间隔顶进，以降低顶进时对土体的扰动,并减小顶进时与原土体上部的纵向摩阻力,从而保持既有线路的线形。

2. 盾构主体

设置于框架桥前端,形成盾构体的主体围护和支撑体系。是盾构的主要受力构件。不但承受上部结构产生的结构自重,还承受列车在运行时所产生的竖直荷载和土的侧压力。盾构立柱如图 3—2 所示。

整个盾构根据土体的类别和稳定性沿纵向设置一定的长度,使开挖面(图 3—3)形成稳定的边坡,以平衡土体应力,保证既有线稳定性不受扰动。

图 3—1　子盾构

3. 盾壳

覆设于盾构主体的侧面及顶部,直接与土体接触,承受土体压力和盾构顶进时的土体侧摩阻力并传递给主梁和两侧钢支柱。

图 3—2　盾构立柱

图 3—3　盾构开挖面

4. 反拉系统

在框架桥顶部设置减阻板,以使混凝土与土体之间的摩阻力改变成为钢板与土体之间的摩阻力,减小顶进时对土体的扰动。减阻板前端设置于子盾构上,随子盾构间隔顶进而前进。减阻板后部连接在固定于框架桥后部的反拉系统千斤顶上,在盾构整体顶进前移时,若发生框架带动土体产生沿既有线路横向的移动时,则启动反拉千斤顶将减阻板反向同速率拉回,以保证框架桥顶进而土体不被扰动。反拉体系和反拉千斤顶如图 3—4、图 3—5 所示。

图 3—4　反拉体系

图 3—5　反拉千斤顶

5.液压推进系统

液压推进系统主要是提供顶进时的推进力，设置于框架桥后部或中继间法的分段预制框架桥单元之间。设置于子盾构的液压推进系统则主要为子盾构的推进提供顶进力。顶镐和子盾构千斤顶如图3—6、图3—7所示。

图3—6　顶镐

图3—7　子盾构千斤顶

6.顶进跟踪观测系统

顶进跟踪观测系统主要是在顶进的过程中对既有线的线形进行即时观测，及时启动反拉系统，防止线路发生过大变形，影响既有线路运行。主要有土压力观测、横向观测、竖向观测、纵向观测等系统组成。

第二节　框架桥盾构法顶力计算

框架桥顶进所克服的各种阻力之和为顶力，顶力大小与桥体重量、润滑隔离层的力学性能、路基土质、施工方法等因素有关。正确地确定顶力，对决定选用顶进设备及进行后背设计，使其既简易合理又有一定的安全储备来说极为重要。

一、顶进阻力的分类

1.启动阻力，即克服桥体自重产生于滑板上的黏结力、真空吸附力及静摩阻力。启动顶力系数可取0.6～1.0，在滑板上空顶顶力系数为0.2～0.6；采用气垫或水垫起重顶力系数可降低0.3～0.4。

2.桥体底板与基底土的摩擦力，其摩擦系数视其基底土的性质经试验确定，当无试验资料时可采用0.6～0.8。

3.由水平压力引起桥体与土的摩擦力，其侧面摩擦系数视土的性质经试验确定，当无试验资料时可采用0.6～0.8。若桥体外壁与土层间的空隙注入触变泥浆，能使桥体受到润滑和浮力而减阻，表面摩擦力会减小一半以上。

4.带土顶进桥体前切土阻力，视刃角的构造、挖土的方法、土的性质不同，同样需要经试验而定。无试验资料时，黏性土用500～550 kN/m^2，卵石土用1 500～1 700 kN/m^2（桥身前允许超挖时可不计）。

5. 桥体顶部以上垂直压力引起的摩擦力，采用便梁加固线路架空时可不计。

二、框架桥顶力计算

（一）顶力计算公式

$$P = K[N_1 f_1 + (N_1 + N_2) f_2 + 2Ef_3 + RA] \tag{3—1}$$

式中　P——最大顶力（kN）；

K——系数，一般取 1.2；

N_1——桥体顶上总荷重（包括线路加固荷载）；

N_2——桥身自重（kN）；

f_1——框架桥顶上表面与顶上荷重的摩阻系数；

f_2——桥体底板与基底土的摩阻系数；

E——桥体两侧土压力（kN）；

f_3——侧面摩阻系数；

R——刃角下正面阻力，应视刃角构造、挖土方法、土的性质，经实验确定，当无实验资料时，可采用：砂质黏土 500～550 kPa，卵石土 1 500～1 700 kPa；

A——刃角正面面积（m^2）。

（二）计算说明

1. 摩阻系数 f 是个综合值，它不仅反映桥体表面与土的摩阻情况，而且同时反映了由于桥体顶进过程中难免上下左右偏移倾斜而引起的分阻力。

2. 当土与桥体侧墙混凝土间的附着力大于土的抗剪强度时，土会因局部受剪破坏而随桥体移动。

3. 采用气垫、水垫、接长滑板、加注膨润土触变泥浆等措施，都能直接起到减小摩阻系数的作用。

4. 挖土质量、降水效果、顶进速度等情况都会影响 f 值的大小，因此在选择时要细致周密地予以综合考虑。

（三）桥体顶力简易估算

在铁路上采用便梁架空再顶进桥体，两侧土压力较小，则顶力主要来自桥体底部土的摩阻力，计算公式可简化为

$$P = \mu N \tag{3—2}$$

式中　P——顶力（kN）；

μ——顶力系数，一般为 1.0～1.5；

N——桥体重力（kN）。

经过多次顶力曲线分析，知桥体启动时 P 较大。而启动后的空顶阶段，其顶力较小，以后刃角入土顶力逐渐增大，最大顶力则发生在桥体脱离底板后，接近设计位置时随即逐渐下降。所以改善滑道板平整度、优化润滑隔离层、采取气垫或水垫等措施，可有效地减小启动顶力；而采用高压旋喷桩进行地基加固、硬化基底土层、浇筑混凝土便梁支墩减少侧向土压力、设置门槛接长滑道板等措施，则可较大地减小顶进阻力，这对软土地基、大型或特大型框架桥的顶进施工是十分必要的。

三、斜交顶进顶力布置

斜桥顶入路基的偏转力矩是随着边墙外土压的增大而增加的，为了使顶力中心和变化的阻力中心相对应而阻止桥体偏转，对于大斜度桥不可能只靠不断调整千斤顶位置进行矫正。所以将斜顶进所需要的顶力分成正向顶力和斜偏顶力分开布置。

最大斜偏顶力可按下式计算（图 3—8）：

$$N_0 = F \cdot \frac{I}{a} \qquad (3—3)$$

式中　N_0——最大斜偏顶力（kN）；

F——侧向土压力（kN）；

I——两侧土压力合力的中心距离（m）；

a——斜偏顶力合力中心距桥体轴线距离（m）。

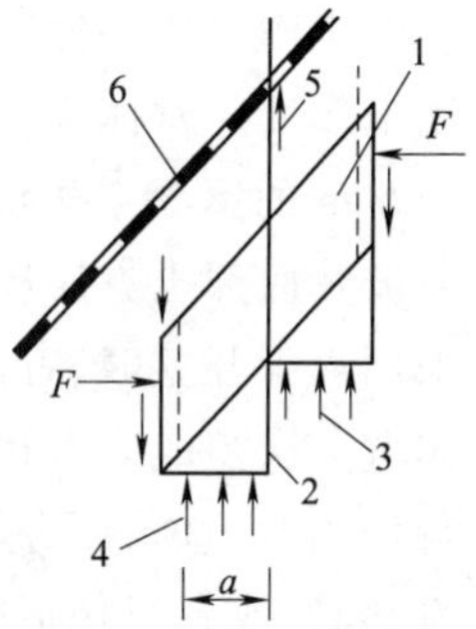

图 3—8　斜交顶进顶力分布
1—斜交桥体；2—顶进三角块；3—千斤顶；4—斜偏千斤顶；5—顶进方向；6—铁路

对斜交框架桥顶进入土后分阶段计算出斜偏顶力，按即时千斤顶工作顶力确定开启斜偏千斤顶的台数及位置，作为理论斜偏操作程序，因为影响顶进偏差的因素很复杂，应结合实测偏差进行矫正，阻止框架桥偏转。

第三节　工作坑设计

一、工作坑的设置原则

工作坑是框架桥顶进施工的临时结构，应在确保铁路行车安全和顶进施工质量的前提下，力求减少加固支撑材料，降低成本消耗。

1. 工作坑应根据线路情况、现场地形地貌及施工需要，在保证排水和安全的前提下，选择施工场地宽敞、供料和出土方便的一侧，并优先考虑框架桥下坡顶进为宜。

2. 靠铁路一侧的工作坑边坡坡顶与最外侧铁路中心线的距离不得小于 3.5 m，边坡的坡度应小于 1∶1；其余边坡坡度宜为 1∶0.5～1∶1.25。对不稳定土层或雨季施工的工作坑边坡应进行抗滑稳定性验算，边坡不稳定时应先加固，后开挖。当坑边的建筑物基底压力线进入工作坑内，或工作坑的边坡不能按规定开挖时，应采取加固措施。

3. 工作坑的尺寸应根据框架桥的长度、宽度、后背尺寸和作业空间来确定。并应在底板和后背间留出 2～3 m 布置顶进设备的位置；桥体两侧可视结构高度、模板支设方法、混凝土浇筑方案、排水情况等预留 2 m 左右的工作宽度；桥体前端应预留出安置刃角和桥体空顶的位置。还应绘制工作坑的平面图及剖面图。

4. 工作坑基底的承载量应满足预制桥身及顶进施工的要求，如土质松软时应对基底进行加固处理。

5. 工作坑运土坡道应避开后背土体顶进受力范围，如条件限制不能避开时，坡道边坡应进行支护加固。

6. 工作坑不仅要确保顶进施工工艺要求，还应结合引道工程的施工工艺要求一起考虑，这样才能更有效地保证铁路行车安全。框架桥工程中许多险情的发生往往在框架桥顶进就位以后，就是因为没有很好地考虑引道工程施工的工艺要求而引起的。

二、工作坑的类型

工作坑按其深度不同可分为浅工作坑和深工作坑。自地面至坑底挖深不大于5 m的为浅工作坑。桥体穿越高填方路基时，工作坑均较浅，有的甚至有一半在地面上。开挖深度大于5 m的属深工作坑。深工作坑可用围堰支撑法施工。工作坑应采用机械分层开挖，挖到边坡及底部土方时应预留0.3 m，并应采用人工跟随机械削坡、清底、整平，但不得超挖。当采用人工开挖时，宜用阶梯分段倒土，台阶宽度不得小于0.8 m。滑板设有锚梁时，可与工作坑一次挖成。当选定钢板桩后背时，可先打桩，后挖工作坑。当工作坑底土质较弱，需进行加固时，宜采用夯填砂砾石或石灰(水泥)稳定土进行坑底处理。当工作坑坡顶需堆置土方料具，或有机械运行时，应有安全距离。工作坑开挖主要有以下几种形式，下面将做具体介绍。

(一)放坡开挖式

当施工环境许可，在土质较好、开挖不深、无地下水的情况下，可采取放坡开挖，放坡大小可视土质情况而定。各类土质开挖允许放坡参考值如表3—1所示。

开挖前应根据挖土深度及地下水情况，做好排水、降水工作，落实弃土地点，修好运土道路。采用放坡开挖设备简单，节约支撑材料，造价低，操作方便，但占地多，挖土方量大。

表3—1 各类土质开挖允许放坡参考值

土层类别	密实度状态	边坡坡度(高:宽)	
		坡高5 m以内	坡高5～10 m
碎石土	中密	1:0.50～1:0.75	1:0.50～1:0.75
碎石土	稍密	1:0.75～1:1.00	1:0.50～1:0.75
粉　土	$S_r \leqslant 0.5$	1:1.00～1:1.25	1:0.50～1:0.75
粉质黏土	硬塑	1:1.00～1:1.25	
粉质黏土	可塑	1:1.25～1:1.50	
黏　土	硬塑	1:1.00～1:1.25	
杂填土	中密建筑垃圾	1:0.75～1:1.00	
软　土	经井点降水	1.00:1.50	

当基坑深度较浅，周围无邻近的重要建筑物及地下管线，可采取放坡开挖。

(二)混合式

施工环境许可，能采用大开挖，但下层土质差或有地下水时，则需采用混合式开挖。即地下水位以上部分采用大开挖，而下部采用打钢板桩进行加固后再开直槽。

(三)基坑围护式

基坑围护体系包括围护墙体和支撑结构两部分。基坑维护结构主要起到防水、防坍塌的作用。常用的框架桥基坑支护结构有钢板桩、“拉森”桩、水泥搅拌桩等。在设计施工中应根据工程特点、场地条件、环境保护、开挖方法等因素综合比较，在确保安全可靠的前提下，选择切实可行、经济合理的方案。基坑维护方式将在下一节做具体介绍。

在设计和施工中围护墙和支撑结构应考虑以下因素：

1. 基坑支护结构包括围护墙、隔水帷幕和支撑结构，在一般情况下不应超出工程用地范围，否则应事先征得有关部门同意。

2. 基坑支护结构构件不能影响主体工程的正常施工。基坑围护应与隔水帷幕、降排水统筹安排，确保地下水位降至基坑底 0.5 m 以下，保持基坑干燥和顶进工作面不塌方、不涌泉。

3. 基坑周围地面沉降变形对附近建筑物、市政设施如煤气管、自来水管、通信电缆管线等的影响，均应控制在管理部门允许的规定范围内。

4. 工作坑围护开挖应与后背的修筑一并考虑，当后背采用型钢或钢板桩时应先打入桩后再开挖，这样既节省挖土量，又能保证桩后土的密实性。

5. 土方开挖方式直接影响基坑围护结构的稳定。应事先制定开挖方案，坚持先支护后开挖的原则，采取在平面上分段、深度上分层的开挖方式。

有围护结构的基坑开挖时，挖土的顺序、方法必须与围护设计工况相一致，并遵循"开槽支撑，先撑后挖，分层开挖，严禁超挖"的原则。

第四节　工作坑支护设计

一、基坑支护类型

（一）钢板桩支护

钢板桩支护结构常用作坑壁的垂直支护。其支护结构包括工字钢（钢轨桩）桩、衬板、腰梁（导梁）、顶撑（撑杠）或拉锚等。坑壁土侧压力由衬板传至工字钢桩，再通过腰梁传至顶撑或拉锚，如图 3—9 所示。

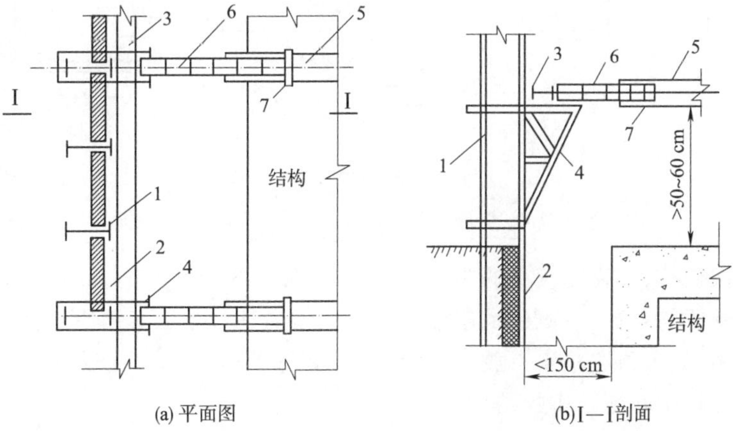

图 3—9　工字钢桩衬板支护结构

1—工字钢（钢轨桩）；2—木衬板；3—腰梁；4—三角托架；5—顶撑；6—活动节；7—销子

工字钢桩一般采用 30 ~ 40 号工字钢，钢轨桩一般采用 P43 钢轨桩。其有关技术规格见

《钢结构设计规范》。下面将主要对工字钢板桩进行介绍,钢轨桩参照工字钢进行设置。

工字钢长度一般为 8 ~ 12 m,当工字钢桩长度大于 8 ~ 12 m 时,则可将工字钢接长。接桩的方法有标准接桩法(用型钢加固)与简易接桩法(用钢筋加固)。

工字钢桩衬板支护结构,是种临时性的支撑护壁结构,根据实践经验,按简支端锚着板计算是合适的,一般入土深度 3 ~ 4 m。工字钢桩间距一般采用 1.0 m、1.2 m、1.5 m、1.6 m,也有采用 0.8 m 的,间距过小则增加工字钢桩数量,过大则增加衬板的厚度,故应作仔细比较。

衬板材料可采用木板或钢筋混凝土薄板。木板厚度为 5 ~ 10 cm,多数为 5 ~ 6 cm,要经过计算确定,长度由工字钢桩的间距决定。

腰梁可用槽钢、工字钢或 H 型钢做成,也可用方木。它用钢三角架垫托支承在工字钢桩上,如图 3—9(b)所示。也可以将腰梁直接焊在工字钢桩上。腰梁的作用是传递压力,使工字钢桩的间距不变,使桩在受到两侧不同压力时不致转动。

顶撑的层数与基坑壁侧压力直接有关。要尽量减少顶撑层数。因为层数越多,对施工的干扰越大,修建速度越慢,造价越高。为了适应大型机械开挖,故顶撑最好不超过两层,以保证框架桥结构顶板混凝土的灌筑及防水层的铺设。

土质较好、基坑深度不大时,可采用单层顶撑,其安设位置距地面不宜过大,以避免增大悬臂弯矩,且顶撑底面应高出框架桥顶面至少 50 ~ 60 cm,以保证框架桥结构顶板混凝土的灌筑及防水层的铺设易于进行。

顶撑的材料有钢、木两种。荷载小时,可用木质顶撑,一般为长度 6.5 m 的圆木,梢径约 32 cm。荷载较大时,应设钢顶撑,一般用型钢或钢管。钢顶撑做成可改变长度的,以适应打桩偏移及基坑宽度的变化(曲线,喇叭口地段),如图 3—10 所示。

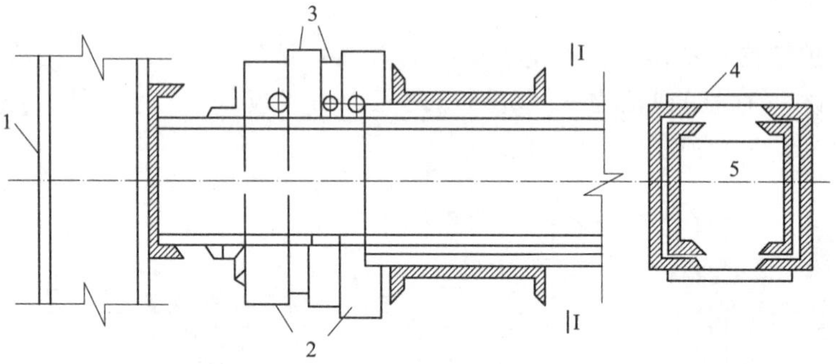

图 3—10　顶撑构造

1—工字钢;2—钢垫块;3—钢楔;4—盖板(12 mm);5—隔板

采用钢管做顶撑,其直径较小的为 15 ~ 20 cm,较大的可达 60 ~ 80 cm。大直径的钢管最好根据顶撑受压与自重的特点,采用偏心支顶。顶撑是承受工字钢通过腰梁传来的压力,主要起柱的作用,但因顶撑是水平放置的,且上部有施工荷载,故又起梁的作用。因此可以设计成两头断面较中间断面小的结构。

(二)连续钢板桩支护结构

连续钢板桩的优点是强度大,挡水性好。施工时是先打下板桩挡住土再挖土,故桩与土密贴,坑壁土体移动小,沉陷小。连续钢板桩断面形式很多,许多国家都有自己的规格标准。我国目前常用的有"拉森"式钢板桩。国产鞍Ⅳ型钢板桩也是属于"拉森"式。常用的钢板桩的技术规格如表3—2所示。

表3—2　一些钢板桩技术规格

型　号	断面尺寸(mm)				每延米面积 (cm^2/m)	每米长板桩质量 (kg/m)	每延米长 W (cm^2/m)
	B	h	t_1	t_2			
ⅢK-1	400	149	10	10	160	50	285
拉森Ⅲ	400	290	13.0	8.5	198	62	1 600
拉森Ⅳ	400	310	15.5	11.0	236	75	2 037
拉森Ⅴ	420	360	20.5	12.0	303	100	3 000
拉森Ⅵ	420	440	22.0	14.0	370	121.8	4 200
鞍 Ⅵ	400	310	15.5	10.5	247	77	2 042

“拉森”式钢板桩的长度一般有12 m、18 m、20 m三种，并可焊接成需要的长度。钢板桩的支护结构：腰梁、顶撑或拉杆锚锭与工字钢桩衬板支护结构相同。

二、基坑支护结构的设计

设计基坑支护结构，主要包括以下内容：确定基坑支护结构承受的荷载，计算其所需要的入土深度从而确定桩的长度。为了保证基坑开挖面以下的地基稳定，在选择最安全的支护结构入土深度时，必须首先考虑砂质土地基的管涌现象、黏土地基的隆起现象，以及承压水引起冲溃基坑现象，然后计算在荷载作用下的最大弯矩，从而确定桩的断面。此外，还要确定顶撑或锚系以及腰梁的断面。对于桩板支护结构来说，还要确定木衬板的厚度。

(一)支护结构的荷载

1. 土压力

由于土的性质比较复杂，支护结构各部分的刚度不同，以及施工方法、顶撑或锚系的松紧程度不同等因素，都会使土压力发生很大的变化，因此难以准确地算出土压力的精确数值。常用的计算法仍以古典的库伦公式或朗肯公式为基本计算公式。

(1)支护结构稳定性计算土压力

$$e_a = p\tan^2(45° - \frac{\varphi_0}{2}) - 2c\tan(45° - \frac{\varphi_0}{2}) = pK_a - 2c\sqrt{K_a} \qquad (3—4)$$

$$e_p = p\tan^2(45° + \frac{\varphi_0}{2}) + 2c\tan(45° + \frac{\varphi_0}{2}) = pK_p + 2c\sqrt{K_p} \qquad (3—5)$$

式中　e_a——单位面积主动土压力(kN/m^2)；

e_p——单位面积被动土压力(kN/m^2)；

K_a——主动土压力系数，$K_a = \tan^2(45° - \frac{\varphi_0}{2})$；

K_p——被动土压力系数，$K_p = \tan^2(45° + \frac{\varphi_0}{2})$；

p——作用在离地面 h 深处水平面上的单位面积总垂直压力，$p = q + \gamma h$，其中 q 为土体上部所受外荷载；

γ——土的容重(kN/m^3)；

φ_0——土的内摩擦角(°)；

c——土的内聚力(kN/m^2)。

由于黏性土的土压力比砂土的土压力复杂，在计算中可近似地略去内聚力一项而适当增加内摩擦角（内摩擦角 φ_0 提高到 φ 值）（表 3—3 所示数值可作参考），则土压力公式可简化为

$$e_a = p\tan^2(45° - \frac{\varphi_0}{2}) = pK_a = (q + \gamma h)K_a \tag{3—6}$$

$$e_p = p\tan^2(45° + \frac{\varphi_0}{2}) = pK_p = (q + \gamma h)K_p \tag{3—7}$$

当 $q = 0$ 时

$$e_a = \gamma h K_a \tag{3—8}$$

$$e_p = \gamma h K_p \tag{3—9}$$

图 3—11 为 e_a 及 e_p 分布图。由图可以看出，e_a 及 e_p 与 h 成直线关系变化，且 γK_a、γK_p 分别是主动土压和被动土压分布线的斜率。

表 3—3　土体物理力学参数

土质	稍湿		很湿		饱和		容重 γ(kN/ m³)		
	φ_0	φ	φ_0	φ	φ_0	φ	稍湿	很湿	饱和
软的黏土及亚黏土	24°	40°	22°	27°	20°	20°	15	17	18
塑性的黏土及亚黏土	27°	40°	26°	30°	25°	25°	16	17	19
半硬的黏土及亚黏土	30°	45°	26°	30°	25°	25°	18	18	19
硬黏土	30°	50°	32°	38°	33°	33°	19	19	20
淤泥	16°	35°	14°	20°	15°	15°	16	17	18
腐殖土	35°	40°	35°	35°	33°	33°	15	16	17

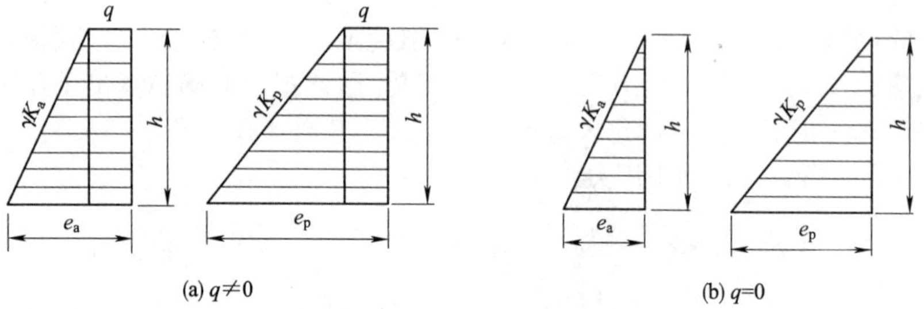

图 3—11　土压力分布

(2) 支护结构的支撑系统断面计算用土压力

由于作用于基坑支撑系统上的土压力分布情况比较复杂，根据有关实测资料，土压力分布如图 3—12(a) 所示。实际压力曲线均大致呈抛物线型，且最大压力强度约在基坑的半高度，一般常按图 3—12(b) 的几种简化图进行计算。腰梁所承受的均布荷载（连续板桩）是侧向土压强度（注意：它不等于被动土压力强度，而总的土压力值大于主动土压力值）。对砂土取 $0.8\gamma HK_a$，对软黏土取 $(\gamma H - 4c)$。

2. 水压力

作用在支护结构的水压力，可按图 3—13(a) 所示的三角形分布考虑。在三角形分布不合理时，即有残余水压力时，按图 3—13(b) 所示梯形分布计算。

地下水压力，一般情况是与土压力分算，并采用静水压力的全水头。计算水压时，水的

容重一般取 $\gamma_w = 10\ kN/m^3$，可以把水看作是主动压力 = 静止压力 = 被动压力 = $\gamma_w \cdot h$。

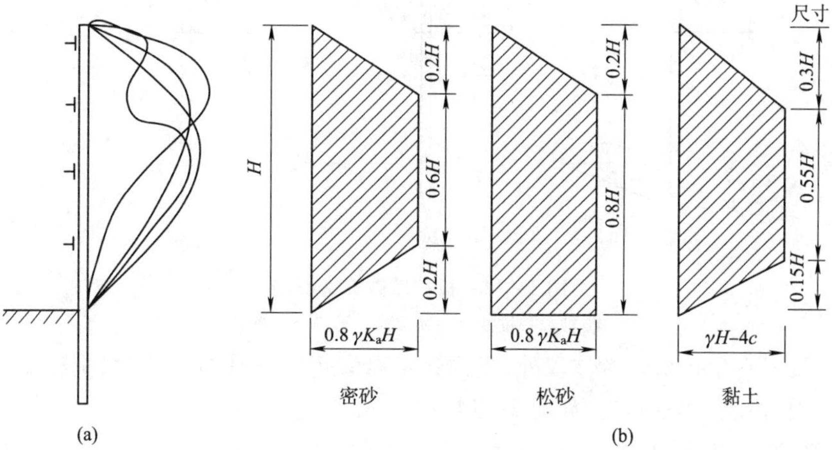

图 3—12　计算支撑系统断面的土压力

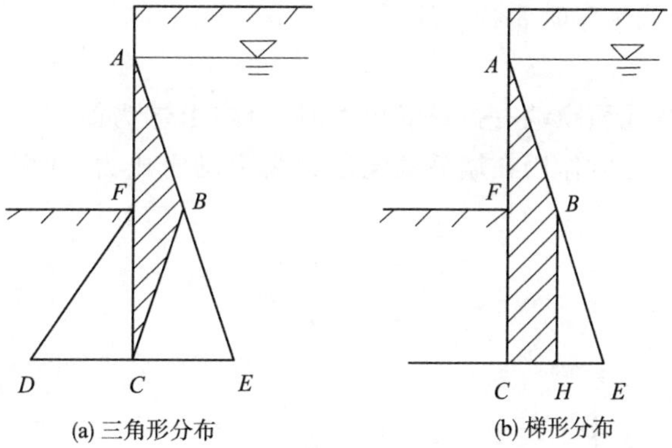

图 3—13　水压分布图

对地基基床系数 $K = 0$ 的土，水压力就可以加入土压力的公式中一起计算。日本建筑规范中规定土压力和水压力二者可以合成一个侧压力，用土的湿容重进行计算，但侧压力系数 K 则另有规定。

(二)单撑(层)支护板桩计算

较浅的基坑，板桩可以不加支撑，而仅依靠入土部分的土压力来维持板桩的稳定。但是，当基坑开挖较深时，则需根据开挖深度、板桩的材料和施工要求，设置一道或几道支撑。当基坑特别宽大时，则应用拉锚来代替支撑。

单撑(层)或单锚板桩墙是常用的一种支护形式。单锚板桩墙的计算，主要决定于以下三个因素，即板桩入土深度、板桩弯矩(用以确定板桩的断面)以及锚杆拉力(或横撑顶力)，应使板桩支护结构的强度和稳定性有足够的保证。

板桩入土深度不足或坑底过于软弱，则可能发生板桩绕锚拉点(或支撑支点)转动，板桩底端向外踢出，如图 3—14(a)所示。

当选用的板桩断面太小，跨中弯矩大于板桩的抗弯能力时，板桩在土压力作用下产生过大的弯曲变形，甚至可能失去稳定，使边坡破坏，如图 3—14(b)所示。

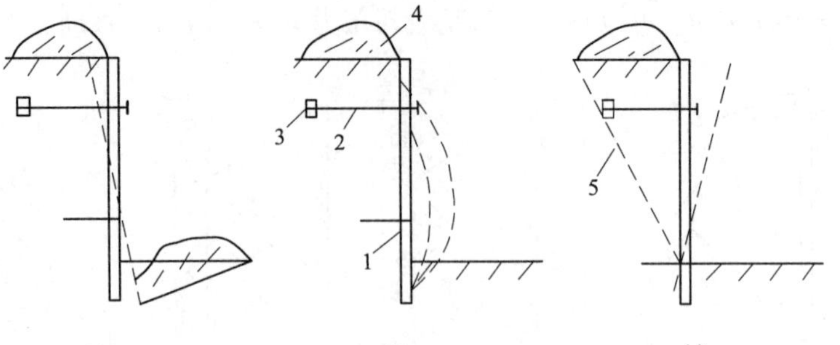

图 3—14　板桩墙破坏情况图

1—板桩；2—拉杆；3—锚锭；4—土堆；5—破裂面

锚锭应设置在土体破坏棱体以外，当锚锭距离太短或锚杆被拉断时，板桩墙向前倾倒，墙后地面开裂，边坡失去稳定。如图 3—14(c)所示。

上述三种破坏情况中，第二、三种是经常遇到的，而第一种情况发生不多。造成事故的原因，除计算的误差外，常常是由于大量弃土无计划堆置于板桩墙后地面上所引起的，还经常发生在暴雨季节，因此施工时要特别注意。

1. 单撑浅桩计算

当板桩入土深度较浅而顶端有拉锚或顶撑时，板桩上端为简支，下端为自由支撑，其作用相当于单跨简支梁。这时作用在墙后的土压力为主动土压力，如图 3—15 所示。e_a 和 e_p 可用下式计算

$$e_a = \gamma(h+t)K_a \tag{3—10}$$

$$e_p = \gamma t K_p \tag{3—11}$$

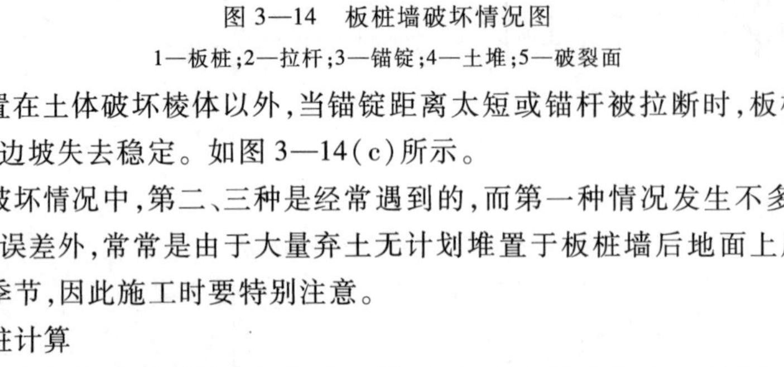

图 3—15　自由支承板桩墙的土压力分布

在墙后主动土压力作用下板桩弯曲，并绕顶部锚系点 a 而转动。如果要使板桩稳定，则必须使作用在板桩墙上的诸力 R_a，E_a，E_p 平衡。取单位宽度的板桩墙来分析，从 $\sum M_a = 0$ 即可求得所需的最小埋入深度，即

$$E_a h_a - E_p h_p = E_a \frac{2}{3}(h+t) - E_p\left(h+\frac{2}{3}t\right) = 0 \tag{3—12}$$

式中　E_a——主动土压力，$E_a = \frac{1}{2}\cdot e_a\cdot(h+t) = \frac{1}{2}\cdot\gamma(h+t)^2\cdot K_a$；

E_p——被动土压力，$E_p = \frac{1}{2}\cdot e_p\cdot t = \frac{1}{2}\cdot\gamma t^2\cdot K_p$。

从上式可以确定板桩的入土深度 t。再从 $\sum H=0$ 即可求得作用在 a 点的锚杆拉力 R_a，即 $R_a-E_a+E_p=0, R_a=E_a-E_p$。然后根据求得的 t、R_a 值，即可画出作用在板桩上所有的力，并求得其最大弯矩 M_{max}（M_{max} 发生在剪力为零的截面处），再按求的 M_{max} 去选择板桩的断面。

应该指出用这种简化方法计算时，土压力不考虑墙与土间的摩擦作用，同时用这种方法算出的弯矩比实际大得多，因此可将板桩的计算弯矩减小一半来选择板桩断面，即

$$W=\frac{M_{max}}{2[\sigma]} \tag{3—13}$$

式中　W——板桩的断面模量；

$[\sigma]$——板桩的容许压力。

2. 单撑深桩计算

在地下工程中为了减少地下水渗进基坑或者从安全角度着想，而将连续板桩打入较深，此时板桩下端近似固定端。要正确地估计 t 对板桩上土压力分布的影响是有困难的，这里介绍一种简化计算方法——相当梁法。

相当梁法可用图 3—16 说明。图 3—16(a) 中 ab 是一荷重梁，其一端为固定，另一端为简支，力矩图的正负力矩转折点在 c 点处。若将梁在 c 点处截断，并置一自由支点 c，则 ac 一端上的力矩将保持不变，ac 即为 ab 相当梁，这就是相当梁的基本原理。

应用相当梁法计算板桩，首先应当知道正负力矩转折点 c 点的位置。由于实际上和地面下土压力强度等于零点的位置是很接近的，如图 3—16(c)、图 3—16(d) 所示，所以在计算过程中就用土压力强度等于零的点的位置来代替它。这样计算的误差很小，对结果影响不大。因此，第一要先求出 y 的长度，求出后，即可决定 c，另一端顶撑 a 的反力 R_a 及 c 点的反力 P_0。根据 P_0 就可以进一步求出板桩的入土深度 t_0。

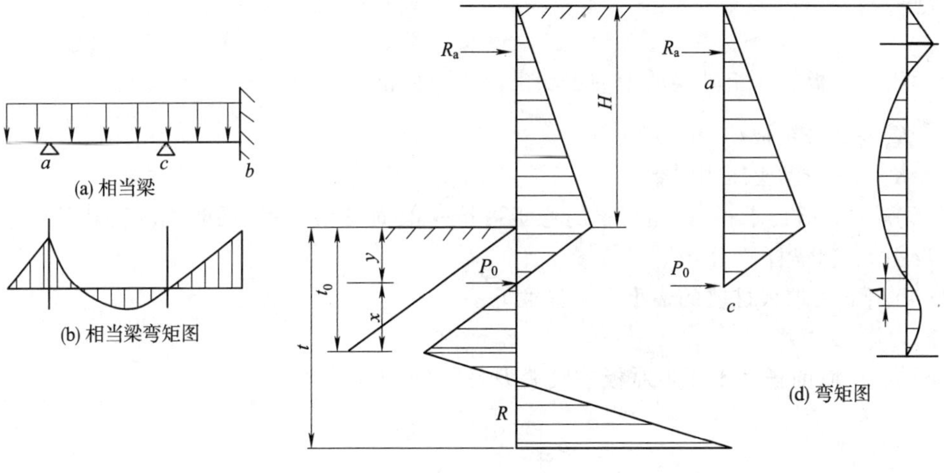

(a) 相当梁

(b) 相当梁弯矩图

(c) 土压力图

(d) 弯矩图

图 3—16　相当梁法

但作用在板桩上不仅有土压力，还有由于板桩变形，在土与墙之间有相对位移，因而在土墙之间产生的摩擦力。由于墙前破坏棱柱体向上移动而使墙对土产生向下摩擦力，此摩

擦力阻挡破坏棱柱体的滑动，于是墙前被动土压力因之有所增大；而墙后填土由于土体的破裂而向下移动，使墙对土产生向上的摩擦力。因此墙后的主动土压力和被动土压力将因此而减少。在一些计算方法中，考虑板桩墙与土的摩擦作用，将墙前及墙后的被动土压力分别乘上修正系数，而为了慎重起见对主动土压力则不予折减。现以 K 及 K' 代表墙前和墙后被动土压力增减系数，则作用在墙上的被动土压力系数按下列公式计算

墙前：
$$\overline{K}_p = K\tan^2(45° + \frac{\varphi}{2}) = K \cdot K_p \tag{3—14}$$

墙后：
$$\overline{K}'_p = K'\tan^2(45° + \frac{\varphi}{2}) = K' \cdot K_p \tag{3—15}$$

修正系数 K 和 K' 如表 3—4 所示。

表 3—4　钢板桩的修正系数 K 及 K'

土的内摩擦角 φ	40°	35°	30°	25°	20°	15°	10°
K	2.3	2.0	1.8	1.7	1.6	1.4	1.2
K'	0.23	0.4	0.47	0.55	0.64	0.75	1.0

计算步骤：

(1)计算板桩上各支点处所受主动土压力强度，并给出土压力分布图，计算时墙前及墙后主动土压力乘以修正系数 K 和 K'，如图 3—16 所示，暂不管 t_0 深度以下的土压力情况。

(2)计算板桩墙上土压力强度值等于零点离土面的距离，在 y 深处墙前被动土压力与墙后的主动土压力相等，即

$$\gamma \overline{K}_p \cdot y = \gamma K_a(H + y) = P_a + \gamma \cdot K_a \cdot y$$

$$\gamma(\overline{K}_p - K_a) \cdot y = P_a \tag{3—16}$$

解得
$$y = \frac{P_a}{\gamma(\overline{K}_p - K_a)} \tag{3—17}$$

式中　P_a——板桩入土处墙后土的主动土压力强度值；

$\overline{K}_p$——修正被动土压力系数；

K_a——主动土压力系数。

(3) y 的数既已求得，则相当梁的弯矩可按一般简支梁求得，同时也求得作用于 y 深度处的反力 P_0 和锚杆拉力 R_a。

(4)用下式求板桩墙的最小入土深度 t_0：

$$t_0 = y + x$$

根据 P_a 墙前被动土压力对板桩底端 D 的力矩相等，即

$$P_0 x = \frac{\gamma(\overline{K}_p - K_a)}{6}x^3 \tag{3—18}$$

$$x = \sqrt{\frac{6P_0}{\gamma(\overline{K}_p - K_a)}} \tag{3—19}$$

最后求得
$$t_0 = y + \sqrt{\frac{6P_0}{\gamma(\overline{K}_p - K_a)}} \tag{3—20}$$

实际板桩墙下端位于 x 深度之下，如图 3—16(c)所示，因此板桩墙的入土深度为

$$t = t_0 \cdot K_2$$

式中　K_2——经验系数，其值在 1.1～1.2 之间，普通为 1.1，板桩后面的土为填土时则采用 1.2。

实践证明，用相当梁法计算所得的跨中弯矩比实际大得多，因此在实际使用时用一个经验弯矩折减系数来修正所求得的 M_{max}，该系数在 0.6～0.8 之间，一般采用 0.74，即 $M=(0.6 \sim 0.8)M_{max}$。但对于锚杆而言，计算结果没有富余的安全度，且由于土压力重分布及锚杆松紧程度不一致，使锚杆受力不均匀，因此实际设计时应将锚杆拉力加大 35%～40%。

3. 桩板(浅桩)的计算

桩板支护与连续板桩支护的情况有所不同，工字钢桩是隔一定距离设置的，用衬板直接挡土。因而在计算土压力时，不能像连续板桩那样，按每延米计算，而是在坑底以上以 1 m 范围来计算每根桩的主动土压力。在坑底以下则以桩的翼缘宽度 b 来计算主动土压力，如图 3—17 所示。在计算桩前的被动土压力时，则应考虑到被桩推挤的土体由于土颗粒之间有内聚力和摩擦力的作用，不只是宽度 b 范围的破坏棱体 $b \times F$(F 为破坏棱体的截面)，而可能是在水平面内桩两侧发展楔块，如图 3—17(c)所示。其体积为 $b \cdot F + 2F \cdot \frac{t}{3}$，因此所求得的被动土压力，应乘以土体抗力增加系数 m，该系数为被工字钢顶起土块的总体积与正对着桩面被顶起土块的体积比，即

$$m = \frac{bF + 2F \cdot \frac{t}{3}}{bF} = 1 + \frac{2t}{3b} \tag{3—21}$$

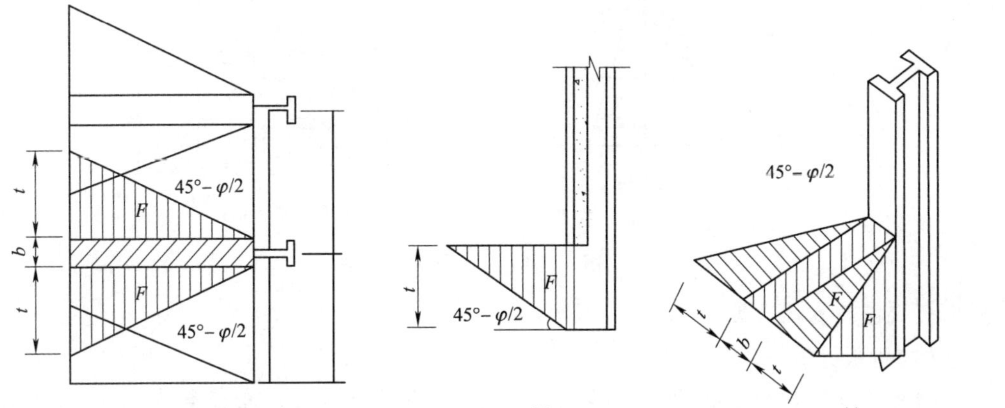

图 3—17　板桩受力分布图

主动土压力在坑底位置 D 偏下为

$$e''_{a2} = C'D = (q + \gamma h) \cdot b \cdot K_a$$

主动土压力在桩下端 B 为

$$e_{a3} = [q + \gamma(h+t)] \cdot b \cdot K_a$$

被动土压力在桩下端 B 为

$$e_p = \gamma \cdot t \cdot m \cdot b \cdot K_p \tag{3—22}$$

土压力分布图确定后，即可仿照连续板桩计算法，分别计算矩形及三角形的主动和被动土压力。然后根据 $\Sigma M_T = 0$ 对 T 点列出力矩平衡方程式，求得 t 值；再根据 $\Sigma H = 0$ 求得支撑反力 R；以工字钢桩作为简支梁，求最大弯矩 M_{max}，再根据支撑特点对 t、R、M_{max} 分别乘以经验系数作为实际采用值。

在计算被动土压力时，略去坑底以下工字钢桩与土之间的摩擦力，而不考虑被动土压力修正系数 K 及 K'。

因此，工字钢桩受力如图 3—18(b) 所示。坑底以上的主动土压力计算与单撑浅桩相似，即用计算宽度 1，坑底偏下 DC' 主动土压力计算宽度为 b，$\triangle DC'K$ 的斜边 $C'K$ 的斜率为 $\gamma(mK_p - K_a)b$。

故
$$y_0 = \frac{(q+\gamma h)K_a b}{\gamma(mK_p - K_a)b} = \frac{(q+\gamma h)K_a}{\gamma(mK_p - K_a)} \tag{3—23}$$

以 AK 为简支梁，取 $\Sigma M_k = 0$，可得 R，P_0，再仿照单撑深桩计算方法可得

$$x = \sqrt{\frac{6P_0}{b \cdot \gamma(mK_p - K_a)}} \tag{3—24}$$

由此决定桩的入土深度 t 及钢桩全长 $(h+t)$。再计算最大弯矩 M_{max}，选择工字钢型号。

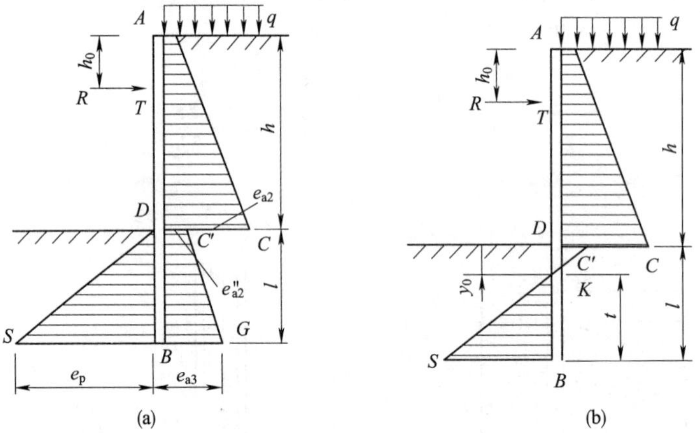

图 3—18　桩板土压力分布

4. 衬板及支撑计算

(1) 衬板计算

衬板是承受均布荷载的简支梁，如工字钢桩的间距为 l，均布荷载为 P，则最大弯矩为 $M_{max} = \frac{1}{8}Pl^2$，用此来选择衬板的断面。如衬板为木板，其允许弯曲应力为〔σ〕，则衬板应具有的截面模量 $W = \frac{M_{max}}{[\sigma]}$。如衬板宽度为 b，则厚度 $d = \sqrt{\frac{6M_{max}}{b[\sigma]}}$。

因坑壁沿高度的侧压力是不同的，因此，衬板的厚度可以变化，可分成数段（每段 3 ~ 4 m），每段采用相同厚度的衬板，最小厚度为 5 cm，以便于衬板的制作与施工。

对衬板还要验算剪力，但在一般情况下剪力不控制设计。

(2)腰梁(导梁)的计算

对于连续板桩的腰梁或是承受工字钢桩传来荷载的腰梁,都是按简支梁或连续梁进行计算。其承受的荷载就是计算板桩或工字钢桩的支撑反力 R_A。对板桩来说 R_A 是均布荷载,对工字钢来说 R_A 是集中荷载,但也可近似地简化为均布荷载。单撑的基坑支护,如按库仑公式计算,上部支撑反力 R_A 常嫌过小,需增加约 35%~40% 。

为谨慎起见,通常把腰梁当做单跨度的简支梁来考虑,即认为它所受的弯曲力矩为

$$M=\frac{1}{8}R_A\cdot l_a^2 \tag{3—25}$$

式中　l_a——锚杆或顶撑的间距;

R_A——单位长度上支撑反力。

腰梁的断面模量:

$$W=\frac{M}{[\sigma]} \tag{3—26}$$

式中　$[\sigma]$——腰梁材料的容许弯曲应力。

(3)顶撑计算

顶撑主要受轴向荷载,如其间距为 l_a,则轴向荷载为 R_Al_a(板桩)或 nR(一根顶撑承受 n 根工字钢桩传来的荷载)。单撑的 R_A 值应增加 35%~40% 。此外,还要考虑施工时加到顶撑的横向荷载,如人、设备和建筑材料。此项荷载可假定是以 1.5 kN/m 沿顶撑全长均匀分布,或 1.5 kN 集中荷载作用在横撑跨度中点。

(4)锚系计算

锚系的方式有两种:一种是借助埋入土中的锚板来抵抗锚杆拉力;另一种是用锚锭桩。这里只介绍锚锭板的计算。

①锚系长度的确定。当锚锭板设在土的破坏棱体以外(即土的稳定范围内),如图 3—19 所示,土的破坏棱体是由锚锭板产生的被动土压力所形成的土楔,在这种情况下,可以根据图 3—19 所示的几何关系,用下式来表示连续板桩(或桩板)与锚锭板的系杆长度(锚长):

$$L=(h+t)\tan\left(45^\circ-\frac{\varphi}{2}\right)+A_2\tan\left(45^\circ+\frac{\varphi}{2}\right) \tag{3—27}$$

式中　t——坑底到深桩反弯点或浅桩下端的距离;

A_2——锚锭板底端离土面的距离;

φ——墙后土的内摩擦角。

式(3—27)中右边第一项为墙后主动土压破坏棱体在地面的宽度 L_1,第二项为锚锭板到被动土压破坏棱体在地面边缘的距离 L_2。

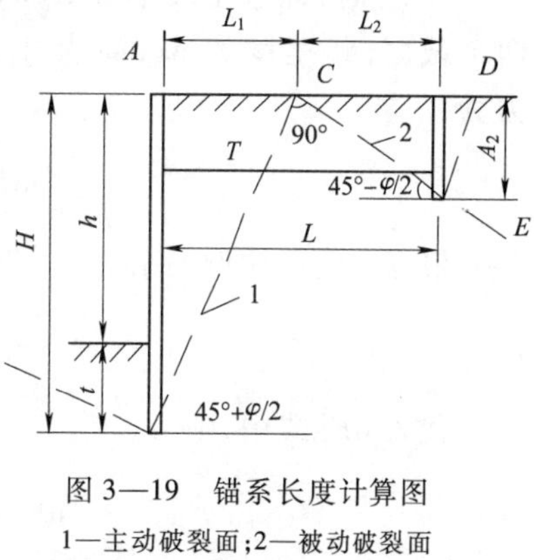

图 3—19　锚系长度计算图

1—主动破裂面;2—被动破裂面

②锚锭板计算。锚锭板上作用的力有:锚杆拉力和促使锚板向前移动的板后主动土压力 E'_a,锚锭板前阻止锚锭板向前移动的被动土压力 E'_p,如图 3—20 所示。如前所述 R_A 值取计算值再增加 35%~40% 。

锚锭板 MN 的稳定条件由下列公式决定:

$$S\cdot R_A\leqslant\frac{1}{k}[E'_p\cdot B+2E_r-E'_a\cdot B] \tag{3—28}$$

式中　R_A——单位长度上的锚杆拉力;

S——锚杆的间距；

k——安全系数，$k=2$；

E_r——锚碇板前被动土压破坏棱体侧面摩擦力；

B——锚碇板宽度。

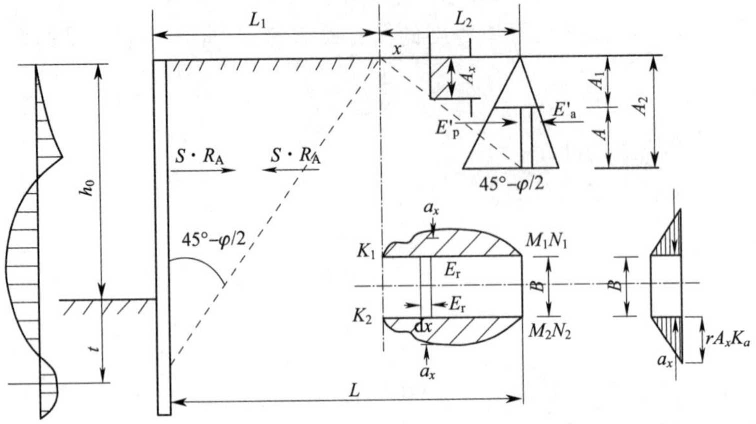

图 3—20　锚碇的计算图

$$E'_a=\frac{1}{2}\gamma A_2^2K_a-\frac{1}{2}\gamma A_1^2K_a=\frac{1}{2}\gamma K_a(A_2^2-A_1^2) \tag{3—29}$$

$$E'_p=\frac{1}{2}\gamma A_2^2K_p-\frac{1}{2}\gamma A_1^2K_p=\frac{1}{2}\gamma K_p(A_2^2-A_1^2) \tag{3—30}$$

式中　A_1——锚碇板上边离地面距离；

A_2——锚碇板底端离地面距离。

求 E_r 时，即求土棱体 $K_1K_2M_2N_2M_1N_1$ 侧面的摩擦力时，先在距 K_1K_2 边 x 处任意选择两个截面，其宽度为 dx，高为 A_x，如图 3—20 所示。则作用在这单元土体侧面的摩擦力为：

$$\mathrm{d}E_r=\frac{1}{2}\gamma A_x^2\cdot K_a\cdot\tan\varphi\cdot\mathrm{d}x$$

根据三角形比例关系

$$\frac{A_x}{A_2}=\frac{x}{L_2}\quad A_x=\frac{A_2x}{L_2}$$

代入 dE_r 式中，则

$$\mathrm{d}E_r=\frac{1}{2}\gamma\cdot K_a\cdot\tan\varphi\left(\frac{A_2\cdot x}{L_2}\right)^2\mathrm{d}x$$

$$\mathrm{d}E_r=\frac{1}{2}\gamma\cdot K_a\cdot\frac{A_2^2}{L_2^2}\tan\varphi\int_0^{L_2}x^2\mathrm{d}x=\frac{1}{6}\gamma K_a\cdot A_2^2\cdot L_2\tan\varphi$$

式中　$L_2=A_2\tan(45°+\frac{\varphi}{2})$。

最后得

$$E_r=\frac{1}{6}\gamma K_aA_2^3\tan(45°+\frac{\varphi}{2})\tan\varphi \tag{3—31}$$

将求得的 E'_a、E'_p 和 E_r，代入上述锚锭板稳定条件式(3—28)，即可求得锚锭板所能承受的锚系力。如果不能满足稳定条件，可调整锚锭板的宽度与高度进行核算。

必须指出，被动土压棱体两侧的摩擦力决不应大于锚锭板间所能产生的被动土压力，即

$$2E_r \leqslant E_p l_a$$

式中　l_a——相邻锚锭板之间的净距。

当地面有活荷载时，为谨慎起见，计算 E'_a 时，应将活荷载计算进去，而计算 E'_p 时则不予计算。

(三)基坑失稳形式

在深基坑开挖过程中，有效的围护结构是基坑稳定的保证。通过对基坑失稳的诸多工程事故分析，其破坏形式可归纳为两大类：基坑的稳定性破坏[图 3—21(a)、(b)、(c)、(d)、(e)、(f)]和基坑的强度破坏[图 3—21(g)、(h)、(i)]。

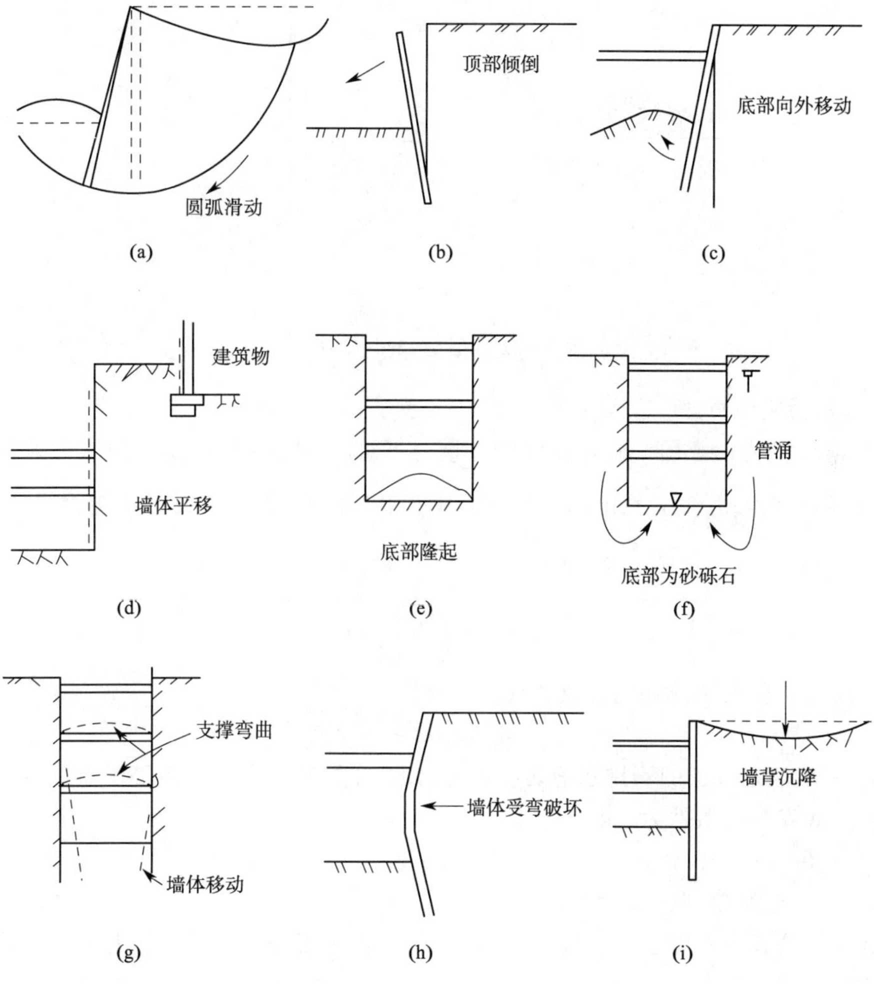

图 3—21　基坑的失稳形式

(四)板桩支护的稳定验算

为了保证基坑的稳定性，减少对周围环境的危害，在围护结构的设计时，应对维护结构进行稳定性验算。一般情况下，围护体系的稳定性主要从整个围护体系及基坑坑底的稳定

性两个方面考虑。

在板桩稳定性验算过程中除了需通过板桩的入土深度考虑板桩的稳定外，还要验算基坑是否会出现管涌或流砂、隆起以及承压水的冲溃基坑现象。

1. 基坑底隆起验算

开挖软土基坑时，假如板桩背后的土柱重量超过基坑底面以下的地基承载力时，地基中塑性平衡状态受到破坏，就会发生坑壁土流动，坑顶下陷，坑底隆起现象，如图 3—22(a)所示。为防止发生这种现象，必须验算地基隆起的安全程度。下面介绍两种验算方法。

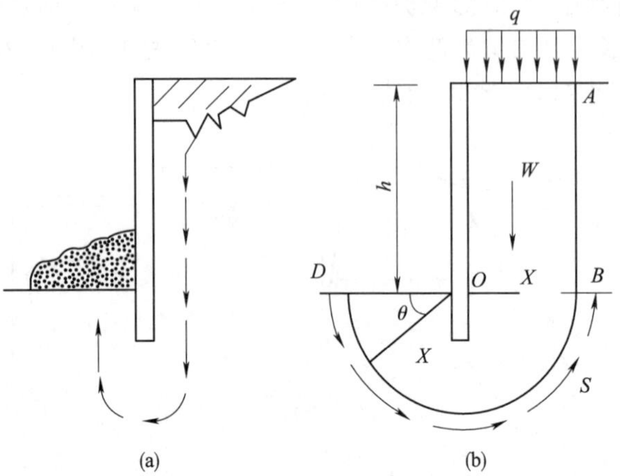

图 3—22　地基隆起与验算法

(1)地基稳定验算法

图 3—22(b)为示意图。假定在坑壁重量为 W 的土柱作用下，其下的软土地基沿某柱面 $\widehat{BD}$ 发生破坏和滑动，失去稳定的地基绕圆柱面中心轴 O 转动，则转动力矩为

$$M_d = W \cdot x \cdot \frac{x}{2} \qquad W \cdot x = (q + \gamma h)x$$

稳定力矩为

$$M_r = x\int_0^{\pi} s \cdot x \mathrm{d}\theta$$

当土层为匀质土时，则由上式积分得

$$M_r = \pi \cdot s \cdot x^2 \tag{3—32}$$

式中　s——坑底地基土的不排水剪切的抗剪强度，在饱和软黏土中应等于内聚力 c。

验算坑底安全的条件为

$$M_r \geqslant kM_d$$

式中　k——安全系数，取 $k \geqslant 1.2$。

上述验算公式未考虑土体与板桩间的摩擦力，也未考虑垂直面 AB 上土的抗剪强度对该面内土体下陷的阻力。

(2)地基强度验算法

此法计算示意图如图 3—23 所示，在坑壁土柱重量作用下，下面的软土地基如无板桩或硬层阻碍，其破坏和滑动是沿着圆柱面 $\widehat{BD}$ 及斜面 $\overline{DO'}$ 发生。

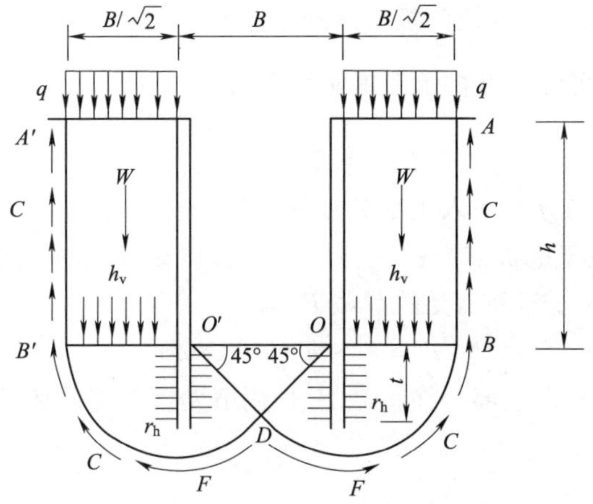

图 3—23　软土地基强度验算法示意图

在饱和软黏土中 $\varphi = \theta$，如 $\overline{DO'}$ 面与水平面的夹角为 45°，土的抗剪强度 $s=c$，土的单轴抗压强度 $q_u=2c$，地基土的极限承载能力 $q_d=5.7c$，则坑壁下的坑底平面 $\overline{OB}$ 上总压力 P 为

$$P = W - c \cdot h = (q + \gamma \cdot h)\frac{B}{\sqrt{2}} - c \cdot h \tag{3—33}$$

单位面积压力 p_v 为

$$p_v = \frac{P}{B/\sqrt{2}} = q + \gamma h - \frac{\sqrt{2}c \cdot h}{B} \tag{3—34}$$

此压力显然应小于地基上的承载能力

$$p_v \leqslant \frac{q_d}{k} \tag{3—35}$$

式中　k——安全系数，取 1.5。

因 $q_d=5.7c$，故 $p_v \leqslant 3.8c$。

如基坑两侧软土地基的破坏和滑动受到板桩阻碍，则板桩处于受力状态。取坑壁下扇形土块 OBF 为自由体，并对 O 点取力矩，则得平衡条件。若作用在板桩侧面的单位面积压力为 P_h，则得下式

$$P_h\frac{B}{\sqrt{2}} \cdot \frac{B}{2\sqrt{2}} = p_v\frac{B}{\sqrt{2}} \cdot \frac{B}{2\sqrt{2}} - \frac{\pi}{2} \cdot \frac{B}{\sqrt{2}} \cdot c \cdot \frac{B}{\sqrt{2}} \tag{3—36}$$

即
$$P_h = p_v - \pi c$$

则作用在板桩上的总压力 P_h 为

$$P_h = (p_v - \pi c)\frac{B}{\sqrt{2}} \tag{3—37}$$

此水平压力 P_h 在板桩的入土深度小于 $\overline{OF}(=\frac{B}{\sqrt{2}})$ 的情况下，一部分由板桩承受，另一部分由桩下的土承受。

如入土深度 $t \geqslant \frac{2}{3} \cdot \frac{B}{\sqrt{2}}$，则由于板桩的刚度较大，作用在板桩以下土上部分水平压力的

大部分将转移到桩上，因而可以认为板桩承担了全部水平压力 P_h。

如 $t \leqslant \frac{2}{3} \cdot \frac{B}{\sqrt{2}}$，则可假定板桩承受的水平压力为

$$P_h = 1.5t(p_v - \pi c) \tag{3—38}$$

此压力可以认为均匀分布在入土部分板桩上。

P_h 是由基坑底下位于板桩前面的土体的抗压强度以及板桩入土部分的抗挠曲强度来平衡的，也就是说板桩入土部分承受的荷载 P_t 为

$$P_t = P_h - q_u t = P_h - 2ct \tag{3—39}$$

如作为悬臂梁的板桩入土部分在荷载 P_t 作用下发生受挠破坏，则坑底以下土体也将破坏而隆起。

2. 流砂验算

图 3—24 表示在基坑内边沟排水而出现水头差 h'，产生由高处向低处的渗流，水经过板桩下端之前渗流的流向大致向下。流过板桩下端之后转而向上到达坑底表面后通过边沟进入集水井，再用水泵抽走。因此坑底下的土处于浸没在水中的状态，其有效重量应为浮容重 γ'。当向上的渗流力或动水压力 j 达到能够抵消土粒的有效重量，即浮容重 γ' 时，土粒变为处于“浮扬”或“翻腾”状态。要避免这种现象就应满足下列条件式：

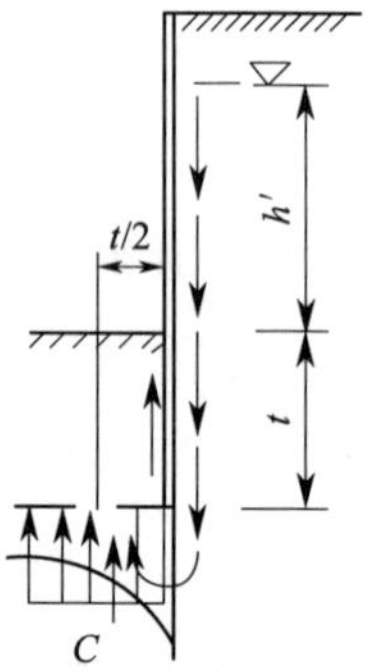

图 3—24　基坑内排水流砂现象

$$\gamma' \geqslant kj$$

式中　k——安全系数，视挡水结构的性质和土质等因素而定，$k = 1.5 \sim 2.0$。

根据试验结果，流砂现象首先发生在离坑壁大约等于板桩深度一半的范围内。由于板桩是临时结构，为简化计算，可近似地取最短路程，即紧贴板桩位置的路线，来求得最大渗流力：

$$j = i \cdot \gamma_w = \frac{h'}{h' + 2t} \cdot \gamma_w \tag{3—40}$$

故条件式应为

$$\gamma' \geqslant k \cdot \frac{k'}{h' + 2t} \cdot \gamma_w \tag{3—41}$$

也可改写为

$$t \geqslant \frac{k \cdot h' \cdot \gamma_w - \gamma' h'}{2\gamma'} \tag{3—42}$$

如坑底以上土层为粗粒硬石层、松散填土或多裂隙土等，在坑壁一侧水流经此层的水头损失很小，可略而不计，则条件式可简化为

$$t \geqslant \frac{k \cdot h' \cdot \gamma_w}{2 \cdot \gamma'} \text{ 或 } \frac{2\gamma' t}{h' \cdot \gamma_w} \geqslant k \tag{3—43}$$

h'/t 为板桩背后的动水坡降。h'/t 增大到 k 小于 1 时，流砂就冒出。当 $k = 1$ 时的 h'/t 叫做极限动水坡降。在决定板桩的埋入深度时宜取安全系数 $k = 1.2 \sim 1.5$。

【例题 3—1】　根据框架桥的施工要求，已知基坑断面尺寸为 10.4 m × 16.0 m（深 × 宽），试设计板桩。有关设计资料为：

（1）地质资料，如图 3—25（a）所示。

(2)地面活荷载按 10 kN/m^2 计算。

(3)采用人工降低地下水位的措施,土压力按朗金土压力理论计算,如图 3—25(b)所示。

解:本题按单撑深桩用相当梁法计算。

(1)土压力计算

γ、φ、c 值按 19.7 m 范围内加权平均值计算得:

$\gamma_{平均}=17.6\ kN/m^2$;$\varphi=18°30'$;$c_{平均}=6.3\ kN/m^2$。

略去 c 值,查表 3—3 得 $\varphi=22°$,则

$$K_a=\tan^2(45°-\frac{22°}{2})=0.455$$

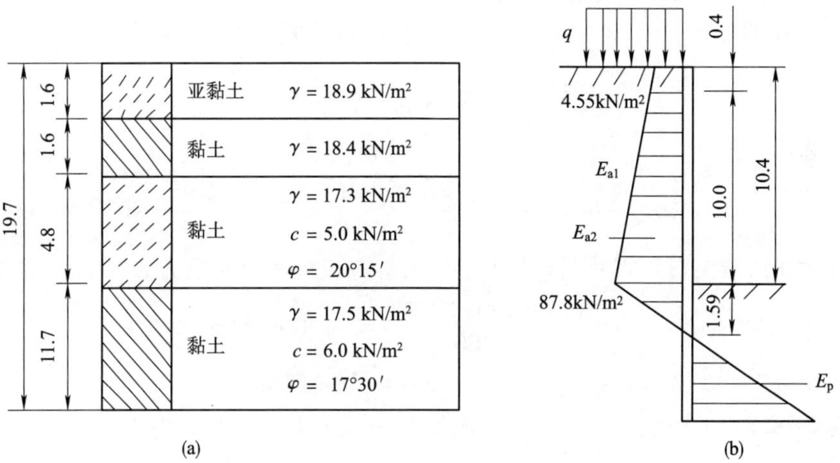

图 3—25　地质资料及土压力分布(单位:m)

$$K_p=\tan^2(45°+\frac{22°}{2})=2.18$$

考虑墙土间摩擦力作用,K_p 应乘以修正系数 K。

查表 3—3,取 $K=1.65$,得

$$\overline{K_p}=1.65\times2.18=3.60$$

$$e_{a0}=10\times0.455=4.55\ kN/m^2$$

又　$$P_a=(10+17.6\times10.4)\times0.455=87.8\ kN/m^2$$

(2)计算土压力零点位置

$$y=\frac{P_a}{\gamma(\overline{K_p}-K_a)}=\frac{87.8}{17.6(3.60-0.455)}=1.59\ m$$

(3)顶撑反力 B(图 3—26)

由 $\Sigma M_0=0$,得

$$R_a=\frac{322+2\ 180+73.7}{10+1.59}=223\ kN/m$$

$$R'_a=1.35\times R_a=1.35\times223=300\ kN/m$$

由 $\sum Y=0$，得 $P_o=328\ \text{kN/m}$

(4)板桩入土深度

$$t_0=\gamma\times\sqrt{\frac{6P_0}{\gamma(\bar{K}_p-K_a)}}=1.59+\sqrt{\frac{6\times 328}{17.6\times(3.60-0.455)}}=7.57\ \text{m}$$

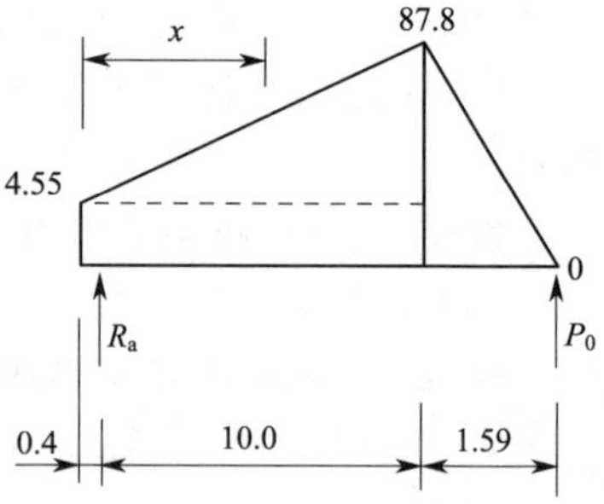

图 3—26　计算简图

实际需要深度为

$t=(1.1\sim1.2)t_0=(1.1\sim1.2)\times7.57=8.3\sim9.1\ \text{m}$

选用 20 m 长桩，入土深度为 9.6 m，可满足要求。

(5)最大弯矩 M_{max} 的计算，板桩断面选择

先求 $Q=0$ 的位置 x 值，再求该点 M_{max}，由 $\sum H=0$，得

$$R_a-4.55x-\frac{1}{2}\times\frac{x^2}{10.4}(87.8-4.55)=0$$

解得

$$x=6.9\ \text{m}$$

$$M_{max}=223\times(6.9-0.4)-\frac{4.55\times6.9^2}{2}-\frac{1}{6}\times\frac{82.2\times6.9^2}{10.4}=903\ \text{kN}\cdot\text{m}$$

设计板桩时，最大弯矩折减系数取 0.74，则所需板桩截面模量为

$$W=\frac{0.74\times90.3\times10^5}{2\ 400}=2\ 790\ \text{cm}^3/\text{m}$$

选用"拉森"V 型，$W=3\ 000\ \text{cm}^3/\text{m}>2\ 790\ \text{cm}^3/\text{m}$ 即可。

【例题 3—2】　工程情况同上例。现改用桩板式支护，试计算工字钢入土深度、跨中弯矩和支撑反力。

初步选定用 50c 工字钢(翼缘宽度 $b=162$ cm，$W=2\ 080\ \text{cm}^3/\text{m}$)，$[\sigma]=180$ MPa，间距 $a=0.8$ m。

解：根据【例题 3—1】计算知：$\gamma=17.6\ \text{kN/m}^3$；$\varphi=22°$；$K_a=0.455$；$K_p=2.18$(不考虑摩擦力增加系数)。

(1)求主动土压力(图 3—27)

$$e_{a1}=0.8\times10\times0.455=3.6\ \text{kN/m}$$

$$P_a=87.8\times0.8=70.3\ \text{kN/m}$$

$$P'_a=87.8\times0.162=14.2\ \text{kN/m}$$

(2)计算土压力零点位置

设桩的入土深度为 6 m，则由式(3—21)$m=1+\dfrac{2t}{3b}$得

$$m=1+\frac{2\times6}{3\times0.162}=26>(\frac{l}{b}=\frac{80}{16.2}=4.94)$$

取 $m=4.94$，则

$$y_0=\frac{87.8}{17.6\times(4.94\times2.18-0.455)}=0.48\ \text{m}$$

(3)计算 P_a、R_a(图 3—28)

由 $\sum M_0=0$，得

$$R_a=\frac{(213+1\ 369+1.1)}{10+0.48}=151\ \text{kN/m}$$

实际取 $R_a=1.35\times151=204\ \text{kN/m}$

由 $\sum Y_0=0$，得 $P_0=388-151=237\ \text{kN/m}$

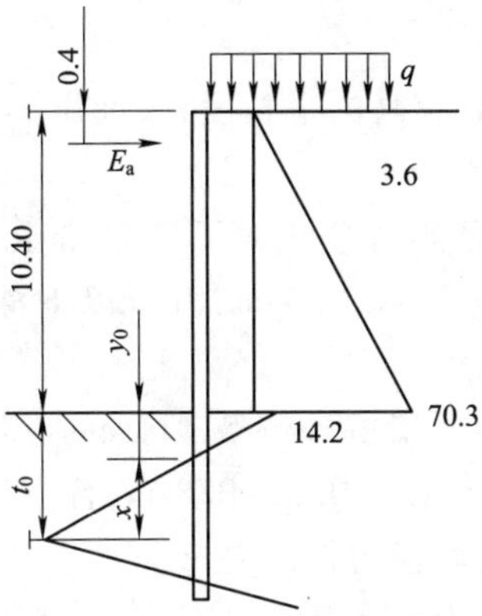

图 3—27　土压力简图

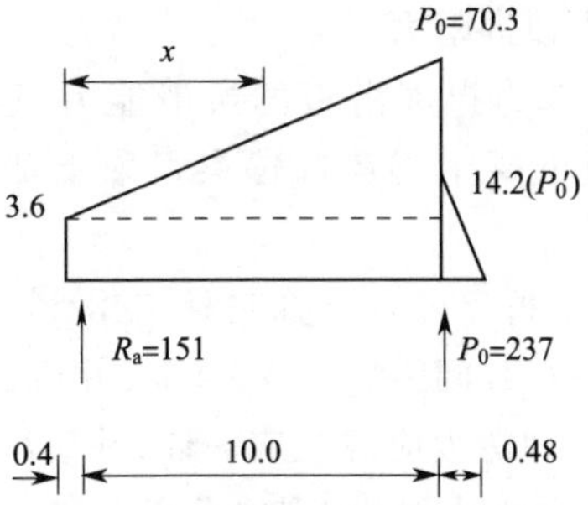

图 3—28　计算简图

(4)入土深度计算

$$t_0=0.48+\sqrt{\frac{6\times237}{0.162\times17.6(4.94\times2.18-0.455)}}=7.43\ \text{m}$$

实际所需深度 $t=(1.1\sim1.2)t_0=(1.1\sim1.2)\times7.43=8.2\sim8.9\ \text{m}$。

(5)跨中弯矩计算

在 x 处　$Q=0$，

$$R_a-(3.6x+\frac{1}{2}\times\frac{x^2}{10.4}\times(70.3-3.6))=0$$

得 $x=7.43\ \text{m}$

$$M_{max}=204\times(7.43-0.4)-\frac{3.6\times7.43^2}{2}-\frac{66.7\times7.43^2}{10.4\times6}=1\ 276\ \text{kN}\cdot\text{m}$$

$$\sigma=\frac{0.74\times1\ 276\times10^5}{2\ 080}\times10^4\times10^{-6}=454\ \text{MPa}>180\ \text{MPa}$$

由上述计算可见，对于这样的工程，虽然用了如此大型的工字钢，但仍不足够抵抗土压力引起的弯矩。这时可加密工字钢桩间距，改变设计方案，以满足要求。

第五节　滑板制作

一、滑　板

(一)滑板的作用

滑板是顶进工艺极为重要的设施。主要作为预制框架桥时的施工垫层及顶进启动时与基底土壤的隔离层，使框架桥结构物在浇灌混凝土的过程中不致产生不均匀沉降，并防止框架桥结构与其底面以下的土壤粘结影响启动顶进。

（二）滑板的技术要求

1. 滑板应满足预制框架桥所需的强度和刚度，以及顶进时的稳定性要求。可根据地基承载能力、框架桥重量和顶进方法选用钢筋混凝土滑板、混凝土滑板、砌筑片石滑板和灰土滑板等。根据土质情况，滑板底部可设碎石和灰土垫层。当单宽顶力大于 30 t/m时，需要在滑板中设置钢筋等抗拉材料，底板混凝土等级为 C15 或 C20，底板厚度不小于 20 cm。

2. 滑板中心线要与框架桥顶进中心线一致，并有较高的平整度，表面用 1∶3水泥砂浆压实抹光，以减小顶进阻力。

3. 软土地基为提高滑板的抗滑能力，以保证框架桥顶进时不会被带走，应直接在其坑内挖槽浇筑混凝土锚梁。锚梁可取上宽 0.5 m，下宽 0.3 m，滑板以下深 0.5 m 的梯形断面。

4. 控制框架桥顶进入土方向时，在滑道两侧，距框架桥外侧 5 ~ 10 cm 应设置钢筋混凝土或钢制导向墩，其间距宜为 3 ~4 m，并应深入滑板以下 0.6 ~0.8 m，且在滑板以上外露 0.2 m。导向墩和滑板应浇筑成一体，并应满足强度和稳定性的要求。

5. 为预防框架桥顶进"扎头"和偏移，一般在浇筑滑板时设有 1‰ ~5‰前高后低的仰坡。

6. 当后背反力不能满足框架桥顶进要求时，可将混凝土滑板和后背梁用受力钢筋连成一体。

7. 框架桥采用气垫启动时应在桥体底板或滑板中预留输气管道并设置充气空气压缩机。

8. 滑板前端轴线方向钢筋应有端头，板前预留出至少 30 cm 的预留筋，以便在接长滑道板时连接接长滑板纵向筋。

（三）滑板的结构形式

滑板的结构形式有两种。

1. 滑板与后背梁连成整体（图 3—29）

这种形式滑板承受的拉力沿顶进方向逐渐减少，最大可能断裂位置通常在滑板与后背梁连接处。为保证滑板与后背梁的整体性，一般应配置钢筋，设计成钢筋混凝土结构，从而使滑板与后背梁共同承受顶力。

2. 滑板与后背梁分离（图 3—30）

这种结构形式的滑板在靠近后背梁一端受力最小，沿顶进方向至框架桥尾部滑板承受的拉力逐渐增大。在框架桥尾部到滑板前端这一段范围内，因受润滑、隔离、顶进中高程等施工质量的影响，致使滑板顶面、底面摩擦力的分布变化较大，给滑板的计算带来很多困难。

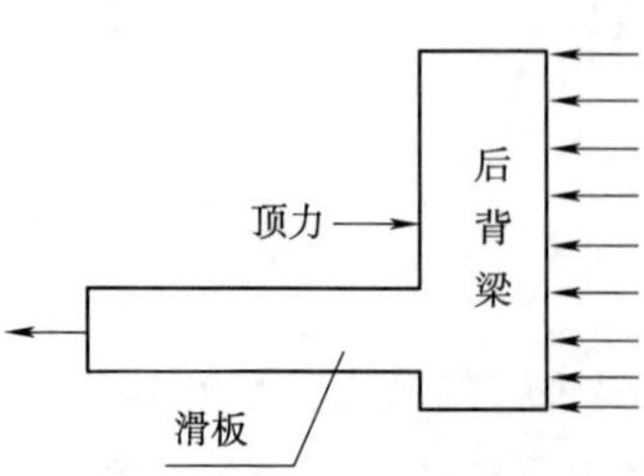

图 3—29　滑板与后背梁连成整体

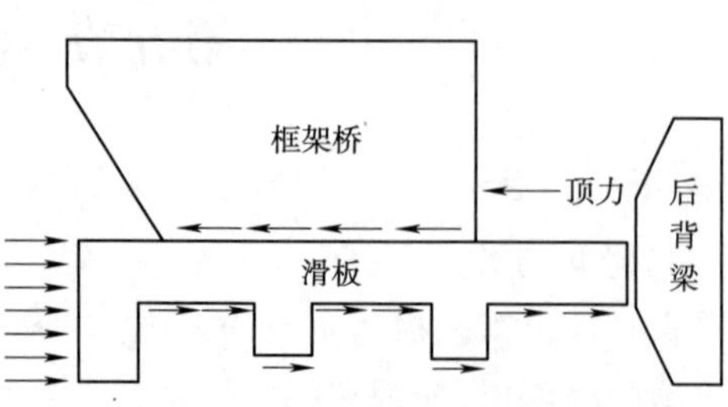

图 3—30　滑板与后背梁分离

（四）滑板施工

1. 准备工作

（1）确定滑板施工方案，明确各部尺寸、高程、坡度，完成技术交底、施工放样。

（2）承载力不够的软土地基，进行地基加固，土方开挖至基底设计高程。

（3）保持基底干燥。

（4）各种施工材料、机具按计划筹备落实。

2. 施工作业

（1）为确保底板有足够的抗滑能力，按设计尺寸开挖并浇筑混凝土锚梁，导向墩应与锚梁同步施工。

（2）排水槽必须与顶进方向一致，并前宽后窄、前深后浅（一般前比后大 2～3 cm），槽道表面应用水泥砂浆抹光。

（五）滑板抗滑移稳定性验算

混凝土滑板在桥体启动时的抗滑移稳定性可按下式进行验算：

$$\frac{G\mu + nAR}{N} \geqslant 1.3 \qquad (3—44)$$

式中 N——桥体启动顶力（kN），宜取桥体自重的 0.6～1.0 倍；

G——滑板自重及其顶面上荷载（kN）；

μ——滑板底面与土基间的摩擦系数，应视基底土的性质经验确定，当无实验资料时，可采用下列数值：黏性土宜为 0.25～0.30；亚黏土宜为 0.30～0.40；砂类土宜为 0.40；砾石类土宜为 0.50；

R——锚梁正面土基抗力（kN），可采用土壤的允许承载力；

A——锚梁正面受力面积（m^2）；

n——锚梁数量。

二、润滑隔离层

（一）润滑隔离层的作用

为了能使预制好的框架桥在滑板上顺利地启动顶进，要求框架桥不与滑板粘连。为此，应在滑板上设置润滑隔离层，从而减少顶进阻力，减少顶进时可能出现的结构损伤、发生偏移等事故。

（二）润滑隔离层的组成

润滑隔离层是由润滑层和隔离层两部分组成。目前施工中常用的润滑剂有机油、石蜡、滑石粉、黄油等，其中石蜡效果较好，缺点是成本高，施工中受气温影响较大。如果以 1/3 机油调制的滑石粉浆作润滑剂则效果更好，施工操作也较为简便。隔离层有塑料薄膜、油毡纸、油毡布和水泥砂浆抹面等，其中以塑料薄膜应用较为普遍。塑料薄膜以铺一层为好，若铺两层预顶时容易产生拥堆现象，致使框架桥局部架空，造成倾斜，影响控制顶进高程。塑料薄膜的大小一般比框架桥底板每边加宽 15 cm 以上，接缝应顺顶进方向。接缝处要求粘接牢固，使之成为一整张，以避免在框架桥顶进过程中出现错动现象。

在选择润滑隔离层时，要考虑施工方法的不同情况。当采用顶入法施工时，要求滑板平整、光滑、启动滑行摩阻力愈小愈好，润滑隔离层宜选用摩擦系数低的材料。如采用顶拉法施工则不必光滑，以防止由于静止摩阻力不够使桥体产生后退现象。润滑隔离层宜选用油毡纸等摩擦系数偏大的隔离材料。常用润滑剂摩擦系数可按表 3—5 采用。框架桥重量在 2 000 t以上应铺设二油二毡，并增设水垫，以进一步减少启动阻力。为了减少启动阻力，软土地基大型框架桥顶进施工一般需设水垫，水垫管应在润滑隔离层铺设时一并埋设，如图 3—31 所示。在使用气垫减阻顶进时，桥体左右边缘处各 0.5 m 范围内，要求平整光滑，便于气垫裙随框架桥滑行，以增强密封效果。

表 3—5　常用润滑剂摩擦系数

介质名称	规格	摩擦系数 μ	介质名称	规格	摩擦系数 μ
无介质	—	0.52～0.69	滑石粉	厚度 3 mm	0.30
石蜡	厚度 2～4 mm	0.17～0.34	机油滑石粉浆	厚度 1～2 mm	0.20

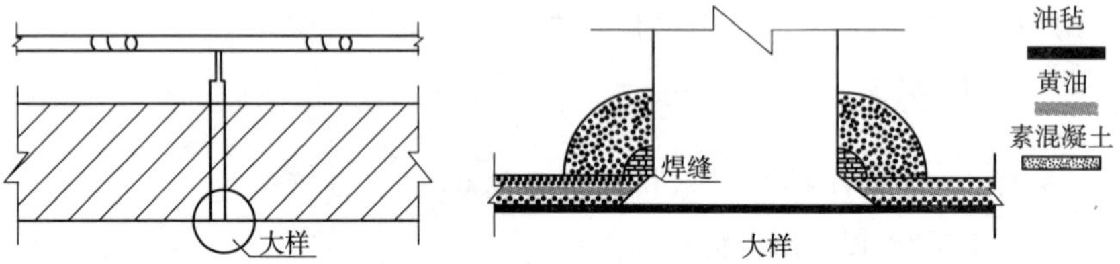

图 3—31　水垫高压水管埋设图

(三)润滑隔离层的施工

常用的润滑剂为石蜡掺机油，将石蜡加热融化后掺入 10% ～25% 废机油，然后均匀摊铺在底板上，厚度约 3 mm 左右。施工时将石蜡加热至 150 ℃左右(夏季可略低，冬季可略高)再掺入机油搅拌均匀后，用扁喷嘴壶浇在滑板上预先放置的两道 10 号铅丝(每米一道)之间，随即用木刮板刮平。铅丝取去后的槽痕用喷灯烤合。浇洒的石蜡面上还需洒滑石粉一道约厚 1 mm，然后再铺塑料薄膜一层，如图 3—32 所示。为了在焊接框架桥底板钢筋时不致烧坏塑料薄膜，要求在塑料薄膜上经常浇水，在施焊处的塑料薄膜上应铺一块铁板或石棉布。

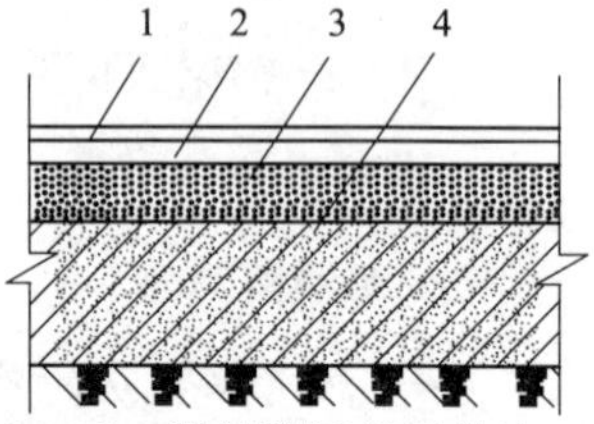

图 3—32　滑板及隔离层做法

1—塑料薄模；2—石蜡；
3—砂浆找平层；4—混凝土底板

第六节　后背设计

后背是顶进施工中的重要设施，它承受顶进时的水平顶力，要求有足够的稳定性与刚度，当最大顶力发生时后背不能产生过大弹性变形和移动，更不能顶垮，否则就会把桥顶偏，甚至不能继续顶进。但它又是一个临时结构，所占造价比重较大，若过分安全也是浪费，因而还要力求节约。后背位于工作坑后部，是顶进施工时千斤顶的承力面，承受顶进时的水平反力。后背和滑板是临时构筑物，但对顶进施工十分重要，应根据顶力大小、地形地貌、土质、机具设备及运输等条件来选定。但必须安全可靠，才能确保顶进施工顺利进行。

一、后背的功能要求

1. 要有一定的刚度，压缩变形要小。

2. 具有足够的承载力和稳定性，不致因顶力大而坍塌。顶前后背能承受背后土体的水平推力。

3. 后背土体应一致，压缩均匀，以免顶力大时后背倾斜。

4. 后背壁面应平整，垂直于桥体中轴线，便于安装顶进设备。后背宽度应根据单位宽度提供的土抗力和设计顶力确定（包括斜桥顶进斜偏顶力），其位置应与千斤顶布置相对应。

5. 后背设置应留有补强余地。当后背的水平反力不足时，可将后背梁和滑板联成整体；亦可采用串联式后背使其整体反力满足最大顶力的需要。

二、后背的类型

根据地形地貌、土质情况，施工时选择后背类型的原则应因地制宜、就地取材，尽量减小工程造价。目前常用的后背主要有以下三种形式。

1. 重力式后背

重力式后背通常由浆砌片石或钢筋混凝土做成，如图 3—33 所示。浆砌片石后背一般都在挖好工作坑后接着修筑。墙背后若为填土，应分层夯实压密，保证填土内摩擦角大于 30°。顶进完毕，片石拆作他用。此种后背施工简便易行，造价一般较低，常用于后背单位长度顶力不超过 800 kN/m 的小型桥涵，特别在复线改造工程中工点多而分散、设备少的情况下更为适用。有时由于片石来源缺乏，也有用少筋混凝土修成厚 0.8 ~ 1.0 m、高 2.5 ~ 3.0 m的后背。

如引道挡墙位置合适，可以作为后背利用。又如引道路面有可能先修建一部分并在其上堆土压重，亦可借用作为后背。凡借用其他建筑物作后背者，均需要先进行设计计算，保证不致将其顶坏。

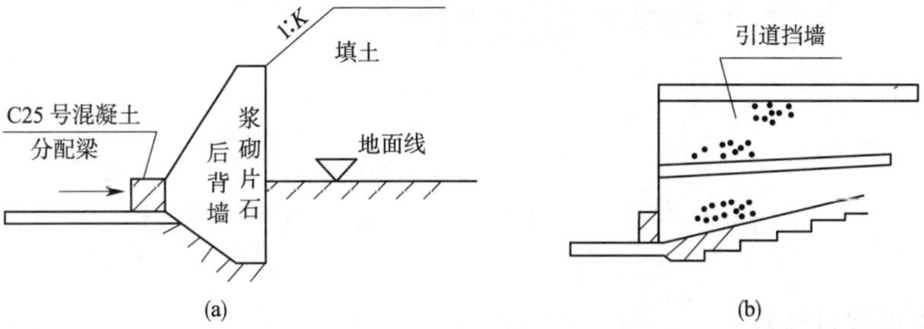

图 3—33　浆砌片石后背

2. 板桩式后背

板桩式后背由各种类型的型钢、后背梁和后背填土组成，如图 3—34 所示。板桩可采用钢轨、工字钢、槽钢和钢板等，如图 3—35 所示。在大型工程中，大多采用此种后背。打入钢板桩后桩顶应设拉锚，然后开挖工作坑，亦可在工作坑形成后埋桩。一般板桩式后背每米宽度上的设计顶力约 1 000 kN 左右。若板桩刚度较大且增加堆土高度时，每米宽度顶力可达 1 700 kN。板桩式后背需占用较多钢材，还需打桩设备，一般情况下造价较高。

3. 钢筋混凝土拼装式后背

钢筋混凝土拼装式后背主要由各种钢筋混凝土预制件组成。其优点是可以提供比重力式后背更大的顶力、组装简单易形，可以反复使用，常用于工点相对集中、需要较大顶力，有起吊、运输条件的施工现场。

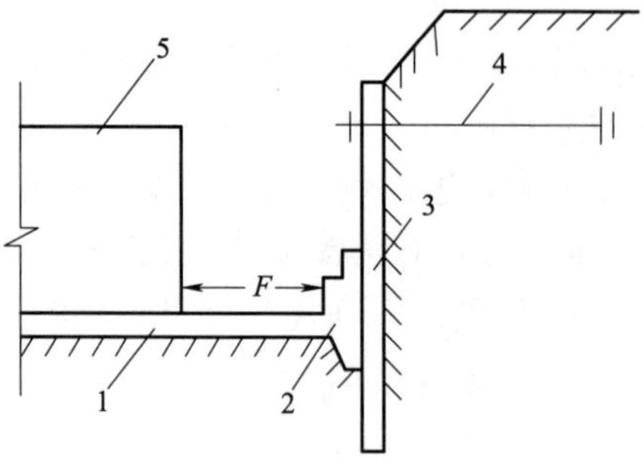

图 3—34　板桩式后背示意图

1—滑板；2—后背梁；3—桩板桩；4—拉锚；5—框架桥

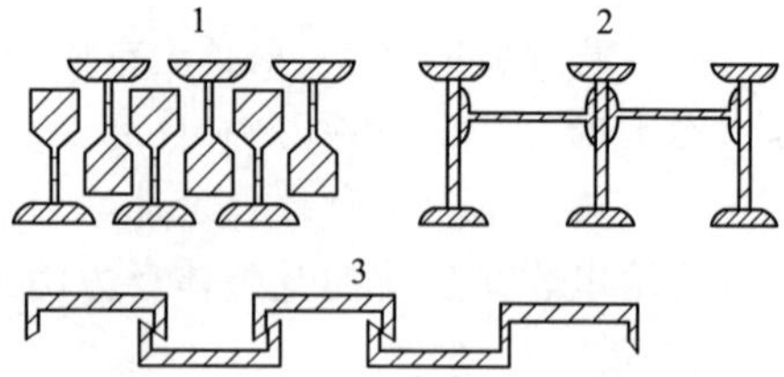

图 3—35　作为板桩式后背的型钢

1—钢轨桩；2—工字钢桩；3—槽钢板桩

顶进桥涵小，所需顶力小，所处地质条件好的顶进施工中，也可借助现场条件，采用天然后背（图 3—36）。

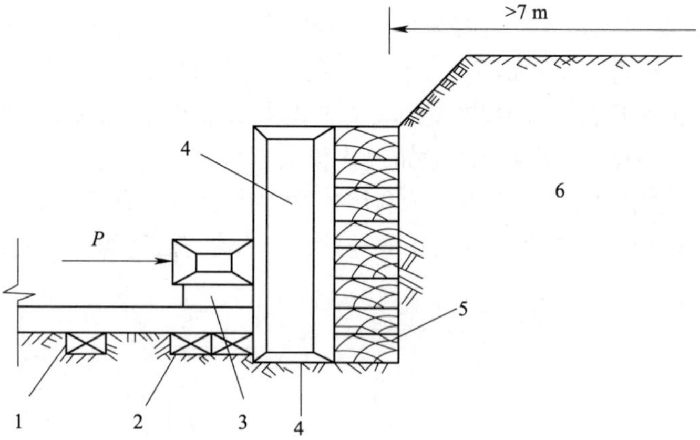

图 3—36　天然后背

1—导轨；2—枕木；3—横顶铁；4—立顶铁；5—方木；6—原状土

三、后背的设计检算

1. 重力式后背设计

（1）浆砌片石后背

其尺寸及受力关系如图 3—37 所示。拟定尺寸时要保证压力在圬工中，传递范围在 h_1 高度以内。通常 $h_1=2\sim5$ m，视工作坑高低及顶力大小而定，需先确定再经验算修正。

一般　$h_上=1.1b_1$，　$h_下=0.75b_1$

而　$h_1=1.85b_1+0.5$

则
$$b_1=\frac{h_1-0.5}{1.85} \tag{3—45}$$

选定 h_1 值，得到 b_1 值，可划出圬工断面图，据此进行校核：

$$P_{max} \leqslant E_p \tag{3—46}$$

还要校 A—A 及 B—B 截面圬工的抗弯、抗剪强度，使

$$\sigma = \frac{M}{W} \leqslant [\sigma], \tau = \frac{Q}{F} \leqslant [\tau] \tag{3—47}$$

式中　$[\sigma]$、$[\tau]$——分别为圬工材料的弯曲和剪切允许应力。

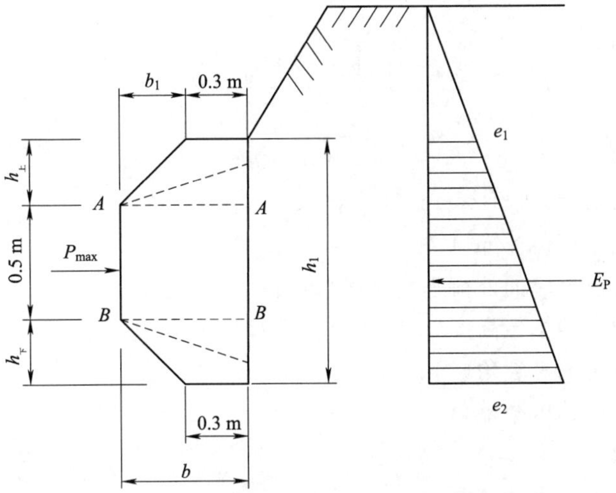

图 3—37　浆砌片石后背

(2)钢筋混凝土后背

如图 3—38 所示，可按悬臂梁校核 A—A 及 B—B 截面。后背高度 h_1 视工作坑深度及顶力大小取 2.5 ~5 m，厚度 b 可取 25 ~50 cm，仍然要满足 $P_{max} \leqslant E_p$ 的条件，并按普通钢筋混凝土受弯构件计算竖向受力筋的面积。为简化钢筋类型，可取两种长度竖向筋，一种过 A—A 截面直到顶部，其面积由 M_A 计算；另一种到 A—A 截面下方即截止，两种筋的总面积由 M_B 计算得到。

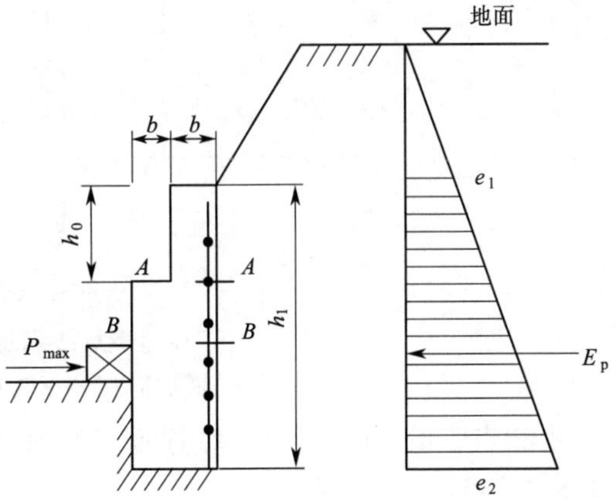

图 3—38　钢筋混凝土后背

2. 钢板桩后背的设计

板桩式后背设计的一般顺序是：计算土压力、桩的入土深度、最大弯矩、锚拉力、桩和锚的尺寸、验算其稳定性。

(1)板桩墙设计原则

①板桩墙稳定

钢板桩可按顶端锚系板桩设计，将千斤顶顶力的施力点布置在被动土压力的合力点上，使最大顶力发生时保持板桩墙的稳定。

②板桩墙设计

先确定土压力，然后作板桩入土深度、拉锚及板桩强度计算，并作板墙在各施工阶段的稳定性计算。

③板桩强度计算

a. 当工作坑开挖时,可将板桩视为上端锚系点至下端零压点的后支梁,按一般静力计算的方法求其弯矩。

b. 当顶力最大时,按直线分布的被动土压力图形计算板桩的内力。

(2)板桩墙稳定性验算

①当墙顶上面有填土,墙背垂直时后背每米宽度上土的主动压力可按下列公式计算(图 3—39):

$$F_A = \frac{1}{2}\gamma(H+h)^2 \frac{\tan\theta - A}{\tan(\theta+\varphi)} \tag{3—48}$$

$$A = \frac{hb}{(H_0+h)^2} \tag{3—49}$$

式中　F_A——主动土压力(kN/m);

γ——土的重度(kN/m^3);

H_0——基底以上墙的外荷垂直高度(m);

h——墙顶上的填土高度(m),切土坡度宜为 1∶1 ~1∶1.5;

θ——墙背土的破裂角(°);

φ——墙背土的内摩擦角(°);

A——系数;

b——墙顶填切土坡宽度(m)。

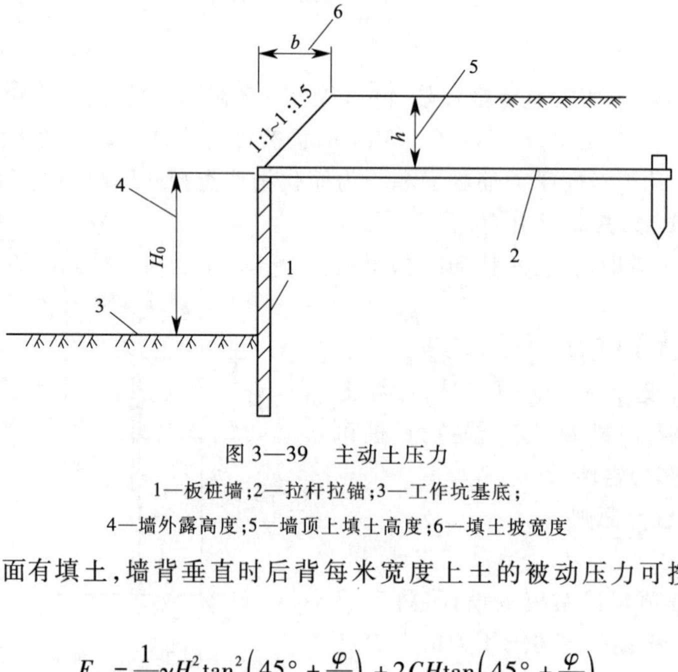

图 3—39　主动土压力

1—板桩墙;2—拉杆拉锚;3—工作坑基底;

4—墙外露高度;5—墙顶上填土高度;6—填土坡宽度

②当墙顶上面有填土,墙背垂直时后背每米宽度上土的被动压力可按下列公式计算(图 3—40):

$$F_B = \frac{1}{2}\gamma H^2 \tan^2\left(45° + \frac{\varphi}{2}\right) + 2CH\tan\left(45° + \frac{\varphi}{2}\right) \tag{3—50}$$

式中　F_B——被动土压力(kN/m);

H——天然土后背的高度(m);

C——后背土的粘结力(N/m^2)。

表 3—6 为常用的每米宽度上总被动土压力表。

表 3—6　每米宽度上总被动土压力表

土的类别	γ	φ	c	每种高度的 1 m 宽度上总被动土压力(kN/m)				
	kN/m^3	°	kN/m	2 m	3 m	4 m	5 m	6 m
软塑状低液限黏性土	19	20	10	135	261	423	531	873
硬塑状低液限黏性土	20	25	20	224	410	645	929	1 250
中密的粉土质砂	16	25	5	110	224	378	571	802
密实的粉土质砂	18	30	10	177	347	570	848	1 180
中细砂	17	30		105	236	420	657	945
粗砂砾石	20	35		148	332	590	923	1 330

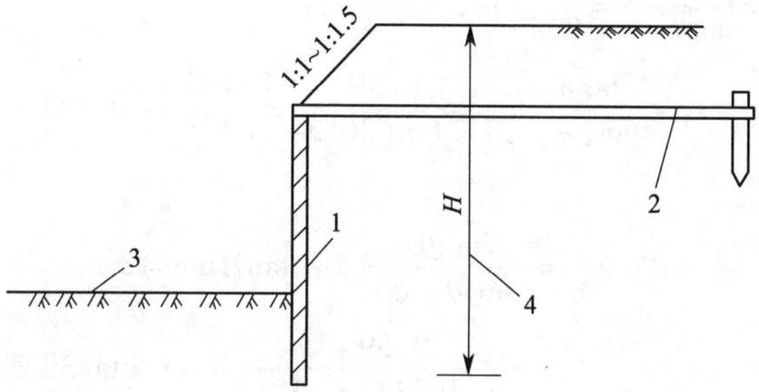

图 3—40　被动土压力

1—板桩墙;2—拉杆拉锚;3—工作坑基底;4—后背高度

③抗倾覆稳定系数应按下式计算:

$$K_t = \frac{M_s}{M_t} \geqslant 1.5 \tag{3—51}$$

式中　K_t——抗倾覆稳定系数;

M_s——稳定力矩之和(kN·m/m);

M_t——倾覆力矩之和(kN·m/m)。

④抗压稳定系数应按下式计算:

$$K_J = \frac{N_t}{N_J} \geqslant 1.1 \sim 1.3 \tag{3—52}$$

式中　K_J——抗压稳定系数;

N_t——后背墙的极限抗力(kN);

N_J——设计最大顶力(kN)。

(3)板桩墙后背设计实例

①设计资料

板桩墙布置示意,如图 3—41 所示。

a. 工作坑深 7 m,打入钢板桩 7.5 m,深入工作坑底面以下 2.5 m,桩顶以上 2 m,切土坡度为 1∶1;

b. 土为黏质砂土,密度 ρ =1 960 kg/m^3;

c. 土的内摩擦角 $\varphi=35°$；

d. 桩顶设置拉杆与钢板桩的连接点在桩顶以下 20 cm。

②桩后土压力计算

$a=2$ m, $b=2$ m, $H=5$ m

$$A=\frac{ab}{(H+a)^2}=\frac{2\times2}{(5+2)^2}=0.081\ 6$$

桩后土的破裂角按下式求得：$\tan\theta=-\tan\varphi+\sqrt{(1+\tan^2\varphi)}\left(1+\frac{A}{\tan\varphi}\right)$

$$=-0.7+\sqrt{(1+0.7^2)\left(1+\frac{0.081\ 6}{0.7}\right)}$$

$$=-0.7+1.29=0.59$$

得 $\theta=30°34'$, $h=\frac{b}{\tan\theta}-a=\frac{2}{0.59}-2=1.39$ m

$$\lambda_1=\frac{\tan\theta-A}{\tan(\theta+\varphi)}=\frac{0.59-0.081\ 6}{\tan(30°34'+35°)}=0.231$$

侧压力系数

$$\lambda_2=\frac{\tan\theta}{\tan(\theta+\varphi)}(1-\tan\beta\tan\theta)$$

$$=\frac{0.59}{\tan(30°34'+35°)}(1-1\times\tan30°34')=0.654$$

$$\lambda_3=\frac{\tan\theta}{\tan(\theta+\varphi)}=\frac{0.59}{\tan65°34'}=0.268$$

工作坑底水平面的桩后主动土压力(按 1 m 宽计算)：

$$E=\frac{1}{2}\gamma(H+a)^2\lambda_1=\frac{1}{2}\times19.6\times(5+2)^2\times0.231=111.0\ \text{kN/m}$$

土推力 $\sigma_2=\gamma h\lambda_2=19.6\times1.39\times0.654=17.8\ \text{kN/m}^2$

$$\sigma_3=\gamma(H+a)\lambda_3=19.6\times(5+2)\times0.268=36.8\ \text{kN/m}^2$$

$$\sigma_1=\frac{0.2}{h}\sigma_2=\frac{0.2}{1.39}\times17.8=2.56\ \text{kN/m}^2$$

③钢板桩入土深度计算(图 3—41)

工作坑底面水平线以下，桩前填土被动土压力，侧压力系数为

$$\lambda_p=\tan^2\left(45°+\frac{\varphi}{2}\right)=\tan^2\left(45°+\frac{35°}{2}\right)=3.70$$

工作坑底面水平线以下，桩后填土主动土压力，侧压力系数为

$$\lambda_a=\tan^2\left(45°-\frac{\varphi}{2}\right)=\tan^2\left(45°-\frac{35°}{2}\right)=0.27$$

设工作坑底面以下，钢板桩后所受主动土压力强度为 σ_a；钢板桩前同一高度内的被动土压力强度为 σ_p；桩后产生主动土压力的土层深度为 y。

则 $$\gamma y\lambda_p=\gamma y\lambda_a+36.8$$

$$\gamma y(\lambda_p-\lambda_a)=36.8$$

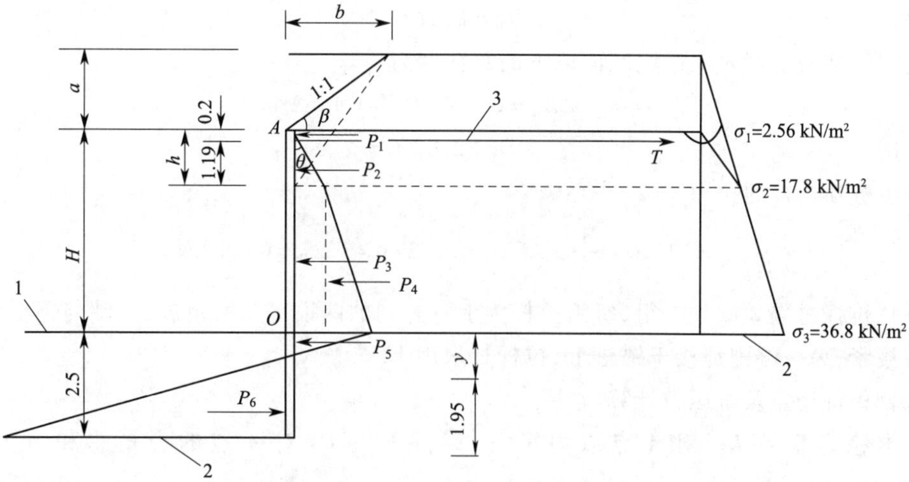

图 3—41　板桩入土深度计算图示(单位:m)

1—工作坑底;2—土压力;3—拉杆

所以
$$y=\frac{36.8}{\gamma(\gamma_{p}-\lambda_{a})}=\frac{36.8}{19.6\times(3.70-0.27)}=\frac{36.8}{67.2}=0.55\ \text{m}$$

兹求得各外力对钢板桩顶端拉杆系点 A 的力矩如下:

$$M_1=P_1h_1=\frac{1}{2}\times0.2\times2.56\times\left(\frac{1}{3}\times0.2\right)=-0.017\ \text{kN}\cdot\text{m}$$

$$M_2=2.56\times1.19\times\frac{1}{2}\times1.19+\frac{1}{2}\times(17.8-2.56)\times1.19\times\frac{2}{3}\times1.19$$
$$=1.81+7.19=9.0\ \text{kN}\cdot\text{m}$$

$$M_3=17.8\times(5-1.39)\times\frac{1}{2}\times(5-0.2)=154.22\ \text{kN}\cdot\text{m}$$

$$M_4=\frac{1}{2}\times(36.8-17.8)\times(5-1.39)\times\left[\frac{2}{3}\times(5-1.39)+1.19\right]$$
$$=123.35\ \text{kN}\cdot\text{m}$$

$$M_5=\frac{1}{2}\times36.8\times0.55\times\left(\frac{1}{3}\times0.55+5-0.2\right)=50.43\ \text{kN}\cdot\text{m}$$

$$\sum P=P_1+P_2+P_3+P_4+P_5$$
$$=\frac{1}{2}\times0.2\times2.56+\frac{1}{2}\times(2.56+17.8)\times1.19+178\times(5-1.39)+$$
$$\frac{1}{2}(36.8-17.8)\times(5-1.39)+\frac{1}{2}\times36.8\times0.55=121.0\ \text{kN}$$

$$\sum M_A=M_1+M_2+M_3+M_4+M_5=-0.017+9.0+154.22+123.35+50.43$$
$$=336.98\ \text{kN}\cdot\text{m}$$

设 D_0 为在深度 y 下所需的附加深度,则

$$\frac{1}{2}\times(67.2D_0)\times D_0\times\left(\frac{2}{3}D_0+0.55+4.80\right)=336.98\ \text{kN}\cdot\text{m}$$

化简得
$$22.4D_0^3+179.76D_0^2=336.98\ \text{kN}\cdot\text{m}$$

解得 $$D_0 = 1.27\ \text{m}$$

则钢板桩需要打入工作坑底面以下的总深度为

$$D_t = y + D_0 = 0.55 + 1.27 = 1.82\ \text{m}$$

采用 $$D_t = 2.5\ \text{m}$$

钢板桩顶拉杆的拉力

$$T = 121.0 - \frac{1}{2} \times (67.2 \times 1.27) \times 1.27 = 66.8\ \text{kN}$$

桩顶拉杆每隔 2 m 设一组，每组拉杆为上下并列的两根钢筋所组成，一端与钢板桩顶的槽钢焊接紧，另一端则焊接于锚桩上，拉杆长采用 12 m。

④钢板桩稳定及抗压力计算

a. 求稳定系数 K_0：对 A 点取力矩，已算得 $P_1 \sim P_5$ 对 A 点的力矩总和为 $\sum M_A = 336.98\ \text{kN} \cdot \text{m}$。基坑底板下，桩前被动土压力 P_6 为

$$P_6 = \frac{1}{2} \times (67.2 \times 1.95) \times 1.95 = 127.6\ \text{kN}$$

P_6 对 A 点的力矩为

$$M_6 = 127.6 \times \left(\frac{2}{3} \times 1.95 + 0.55 + 4.8\right) = 849.60\ \text{kN} \cdot \text{m}$$

钢板桩稳定系数

$$K_0 = \frac{M_6}{\sum M_A} = \frac{849.60}{336.98} = 2.52 > 1.3$$

b. 求抗压安全系数：顶进时共设置 16 台 5 000 kN 千斤顶分布于框架桥端部两侧，每侧 8 台（每台效率按 0.7 计算），则每侧最大设备顶力为：$\sum T = 8 \times 5\ 000 \times 0.7 = 28\ 000\ \text{kN}$

采用的每侧最大设计顶力为：$F/2 = 53\ 300/2 = 26\ 650\ \text{kN}$

钢板桩后产生的被动土压力为：$E_p = 30\ 680\ \text{kN}$

抗压安全系数

$$K_0 = \frac{E_P}{E_T} = \frac{30\ 680}{26\ 650} = 1.15$$

⑤钢板桩的组合排列

工作坑开槽时，钢板桩弯矩远小于顶进时被动土压力产生的弯矩。最大弯矩应产生于截面Ⅰ—Ⅰ（图 3—42），即后背梁底部处。

$$q_1 = 19.6 \times (5.7 + 2) \times 3.7 = 558\ \text{kN}$$

$$q_2 = 19.6 \times (7.5 + 2) \times 3.7 = 689\ \text{kN}$$

$$E_{a1} = 558 \times 1.8 = 1004.4\ \text{kN}$$

$$E_{a2} = \frac{1}{2} \times (689 - 558) \times 1.8 = 117.9\ \text{kN}$$

$$M_{max} = \frac{1}{2} \times 1\ 004.4 \times 1.8 + 117.9 \times 1.8 \times \frac{2}{3} = 1\ 045.44\ \text{kN} \cdot \text{m}$$

所需的截面模量：

$$W = \frac{M_{\max}}{[\sigma]} = \frac{1\ 045.44 \times 10^5}{21\ 000} = 1\ 978\ \text{cm}^3$$

选用 I56 组合排列如图 3—43 所示，相邻两工字钢中心之间的距离为 75 cm，每 1 m 工字钢所供给的 W 为

$$W = \frac{100}{75} \times (5\ 308 + 839) = 8\ 195 > 4\ 978\ \text{cm}^3$$

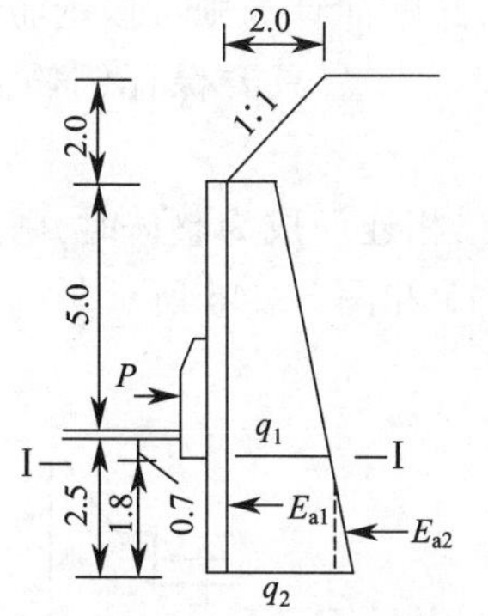

图 3—42　板桩最大弯矩截面(单位：m)

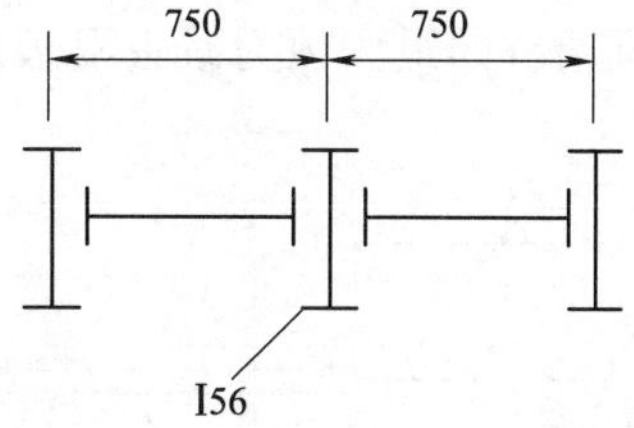

图 3—43　钢板桩组合排列(单位：m)

3. 拼装式后背的设计

钢筋混凝土预制桩的设计与钢筋混凝土重力式后背的设计基本相同，只需规定出桩顶到后背底层顶面的距离即可定出被动土压力。

钢筋混凝土预制底座通常按每块的设计顶力计算钢筋面积。每块宽度通常为 1 m，高度 h 通常为 2.5 ~ 3.0 m，尺寸及受力情况如图 3—44 所示。常用 $h = 0.5$ m，$b_1 = 20$ cm；$b_2 = 80$ mm，$l_0 = 30$ cm。每块设计顶力通常为 $P_0 = 800 \sim 1\ 000$ kN，顶座土压按均匀分布考虑，则

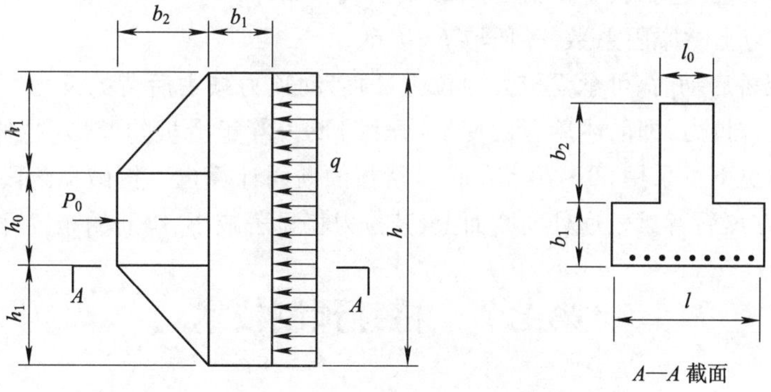

图 3—44　钢筋混凝土预制底座

$$q = P_o / l \cdot b \tag{3—53}$$

按最不利截面 $A—A$ 的弯矩和剪力计算钢筋面积

$$M_A = \frac{1}{2} q \cdot h_1^2$$

$A—A$ 截面为普通钢筋混凝土 T 形梁。该截面的剪力

$$Q_A = q \cdot h_1 \tag{3—54}$$

四、后背梁的设计

后背梁的作用是使顶力均匀地传递到钢板桩及后背填土上，所以后背梁与钢板桩接触面的大小，主要由钢板桩的强度及开槽时土的稳定性控制。后背较宽时，后背梁也较长，不得不使纵向钢筋增加，故多按顶力设备的布置情况，将后背梁适当地分成若干段，使梁的计算长度变短，从而使主要受力钢筋转到垂直方向上，减少钢筋用量。

后背梁的内力，一般可按均匀反力的连续梁计算，其断面计算则可按钢筋混凝土的破损阶段计算，并采用较低的安全系数，一般可用 $K=1.1\sim1.2$，只要保证钢筋低于其屈服点即可。

如将框架桥底板下的工作坑滑板，设计成与后背梁相连而成为整体时，则后背的设计顶力，为框架桥的最大顶力减去滑板的抗拉力，如图 3—45 和图 3—46 所示。

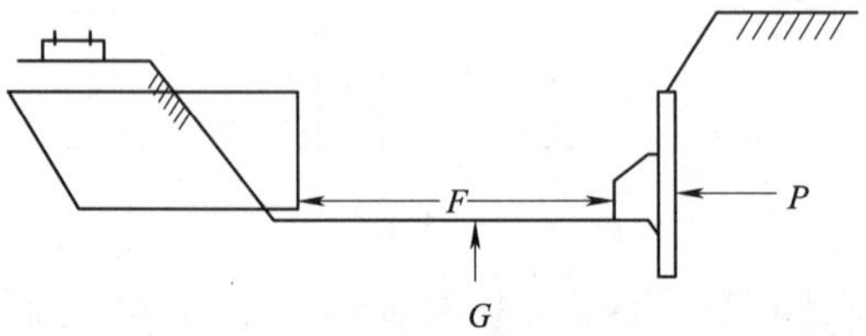

图 3—45　滑板与后背梁相连的受力状况

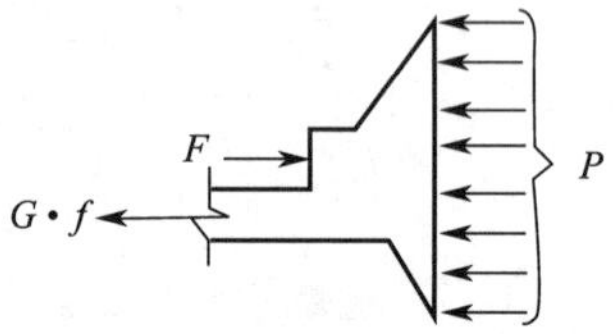

图3—46　滑板与后背梁相连的受力分析

G—滑板重；F—最大顶力；P—土抗力

即后背梁的设计顶力计算式为：

$$P=F-Gf \qquad (3—55)$$

式中　P——设计顶力（kN）；

F——最大顶力（kN）；

G——滑板重（包括板上的施工荷载或压载）（kN）；

f——板与土的摩阻系数，一般取 $f=0.6$。

滑板在框架桥启动时，可承受较大的拉力，即启动顶力减去后背的反力。此时，后背反力可假定为土的允许抗力，即前述后背的变形（压缩）反力等于滑板的变形（拉伸）时的土抗力，一般软土地基情况下可采用 60 ~ 70 kN/m^2。滑板的断面计算也可按破损阶段设计，并可采用 $K=1.05$。滑板在离后背梁较远处的断面上，其拉力将显著减小，钢筋的布置可相应减少。

第七节　桥身预制技术

用顶进法施工的框架桥，其桥身的预制工作，一般都在工作坑内进行。桥体预制的工作程序是：①在工作坑内的滑板上支立桥身底板的模板；②绑扎底板钢筋；③浇筑底板混凝土；④支立内模；⑤绑扎侧墙及顶板钢筋；⑥支立外模；⑦浇筑侧墙及顶板混凝土；⑧养生；⑨拆模；⑩做防水层。工序流程如图 3—47 所示。桥体预制过程中的模板安装、钢筋加工及绑扎、混凝土浇筑、养护等，直接关系到工程质量。在预制过程中应避免跑模漏浆、钢筋错位、结构开裂等情况的发生，应保证混凝土标号达到设计要求。顶进工艺所要求的预埋件、地板下的船头坡、桥体表面防水等，都需在预制过程中进行处理。

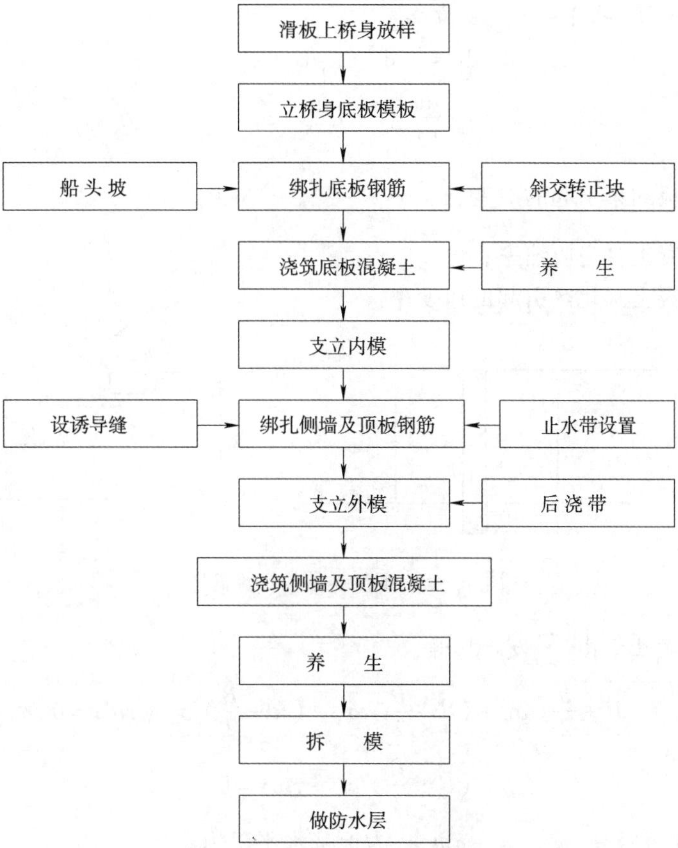

图 3—47 桥身预制流程图

一、桥身预制长度的确定

桥身预制是框架桥工程中重要的工序之一，桥身预制长度是设计按照结构受力及构造要求确定的，预制长度 L 与外高 H、外宽 B 一般应满足 $L/H \geqslant 1.0$ 及 $L/B \geqslant 1.0$。但在一定的施工条件下，预制桥身超过一定长度后，混凝土桥身会出现明显的竖向裂缝，严重时会贯穿全桥身。

1. 桥身预制长度的理论计算

在桥身预制阶段，不存在外荷载作用。影响桥身预制长度的主要因素为混凝土水化热、混凝土自身干缩和环境温差。混凝土水化热主要与水泥品种、配合比及模板条件等有关。桥身混凝土浇筑后，产生水化热，并且温度逐渐升至最高；随着时间的推移，桥身混凝土温度下降并开始收缩；由于先期浇筑的底板混凝土对桥身板墙的约束作用，使桥身板墙内产生拉应力；当桥身板墙内的拉应力超过其容许抗拉强度时，桥身就会产生裂缝。混凝土自身干缩是混凝土所具有的一种特性，主要与配合比、振捣、养护、配筋等有关。环境温差是指混凝土入模温度与环境温度相对稳定时的温度差，它对桥身混凝土同样产生收缩影响。混凝土水化热、混凝土自身干缩和环境温差的共同作用是桥身混凝土产生裂缝的主要原因。这种竖向裂缝一般出现在接近桥身总长的 1/2、1/4、1/8 等处。

预制桥身长度计算公式推导如下：

对任一坐标 x 处(图 3—48),其位移

$$du = \varepsilon_\sigma dx + \varepsilon_y dx + \varepsilon_\tau dx$$

$$\frac{du}{dx} = \varepsilon_\sigma + \varepsilon_y + \varepsilon_\tau \tag{3—56}$$

式中 ε_σ——地板约束引起的应变,$\varepsilon_\sigma = \frac{du_\sigma}{dx}$;

ε_y——混凝土自身收缩率;

ε_τ——混凝土水化热引起的应变率。

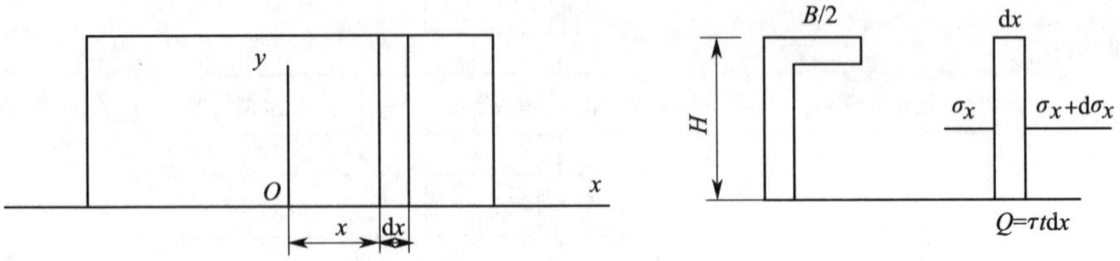

图 3—48 框架桥结构计算简图

取任一微元素 dx, 由 $\sum x = 0$,得

$$(H+\frac{B}{2})t\sigma_x + (H+\frac{B}{2})t\sigma_x - (H+\frac{B}{2})t\sigma_x + \tau t dx = 0$$

$$(H+\frac{B}{2})t\sigma_x + \tau t dx = 0 \tag{3—57}$$

式中,H、B 分别为桥身高、宽,$\tau = -c_x u$,c_x 为地基水平阻力系数。

对式(3—56)求导,得 $$\frac{d^2u}{dx^2} = \frac{d^2u_\sigma}{dx^2} \tag{3—58}$$

因 $$\sigma_x = E(t)\varepsilon_\sigma \qquad \varepsilon_\sigma = \frac{du_\sigma}{dx}$$

则 $$\frac{d\sigma_x}{dx} = E(t)\frac{d^2u_\sigma}{dx^2} = E(t)\frac{d^2u}{dx^2} \tag{3—59}$$

代入式(3—57),得 $$E(t)\frac{d^2u}{dx^2} - \frac{c_x}{(H+\frac{B}{2})}u = 0$$

设 $$\beta = \sqrt{\frac{c_x}{(H+\frac{B}{2})E(t)}} \qquad \frac{d^2u}{dx^2} - \beta^2 u = 0 \tag{3—60}$$

方程(3—60)通解: $$u = c_1 \mathrm{ch}\beta x + c_2 \mathrm{sh}\beta x \tag{3—61}$$

由边界条件:$x=0$,$u=0$,得 $c_1 = 0$,$x = L/2$,$\sigma_x = 0$,则

$$c_2 = \frac{\alpha T}{\beta \mathrm{ch}\beta \frac{L}{2}} \tag{3—62}$$

得位移及应力表达式: $$u = \frac{\alpha T}{\beta \mathrm{ch}\beta \frac{L}{2}} \mathrm{sh}\beta x \tag{3—63}$$

$$\sigma_x = E\left(\frac{\mathrm{d}u}{\mathrm{d}x} - \alpha T\right) = -E\alpha T\left(1 - \frac{\mathrm{ch}\beta x}{\mathrm{ch}\beta \dfrac{L}{2}}\right) \tag{3—64}$$

$x=0,\mathrm{ch}\beta_x = 1$，得：

$$\sigma_{\max} = -E\alpha T\left(1 - \frac{1}{\mathrm{ch}\beta \dfrac{L}{2}}\right) \tag{3—65}$$

当水平应力达到抗拉极限时，混凝土的拉伸变形达到极限，此状态下 L 即为不产生裂缝的最大间距：

$$\sigma_{\max} = R_{\mathrm{L}}, \varepsilon = \varepsilon_{\mathrm{p}}, R_{\mathrm{L}} = E(t)\varepsilon_{\mathrm{p}}$$

$$E(t)\varepsilon_{\mathrm{p}} = -E(t)\alpha T + \frac{E(t)\alpha T}{\mathrm{ch}\beta \dfrac{L}{2}}, \mathrm{ch}\beta\frac{L}{2} = \frac{E(t)\alpha T}{E(t)\alpha T + E(t)\varepsilon_{\mathrm{P}}}, \frac{L}{2} = \frac{1}{\beta}\mathrm{arch}\frac{\alpha T}{\alpha T + \varepsilon_{\mathrm{P}}}$$

所以

$$[L]_{\max} = 2\sqrt{\frac{E(t)\left(H + \dfrac{B}{2}\right)}{c_x}}\,\mathrm{arch}\frac{\alpha T}{\alpha T + \varepsilon_{\mathrm{P}}} \tag{3—66}$$

当 $\sigma_{\max}$ 稍超过 R_{L} 时，间距减少一半，得：

$$[L]_{\min} = \sqrt{\frac{E(t)\left(H + \dfrac{B}{2}\right)}{c_x}}\,\mathrm{arch}\frac{\alpha T}{\alpha T + \varepsilon_{\mathrm{P}}} \tag{3—67}$$

取平均值：

$$[L]_{\max} = 1.5\sqrt{\frac{E(t)\left(H + \dfrac{B}{2}\right)}{c_x}}\,\mathrm{arch}\frac{\alpha T}{\alpha T + \varepsilon_{\mathrm{P}}} \tag{3—68}$$

公式中，如 T 为正值（升温），极限应变 ε 为负值（压应变）；如 T 为负（降温或收缩），极限变形为正值（拉伸）。

2. 桥身预制长度的变化规律

(1)桥身预制长度计算

根据前面推导的公式，对常见的框架桥预制长度进行计算分析。主要计算条件如下：为便于比较，环境温差均取 -10 ℃；配筋率均取 0.25%；桥身混凝土材料及配合比如表 3—7 所示；按正常工地条件养护 15 d 计算；桥身有效计算高度取 3.5 m；c_x 取 15 N/mm^2。

表 3—7　桥身混凝土材料及配合比取值表

混凝土强度等级	W(kg/m^3)	C(kg/m^3)	S(kg/m^3)	G(kg/m^3)	粉煤灰(kg/m^3)	减水剂(kg/m^3)	坍落度(mm)
C20	185	302	858	1 020		1.40(普通)	120 ± 30
C25	185	335	820	1 030		1.55(普通)	120 ± 30
C30	185	355	783	1 030		1.74(普通)	120 ± 30
C45	180	435	730	1 020	50	6.84(普通)	120 ± 30
C50	185	455	672	1 015	50	7.74(普通)	120 ± 30

计算结果如表 3—8 所示，平均长度变化规律如图 3—49 所示。

表 3—8　框架桥桥身预制长度参照表

桥身壁厚(mm)	混凝土强度等级	$[L_{max}]$	$[L_{min}]$	$[L]$
500	C30	22 727	11 364	17 046
	C40	27 800	13 900	20 520
	C50	31 140	15 570	23 355
700	C30	17 787	8 894	13 341
	C40	20 745	10 373	15 559
	C50	22 461	11 230	16 846
900	C30	16 098	8 049	12 074
	C40	18 572	9 286	13 929
	C50	19 983	9 991	14 987

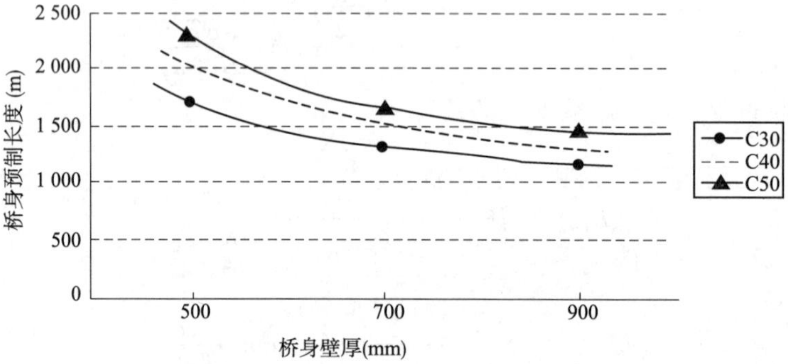

图 3—49　桥身预制长度与混凝土、壁厚关系

(2)桥身预制长度的变化规律

通过以上分析,可以得出框架桥桥身预制长度的变化规律。

①对于不同壁厚、不同强度等级的桥身,其预制长度是不同的。桥身预制长度主要取决于其混凝土强度等级、混凝土自身收缩和环境温差三大因素。在工程实践中,应综合分析这些因素,以确定不同情况下合理的桥身预制长度。

②对于混凝土强度等级相同的桥身,其预制长度随着桥身壁厚增大而减小。这主要是因为:在环境温度不变的情况下,混凝土水化热与混凝土收缩作用均随厚度增加而趋强;在混凝土抗裂度未提高的情况下,使得桥身预制长度减小。

③对于壁厚相同的桥身,其预制长度随桥身混凝土强度等级提高而变大。这主要是因为:尽管由于混凝土强度等级的提高,水化热作用有所增强,但混凝土的抗裂度也同时得到提高,并且其提高所带来的效果超过了水化热增强所带来的不利作用,使得桥身预制长度变大。

二、模板工程

模板是保证桥身混凝土成型的模型,模板系统是由模板、支撑及紧固件等组成。在现浇钢筋混凝土结构施工中,要保证桥身各部分的形状、尺寸及相互间位置准确;具有足够的强度、刚度及稳定性;构造要简单,装拆方便,能多次周转使用;接缝严密,不得漏浆。

桥体的侧模可用对销螺栓拉紧,对销螺栓的直径与两端垫板均需根据浇筑混凝土方法、速度、捣固的机具性能与浇筑体本身的厚度决定。桥体框架内模,可采用三铰拱式桁架,不仅方便装拆，且节省材料。在安装桥体外模时，为避免立墙浇筑过程中留下施工缝，一般采用插模法。插模法乃是将工字钢的下端，利用底板侧面预留螺栓固定，工字钢上端利用钢筋拉杆对拉，在两工字钢之间插入外模，随混凝土的浇筑速度向上提升，如图3—50所示。

对于三孔连续框架桥体，其模板的施工顺序是：先立两边墙的内模、两中墙一侧的侧模和中孔顶模，然后，在浇筑混凝土时，用插模法边浇边插两边墙的外模和两中墙边孔一侧的侧模，分层向上浇筑。

模板板面常用钢模或竹腔模板，使用前应设隔离层便于脱模。为了使混凝土外露面光滑，可采用塑料薄膜作隔离层，也可以采用胶带纸把拼缝封住。为了预防混凝土表面出现气泡和色差，使用的模板表面要清洗干净。选用合适的脱模剂（严禁使用废机油作隔离剂），涂抹要均匀，并用棉纱布轻抹去除涂刷不均或多余的脱模剂。

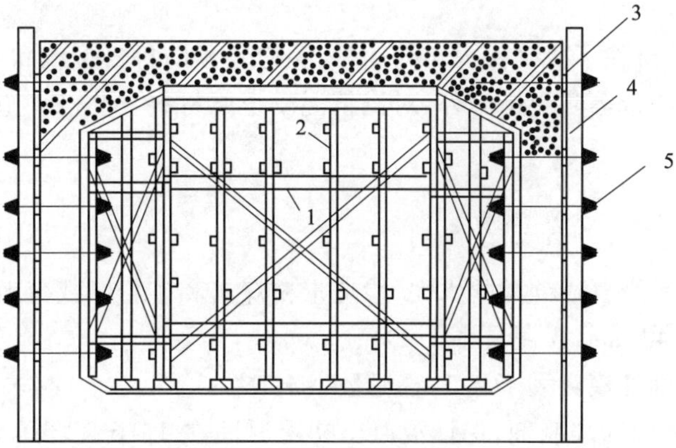

图3—50　插模法示意图

1—水平支撑；2—竖向支撑；3—外模竖肋；4—外模板；5—连接件

模板安设过程中应注意以下几点。

1. 预留沉落量

大型框架桥跨度大、顶板混凝土重，为了消除施工中结构自重、施工荷载作用引起的挠度，对跨度大于4 m的现浇钢筋混凝土应按设计要求起拱。如无设计具体要求时，起拱高度宜为跨度的1/1 000～3/1 000。为便于高程调节，在每根立杆上部或底部设升降螺杆装置。

2. 桥体允许误差

支模时，在桥体两侧前端的范围外，可向外放宽10 mm或使前端保持正误差，尾部为负误差，形成楔形，不得出现前窄后宽现象，以利顶进。

3. 设置预留孔

在桥身侧墙高度大于3 m时，为在浇筑混凝土时便于捣固，常在内模上预留孔口。

4. 脚手板不得搁置在模板上，以防模板变形

三、钢筋工程

框架桥的钢筋数量多，绑扎比较困难，所以必须精心制作，确保钢筋与混凝土共同作用，使桥体结构在强度及抗裂方面都有较好的性能。

1. 钢筋表面应洁净，黏着的油污、泥土、浮锈等使用前必须清理干净，经调直的钢筋不得

有局部弯曲、残弯、小波浪形。

2. 严格按配料单下料焊接，弯制成型，分类挂牌，堆放整齐。

3. 按照滑板顶面放出桥体底板及墙身位置线，在控制位置应设定位钢筋；在定位筋上应按设计尺寸依次标出下层钢筋位置，由端部按顺序绑扎。下层钢筋绑扎完后，可安装上层定位架主钢筋，在其下部设砂浆垫块，其纵横间距宜大于 1 m，并用同样方法绑扎上层钢筋。最后绑扎上下层拉结钢筋，位置应正确，绑扎应牢固，浇筑混凝土时应无变形。

4. 墙体竖筋可采用定位支架由端部依次安装，随后绑扎水平及中间拉结钢筋。用斜撑或拉线将竖筋稳固后方可绑扎上面水平钢筋。最后绑扎加腋钢筋。

5. 顶模板安装后，顶板钢筋采用第 3 条的方法绑扎。

四、混凝土工程

框架桥混凝土浇筑除了要确保内实外美外，关键是预防桥身裂纹和桥体渗漏，按照预制桥身采取诱导缝、后浇带等防裂措施外，对浇筑混凝土原材料、配合比、施工养护工艺都有更为严格的要求。

1. 准备工作

(1) 材料

①水泥采用 42.5 级普通硅酸盐水泥，掺适量粉煤灰和矿粉以减少水化热；

②石子粒径 5 ~ 40 mm，含泥量小于 1%；

③砂子为中粗，细度模数大于 2.5，含泥量小于 3%；

④掺入适量减水剂和缓凝剂，保证混凝土初凝时间在 4 ~ 6 h 之间，在防止水泥迅速水化放热的基础上，避免水泥长期不凝而带来的塑性收缩增加。

(2) 配合比

混凝土设计强度一般采用 C35，抗渗系数 P8，施工配合比需进行试验确定。

(3) 作业条件

①复核模板、支顶、预埋件、管线、钢筋等符合施工方案和设计图纸，杂物清除干净，并办理隐蔽验收手续。

②脚手架架设符合安全规定。

③水泥、砂、石子及外加剂、掺合料等经检查符合有关标准要求，计量检查准确，机具经试运转符合使用要求。

④根据施工方案对班组进行全面施工技术交底，包括作业内容、特点、数量、工期、施工方法、安全措施、质量要求和施工缝设置等。

2. 施工作业

(1) 桥身预制划分阶段施工时，施工缝的位置宜留在侧墙下加腋的上部或上加腋的下部。对施工缝接茬应清凿去除表层浮浆，用水冲刷干净，然后刷一层水泥素浆，随即灌以原混凝土强度的砂浆 3 ~ 5 cm 后，再浇筑新的混凝土。

(2) 桥身混凝土分阶段施工时，其底板或顶板混凝土应一次浇筑。浇筑底板混凝土时，应严格控制振捣深度，防止振坏滑板上面的隔离层。

(3) 高温或寒冷季节浇筑混凝土应采取内部降温或外部保暖措施，使混凝土内外温度差不超过 25 ℃，预防温度裂缝的产生。

(4)混凝土浇筑完毕后,应根据气温环境条件,采取合理的养护方法,如箱顶储水、内外侧墙采取遮盖、自动喷淋等缓慢升温或降温的方法。

(5)桥身混凝土达到设计强度70%时可拆除内模,达到100%后允许顶进作业,以试块自然养生强度为依据。

(6)侧墙厚度1 m及以上属大体积混凝土,应按大体积混凝土工艺操作。

五、接缝处理

桥体预制分阶段施工时,施工缝的位置宜留在墙体下加腋的上部或上加腋的下部。各边墙施工缝不得在同一平面上,并宜增加连接短钢筋。

桥体分节接缝防水应按要求施工。止水带可结合桥体预制和顶进施工进行安装,其位置应准确、安装应牢固。桥体顶进就位后接缝应采用弹性防水材料密封抹平,接缝不应渗水。

六、船头坡

1. 在软土地基中顶进时,为了防止"扎头",在桥身前端底板下设置坡度为10%~20%向下的斜坡,其长度为50~100 cm。在浇注底板混凝土时,就设定船头坡的坡度,用钢筋混凝土的楔形作为船头坡,如图3—51所示。它的优点是能有效地减少桥体的"扎头"现象,船头坡适当加大,对软土地基顶进能起到很好的效果。

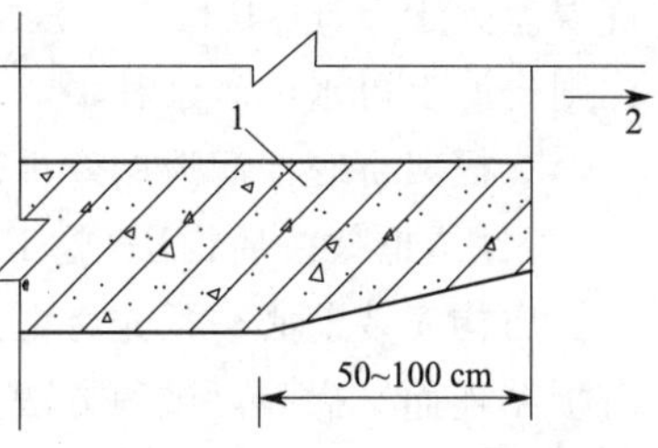

图3—51　船头坡

1—底板;2—顶进方向

2. 通常设定的船头坡遇到软硬不均的地基时就无法调整,如果出现"抬头"现象,调整坡度就会变得很困难。所以在顶进大型框架桥的时候,有必要设计一种可调式船头坡。可调船头坡的原理是,利用钢板椭圆形螺栓孔来上下调节钢板高低位置,从而达到改变船头坡坡度的目的,甚至可以使坡度变为下坡,而操作起来也比较简单,如图3—52所示。只需松开螺栓,调整至需要的坡度,再将螺栓拧紧就可以了。

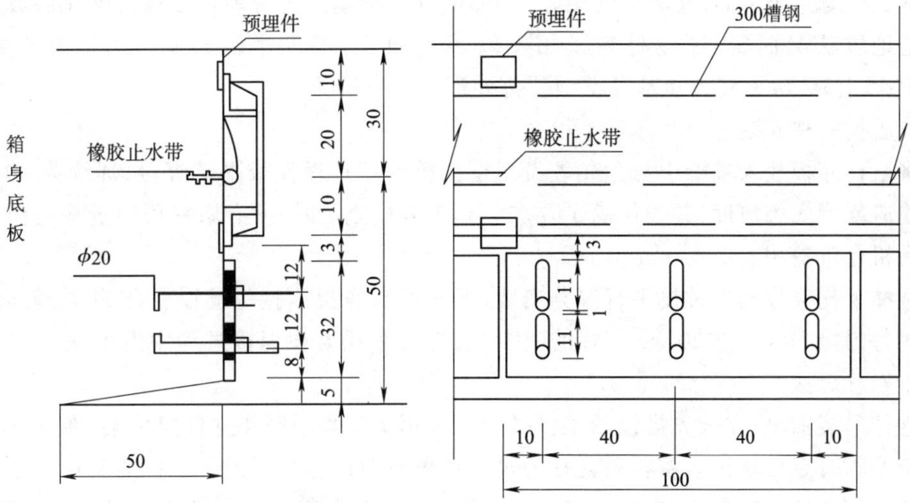

图3—52　可调式船头坡(单位:cm)

顶进速度越快，船头坡的作用就越大，降水效果越好，所以船头坡的设置应与地质条件、顶进速度、降水效果等因素综合考虑，合理采用。硬土或经过地基加固的情况下不适宜采用船头坡。

第八节　盾构组拼

一、盾构制作安装前注意事项

1. 框架桥几何尺寸修整

框架桥前端面为盾构止推梁、柱推力传递面，其不平整度将影响止推梁及相关柱的受力状态，不均衡受力可能造成盾构变形与偏向推进，影响安全和破坏盾构的导向功能。所以在盾构安装前必须对框架桥前端面进行检测、修整。同时也应对框架桥外廓几何尺寸进行严格检查，对跑模较严重部分进行必要的修整来减低推进阻力，框架桥各表面的整体平整度还直接影响线路沉降控制的效果。为此，框架桥边墙不允许误差大于 3 cm，框架桥顶面不允许误差大于 1 cm，其检查方法可采用仪器与拉线对凸出部位采取凿底后再补平，对较低部位则先凿毛再水泥砂浆补平。

2. 框架桥底部润滑层效果确认及预顶

采用“框架桥盾构法”施工，框架推进时增加了盾构阻力，该状况在框架初动时会较明显。盾构安装前必须预先将框架推动相应行程，以确认滑板无粘连，可保证盾构安装后不因滑板粘连而又撤除。试顶方法为：使用油顶推动框架桥，行程 3 cm。预顶也是后座保护措施之一。

二、桥式盾构制作安装

1. 盾构墩柱底板基底处理

在确认底板无粘连后，在路基边坡下按框架桥轴线放出盾构各墩柱底板开槽边线，开挖槽宽 1.5 m，槽长 6.6 m，槽深至框架底面下 10 cm。槽基底进行硬化处理。硬化层坡度视现场开挖地质状况而定，硬化材料采用 C20 素混凝土，厚度平框架底。当地基承载力达 180 kPa以上时，墩柱底板地基可不做硬化处理。

2. 盾构墩柱安装

将墩柱底板放入基槽中与预先埋设于框架桥前端预埋托板平整焊接，焊缝为 30°坡口，焊接前应复测底板坡度，并确认满足要求。施工人员充足时，所有墩柱可同步平行作业。以减少吊机台班费用。

墩柱下托梁按底板轴线平行等分安装，下托梁与底板连接焊缝以受压为主，剪应力小，可采用每焊接 10 cm 空 20 cm 不焊的间断焊，为防下托梁在焊接过程中发生偏斜应采用两侧同步对称焊接。

立柱吊装前，应在预先搭设的工作平台上采用钢管脚手制作立柱定位架，在立柱安装时起安全及临时定位作用。将各条立柱的设计位置事前吊垂线标记于下托梁及定位架上可极大程度提高墩柱安装进度与质量。当盾构墩柱安装基本就绪时，以确保路基稳定为原则，视情况对边坡槽进行简易支护。

墩柱上、下托梁安装时必须注意：与线路斜交，盾构墩柱托梁不在同一水平面上，其各托梁高差值由基坑滑板坡度换算可得，由盾构设计人员现场确定。

3. 盾构主梁安装

桥式盾构所用主梁在地面临时平台上精心制作，由于该主梁除上方负载外，还与盾构顶板共同承担框架桥推进时的轴向力传递，因此，设计刚度较大。安装时先测量标记定位线于墩柱上托梁上，然后由起吊能力大的吊机分榀吊装就位。其梁垫在测量人员配合指挥下安装，各榀梁的顶面高度需按设计要求进行调配。

4. 子盾构桥体制作安装

为加快制作速度与合理安排劳动力，子盾构箱从母构体两侧做起向中间发展，合龙后按实际尺寸制作非标型子盾构。子盾构箱下托板需在临时设置的托架上调校后与第一榀盾构主梁下托板进行对接，其横向受压焊缝允许采用间距不大于 30 cm 的双面间断焊，纵向受剪、受拉焊缝却必须采用 60°坡口双面满焊以保证焊缝牢固度。便于总体吊装的工地现场，子盾构箱可在就近工作平台上制作，采用机械整体吊装。

子盾构导向架各组件均在平台上靠模中统一标准制作，安装时采用定位装置定位焊接，导梁滑道与子盾构配合间隙设计为 4 mm，误差允许 ±1 mm，子盾构箱制作完成后，将尚未编号子盾构进行试配，要求子盾构装入箱后无卡滞现象，空载时以人力可推动为宜。装配完成后进行编号与滑道注油。

子盾构箱底板厚 20 mm，盖板厚 16 mm，板面靠前端均设有上刃口，底板刃口为铲除土体欠挖量用，箱盖板刃口为防止减阻板卷曲之用，导向架用料 I28B，要求材料平整无扭曲变形。

5. 盾构外壳制作安装

盾构外壳钢板均采用 16 mm 厚钢板，其盾构尾部长 30 cm 套在框架桥前端，起相互制约用。盾构外壳安装后其总宽值大于框架桥总宽约 32 mm，由此间隙来降低顶推过程中框架桥两侧与土体产生的摩擦阻力，并有效地减小两侧土体的摩擦位移现象。超宽造成的土损失在框架桥顶推到位后进行压浆补空，也可在顶进时压注水泥浆，以避免路基出现沉降。

盾构外壳顶面板采用 16 mm 厚钢板满敷，左右两边与盾构边板焊接，顶板底面与主梁间梁撑焊接。安装时高于框架桥 4 mm 以留出顶面扁铁焊接位置。顶板敷设后需对整体平面进行检测，不平整度高差应小于 3 mm，如大于 3 mm 则应检查调整。

第九节 盾构顶进

一、概　　述

框架桥工程采用框架桥盾构法施工，掘进时，每组子盾构由 1 名工人配合修整掘进面、出土以及盾构母体推进时对子盾构套入桥体状态的监视。如果出现意外能及时通报控制台而中断事故发展。子盾构允许单次推进行程 30 ~ 40 cm。

子盾构作业为人力配合机械，视挖掘面土体的自稳能力而定，有先顶后挖、边顶边挖和先挖后顶三种掘进方式。采用何种形式，由工程技术人员决定，液压操纵班按令执行。子盾构推进时，其上部土方由前端锯齿刃角切割下落。作业基本处线路板结层，工人可视情况申请采用气动风镐掘土。

盾构墩柱设计为多层,每层土体由 1 名工人完成掘进,每组墩柱由 4 人担负出土、顶推监视工作。挖掘标准为墩柱的外廓尺寸宽与前进方向 30 ~ 40 cm 长。

大断面中心土采用挖机掘进与装车,自卸汽车外运弃土。为缩短顶进期。掘进时,机械将框架桥前滞后的中心土挖去相同长 30 ~ 40 cm 距离,并采用接力方式推进各节框架桥同一距离为一顶进工作循环。

顶进到一定程度时为防止传力柱横向分力引发起拱甚至飞扬伤人,在传力柱上方设置轨束梁反压或增设分配梁。传力柱方向应预留余土运输通道。

二、准备工作

1. 线路加固的检查

顶进工作的顺利进行,首要条件是保证铁路行车的安全,因此在开顶前必须对线路加固的质量进行检查。如加固是否符合设计图纸的要求,加固部件有无侵入限界的情况,加固扣件是否有松动脱落,工字钢与既有线钢轨接触处的绝缘是否良好等,都必须引起施工人员的足够重视。

2. 顶进设备的检查

顶进设备主要包括高压油泵、千斤顶和顶铁。安装前应加以整修并做压力试验。油压管路安装完毕后,要进行试运转,检查压力能否达到规定标准,油管是否漏油,顶铁的长短规格、数量配置是否符合施工要求。

3. 框架桥外表的润滑处理

对桥体结构和后背应进行全面检查,验收桥体和顶面保护层混凝土强度是否达到设计要求。框架桥外表涂以石蜡及机油(4:1)熬制而成的润滑剂。熬制温度夏季为 120 ℃ ~ 150 ℃,冬季为 150 ℃ ~ 180 ℃,趁热涂刷,使其渗入混凝土孔隙内以保证不易擦掉或剥落以减少摩阻力和加强混凝土的防水性能。

4. 降低地下水位

地下水处理不当必然给施工增加许多困难。尤其在顶进中,因基底土壤被水浸泡变软而造成框架桥下沉或严重塌方,甚至影响铁路安全和工程质量。因此,当框架桥底板处在地下水位以下时,必须采取降水措施。在框架桥顶进中,按规定地下水位应降至框架桥底以下 0.5 ~ 1.0 m,严禁带水作业。

5. 故障处理措施及材料的准备

“扎头”是桥涵顶进中较普遍出现的问题,在软土地基尤为严重,因此要求预先拟定处理措施。一般可以选用的有:换填土壤、打短木桩加固土壤、铺设预制钢筋混凝土板或废钢筋混凝土轨枕等,根据选用的方法准备好所需要的材料。

6. 安装观测仪器

为检查框架桥是否在顶进中按预定位置走行。千斤顶每顶进一个行程应用仪器测量框架桥的中线位置与水平高差,以便及时采取调整措施。

7. 启动试顶

框架桥启动是使其与滑板分离,也是对顶进设备及后背的一次检验。桥体开始启动,即开始不切土的空顶,空顶时顶力一般较小,在没有使用减阻措施的情况下约为框架桥自重的

20% ~40% 。启动时，油泵应逐渐加压，每次升压后还要稳定 10 min，并对设备及滑板、后背梁等发生的裂缝情况，进行检查。升压大小及间隔时间可按表 3—9 进行。

在加压过程中，如发现油压突然下降，则表明框架桥已与滑板脱离。倘若在启动顶力的作用下，发现后背的变形与设计顶力出入较大，则应立即采取加强措施，以避免在顶进中途后背破坏，造成施工上的困难。

表 3—9　升压大小及间隔时间

设计启动顶力(%)	30	50	70	90
累计时间(min)	20	40	50	60

框架桥启动后，开始为不切土的空顶，但此时需要注意控制好框架桥顶进的方向，切不可麻痹大意，以免产生较大偏差造成纠正困难。顶进桥涵施工在做好各项准备工作后，应以最短时间顶完，组织快速施工，为此要求做到：

(1)合理安排施工期。要尽量避开雨季和冬季。因为雨季增加顶进困难，而冬季不但要增加防寒保温费用而且工程质量也不易保证。

(2)做好施工组织计划。根据实地调查情况，研究施工方案，布置施工场地，编制出详细的施工组织计划。

(3)挖、运土工序与顶进密切配合，措施得当，组织合理。

(4)加强组织指挥，及时解决设备、技术问题。

三、顶进施工作业

开镐顶进是现场顶进工作的中心环节，每次开镐前应检查油泵等液压系统有无故障，挖土部位及尺寸是否符合要求，顶铁安装是否合格和后背变形情况有无发展等。这些方面倘有一个环节发生问题，都会给顶进带来困难，甚至造成事故。

顶进工作的过程是：当前方刃角处挖土完成一个顶程后，即开动高压油泵，使千斤顶产生顶力，通过传力设备(顶铁、顶柱)，借助于后背的反作用力，推动框架桥前进。框架桥前进后，用拉镐将千斤顶活塞拉回复原(如用双作用千斤顶时则可自动回镐)。然后在空挡处填放顶铁，以待下次开镐。如此循环往复，直至框架桥就位，顶进结束。

顶进应利用列车运行的间隙进行。为了保证安全，应在顶进施工人员和线路防护人员之间，临时安装电话、电铃和信号灯等。规定一定的联络办法，以密切配合，步调一致。

(一) 试　顶

试顶是框架桥顶进施工必不可少的步骤，它可以检验顶进设备液压系统是否正常有效，后背是否稳固可靠，测得桥身启动顶力数值等，以利改进调整，为更主动地把握后续顶进作业做到心中有数。

(二) 挖 运 土

框架桥涵的顶进速度主要取决于洞内的挖、运土速度。故应尽可能为挖、运土创造条件，提高效率。由于框架桥高度一般在 6 m 左右，故人工挖土宜分成上下两层进行，即在框架桥内设置挖土平台——中间平台。

中间平台的构造可分为钢质和木质两种。采用钢质平台，可直接安装在框架桥的预埋螺栓上；采用木质平台时，则安装在框架桥的端部侧墙预埋螺栓固定的型钢上。平台的主要设计荷载为：在平台上的作业人员和工具重量，并考虑堆放少量弃土等，按简支梁计算。

跨度较大的框架桥为了增加平台的跨度，应设置中柱或支架。当使用机械挖土时，可不设置中间平台。

顶进开挖操作要求如下：

1. 挖土应在列车运行的空隙时间内进行，每米工作面上宜布置 1 ~ 2 人；每次挖掘进尺应根据土质情况决定，一般约为 20 ~ 50 cm，在松散或软塑性的土层中顶进严禁“超挖”，必须保证刃角切入土层不少于 10 cm。切土顶进有利于顶进方向的控制。

2. 按照侧刃角坡度及规定的进尺应由上往下开挖，侧刃角进土应在 0.1 m 以上。开挖面的坡度不得大于 1∶0.75，并严禁逆坡挖土，不得超前挖土。严禁扰动基底土壤。挖土时应掌握土坡的平整，并保持与刃角坡度一致，或根据路基土质情况选用适当坡度，严禁出现倒坡，以保安全。

3. 列车通过时不得挖土。又如发现机械设备有故障不能顶进时，亦应立即停止挖土。

4. 挖土工作必须与观测工作紧密配合，根据桥身顶进时的偏差情况，随时改进挖土方法。有条件的地方可以采用小型挖土机械挖土，以提高速度。运土一般最好用小型卡车从洞内装土、运土，最好直接装卸，避免倒运。

5. 挖上方土时，工具不得接触钢轨，防止联电干扰铁路信号。

（三）安装顶铁（顶柱）

1. 为保证顶柱的受压稳定，一般在顶柱与横梁间用螺栓栓牢，并每隔 8 m 设横梁一道，使传力较均匀及增加顶柱横向稳定性。

2. 每行顶铁与千斤顶应保持一条直线，并与后背梁垂直，各行长度要力求一致，有缝隙时要用铁片塞紧。预防受力不均损坏失稳。

3. 顶铁数取决于总顶力与顶铁（柱）的允许顶力，必须有一定的安全储备。

（四）活动车道

1. 为保证挖掘出的土方能及时运出桥身，以保证顶进作业的连续性，运土一般采用活动车道。

2. 活动车道一般为型钢与钢板组成，也可以采用两个木垛上铺设方木组成车道。固定在框架桥底板上，可在顶进中随桥身一同前进。

（五）多桥身顶进处理

1. 按照预先设计的顺序逐一进行桥身顶进。

2. 首孔桥身顶进后要转移便梁，往往把该桥身作为桥身支墩，在桥顶面便梁支承处灌注桥身混凝土时，预先按设计要求增加分布钢筋，在桥内线路轨底相应位置接设两根钢支撑（每根钢支撑承受轴底压力不小于 100 kN）。

3. 要补做两桥间侧面防水层。

4. 由于进入路基后，单侧承受压力，两箱会贴紧甚至会顶裂桥身，应及时增设隔离钢圆棒，直径为设计间距，上端焊在圆形铁板上，放置在两桥体之间顶进方向自行滚动。

（六）顶进作业注意事项

1. 子盾构掘进面挖土应按当日书面技术交底，并按有经验的当值施工员要求进行，错误的开挖将导致路面沉降量增大。

2. 当桥体底板挖土完成一进尺长度时，开动高压油泵使千斤顶受液压而产生顶力，推动桥身前进，通常每一冲程 200 ~ 500 mm。当千斤顶已到限位时，控制操作系统把活塞退回原位，在空挡处增放顶铁，以待下次开镐。循环往复，直至就位。

3.开始顶进应连续作业,不能中途停顿间歇。每次开镐前及交接班时都应检查油泵等液压系统有无故障,挖土是否符合要求,顶铁、顶柱、横梁安装是否合格,后背变形等情况。任何环节出问题都会影响顶进工作。

4.根据土质情况和顶力增长趋势来控制刃角切土深度,正常情况下底板上部要保留30~50cm的原状土。

5.顶进时,顶柱和后背处严禁站人,以防顶柱崩出或后背发生意外,危及安全。

6.顶进时每镐都要测定桥身高程和方向偏差情况,并与设计值比较,画出偏差曲线,判定偏离趋势,及时采取措施进行调整,避免盲目顶进,大起大落,造成无法挽回的缺陷。

7.顶进过程中应做好记录,并根据记录绘制顶力和桥位偏差曲线,以利分析总结,不断改进提高。

8.中心土的滞留长度及挖掘量应根据土层性质而定,任何情况下放坡量不可小于1:0.5,盾构墩柱两侧均设有剪力墙板,其斜边按1:0.75设置(视土质情况定),通常应以此标线向前延伸30~40 cm长,为中心土掘进控制线。为确保中心土的土压平衡能力,掘进时严禁超挖。

9.盾构为刚性焊接体,在推进中有可能因局部应力集中造成焊缝炸裂,故顶推作业时机械应停止作业,工人不得高声喧哗及发出金属敲击声,以利声响判断。另外高压力顶推易产生强大破坏力,顶推时有条件远离液压装置及传力柱的人员必须撤离,以防意外事故。框架桥顶进施工的程序为:试顶—调整—挖土顶进—顶进就位—拆除顶进及加固设备—恢复线路。顶进作业一旦开始应连续施工,各工序间应密切协调配合,并采取施工及铁路营运的安全措施。

第十节　盾构拆解

一、盾构拆解的准备工作

(一)前期准备工作

1.盾构体、风、水、液压、电气的标识

(1)机械构件部分标识

盾构体拆卸基本以总成件形式拆卸,将各部位提前标志清楚,以备后期使用。

(2)风、水、液压部分标识

标识牌采用2 mm厚铝板,绑在管子的两头,标识牌为单面印字符,两连接的管接头处标识相同的字符。标识牌的标识属性按软管的属性进行标识。

(3)电气部分标识

电气部分全部标识。

2.拆卸场地的准备

现场清理整洁,便于拆解作业进行及拆解件的安放。

(二)现场准备工作

1.由吊装部件重量确定进场吊车吨位和时间。

2.现场风、水、电的准备

(1)风源准备一台2M3空压机,需接一长约40 m的软管,接头处安装球阀,供两个风动扳手、拉伸预紧扳手和部分区域清洁使用。

(2)电力供应需准备两个配电箱,井上、井下各安装一个,具有过载安全保护及开关、插座,给2台电焊机、2台砂轮机、1台电动空压机、1台液压扭力扳手泵站、1台辅助泵站、照明灯提供电源。

(三)出洞后的准备工作

1.首先把盾构体上和土舱的渣土清理干净,再用高压水冲洗,将螺栓冲洗干净,便于拆卸螺栓。

2.进入子盾构体内部,把杂物、淤泥完全清理干净,方便工作人员进入中体拆卸相关液压及电器部分。

二、液压管件拆卸顺序

1.将所有液压油缸拆除,油路仔细封口。

2.将液压油路拆除,进行封口处理。

3.将电器部分拆除,封装。

三、电气控制线路的拆卸顺序

所有传感器和数据线拆除装箱,清点数量做好防护。把需要拆除的电磁阀电源插头线拆除,并做好防护,严禁把各种数据线、电源线从中间剪断的野蛮施工。

四、盾构主体的拆卸

1.首先制定拆除专项方案,明确拆除顺序,按照先盾壳后主体,先上后下的顺序分步骤拆除。

2.盾壳拆除。按照先顶部后侧面的顺序拆解盾壳,按照原来的安装顺序和位置进行拆解,尽量不增加新的拼缝,尽量保证盾壳的完整,以利于后续工程使用。

3.主体拆除,制定合理的拆除顺序,可以从一侧开始拆除,先拆除边跨的主梁和边立柱,尽量保留主杆件的长度,在主体保持稳定的情况下,向另一侧一次拆解,在拆解最后一跨的时候,要对主体进行临时的加固,防止拆解过程中,盾构体突然倒塌,酿成安全事故。

五、拆机与设备吊装安全措施

1.杜绝安全隐患,防患于未然。

2.制定详细的施工技术方案,并对作业人员进行拆机技术培训和安全技术措施交底。

3.拆除有压力管路时,先做好泄压,同时做好人身防护工作。

4.工作过程中,不方便直接指挥协调的工序,采用对讲机进行联系,派专人进行指挥。

5.高空作业时必须系好安全带。

6按照规范加强现场施工场地的用电管理和照明,保证场地作业有足够的光线,确保用电安全。

7.各种吊运机具设备正式使用前必须组织试吊、试运行。

8.起重作业人员要严格执行《起重作业安全操作规程》,确保施工作业人员的安全。

9.吊装作业前,首先由专职安全员将作业区与安全区用警戒线隔离开。

10. 与吊装作业有关的人员全部到齐后，由信号工检查吊装所用材料与设备是否准备齐全，准备齐全后，开始由信号工指挥，将吊车布置在合理的位置后，由司索工进行穿绳作业，司索工作业完毕，由信号工和专职安全员按先后顺序对吊绳的各个控制环节进行详细检查，检查无误后，在确保现场所有人员都在安全区的情况下，统一由信号工一人指挥起吊。

11. 起重指挥人员、司机及司索工的基本要求：

(1)操作人员必须身体健康，应经体格检查证明无精神病、高血压、心脏病、视力听力不正常等禁忌性疾病。

(2)操作人员必须经过专门技术培训，经考试合格，达到下列要求：①熟悉起重机的结构、原理和工作性能；②熟悉安全操作规程及保养规程；③熟悉起重工的工作信号及规则；④具有操作维护起重机的基本技能；⑤掌握各调整部位的调整方法。

(3)每台起重机应每班配备至少一名起重操作司机和起重指挥人员，在起重作业过程中，指挥人员必须严格按规定的起重信号进行指挥，作业中操作司机必须绝对服从专职人员的指挥信号。

12. 所有作业人员必须穿工作服、戴好安全帽，指挥人员必须配备必要的口哨和指挥旗、袖章等。

13. 严禁酒后或精神情绪不正常的人员操作。与本机无关人员禁止上机。

14. 起重机在提升或下落大臂、钢丝绳等操作过程中，专职指挥工必须及时提醒现场作业人员离开吊装危险区域；同时人员未离开大臂、钢丝绳及吊物最大旋转范围前不允许起钩或下落等危险操作。

15. 起重指挥人员要求进行起重机回转、变幅、行走和吊钩升降等动作前，应发出音响、口哨等明显信号示意。应按规定的起重性能指挥起重作业，不得超载。在特殊情况下需超载使用时，必须经过验算，在有保证安全的技术措施并写出专题报告，经施工技术负责人批准，有专人在现场监护下，方可作业。

16. 起重吊装的指挥人员必须持证上岗，作业时应与操作人员密切配合，执行规定的指挥信号。吊机操作人员应按指挥人员的信号进行操作，当信号不清或错误时，操作人员可拒绝执行。指挥人员必须严格执行国家标准与起重机司机联络时做到准确无误。指挥人员应熟知《起重机械安全规程》和《起重机械吊具与索具安全规程》。对所指定的起重机械，必须熟悉技术性能后方可指挥，工作中不能干涉起重机司机对手柄或旋钮的选择。

17. 夜间作业时，机上及工作地点必须有足够的照明。

18. 在露天遇六级以上大风或雷雨、大雾等恶劣天气时，应停止起重吊装作业。雨停止后作业前，应先试吊，确认制动器灵敏可靠后方可进行作业。

19. 起重机使用的钢丝绳，其结构形式、规格及强度应符合该型起重机使用说明书的要求。钢丝绳与卷筒应连接牢固，放出钢丝绳时，卷筒上应至少保留 3 圈，收放钢丝绳时应防止钢丝绳打环、扭结、弯折和乱绳，不得使用扭结、变形的钢丝绳。使用编结的钢丝绳，编结部分的长度不得小于钢丝绳直径的 20 倍，并不应小于 300 mm，其编结部分应捆扎细钢丝。

20. 每班作业前，应检查钢丝绳及钢丝绳的连接部位，当钢丝绳在一个节距内断丝根数达到或超过规定根数时，应予以报废。

六、文明施工

1. 作业人员统一着装。
2. 保证作业环境的清洁有序。
3. 正确摆放使用工具和作业材料。
4. 下班后收拾清理作业遗留物。
5. 下班后收拾干净所有工具并移交给下一工班。

第十一节 线路加固

在顶进桥涵施工中为确保行车及施工安全必须进行铁路线路的加固。选择线路加固的方式应以对运输干扰较小，而又确保铁路运输安全，同时施工简便易行为原则。此外还应根据路基土质、顶进桥涵的结构尺寸、涵顶以上覆土厚度，以及施工季节和地下水变化情况等综合考虑后决定。

一、线路加固形式

当顶进框架桥的结构尺寸较小，如孔径小于 2 m 时，处于直线地段，运输不甚繁忙，路基填土密实，桥顶覆土厚度在 3 m 以上时，可不进行线路加固。但需限速通过，并有专人监视线路，如有异状及时进行整修。当路基土质不良，有塌方可能时，可用 3—3—3—3、3—5—3，或 3—7—3 吊轨进行线路加固，以增加线路的强度及稳定性。

当顶进桥涵孔径较大如净跨在 8 m 以下，覆土厚度在 1 m 以上时，可采用便梁法、轨束梁法或工字钢束梁法加固线路。另外，还可以用钢板脱壳法稳定桥顶以上覆土，防止线路横移，但线路仍以 3—3—3—3 或 3—7—3 吊轨加固之。

钢板脱壳法系在框架桥顶部铺一层分成许多条的薄钢板，钢板端部用螺栓固定在钢刃上（注意将螺母放在内侧）。待框架桥顶入路基后，若线路产生横移，在框架桥内将螺母拧下，把螺栓顶入土中，使钢板不再随框架桥一同前进，从而防止线路横移，至框架桥顶入就位后将钢板一条一条抽出。

当顶进桥涵净跨大于 8 m，顶上又无覆土或覆土很薄时，可采用吊轨加横梁加固法或吊轨加纵横梁加固法。

二、吊轨、扣轨梁加固

对于小桥涵顶进，当铁路位于直线并通过列车较少、路基土质良好时，可使用 43 kg/m 或 50 kg/m 钢轨组合成轨束梁采取线上吊轨或线下扣轨的形式进行线路加固，一般慢行速度不超过 25 km/h，在施工前应对其强度、刚度、稳定性经计算后确定。

吊轨梁一般多用于轨下建筑高度受限制时，也有与其他线路加固方法配合使用的。当吊轨所用轨型与线路钢轨相同时，往往超出铁路限界，此时应先在线路钢轨下面增加垫片以抬高线路钢轨轨面。

吊轨梁的计算方法与轨束梁相同。

在限速 15 km/h，通过 JF_4 型机车的情况下，轨数 3—5—5—3 的吊轨方式，其最大容许跨度如表 3—10 所示：

表 3—10　吊轨最大容许跨度表

轨型	P50	P43	P38	中 38
跨度(m)	5.15	4.6	4.4	4.25

三、横梁加固法和纵横梁加固法

此法适用于顶板以上无覆土或覆土很薄时的顶进，特别适用于大型框架桥的顶进，无论顶进方向与线路正交还是斜交均可使用。由于采用此法加固线路后，行车比较安全可靠，故现场广为采用。

(一)施工要点

1. 铺设吊轨

按 3—3—3—3 或 3—5—3 扣设吊轨，钢轨接头错开 1 m 以上，两端伸出框架桥边墙外 3 ~ 5 m。为保行车安全，需加设临时梭头。吊轨与枕木用 ϕ22 U 型螺栓和角钢紧密联结。

2. 设横梁

按轨底到桥顶的高度选择工字钢型号，铺设间距一般 1.5 m 左右。横梁长度在预制框架桥一侧为距钢轨外侧 3 ~ 5 m，另一侧距钢轨外侧 2 ~ 4 m 为宜，并使用 ϕ22 的 U 型螺栓及扣板将横梁与吊轨联结牢固。为减少框架桥顶入时的阻力，每组横梁下垫以槽钢(滑道)。横梁一端支承在框架桥顶上，另一端支承在路基枕木垛上。

3. 设纵梁

当框架桥与线路斜交时，线路加固范围相应要求长得多，架空跨度也大，斜交顶进容易产生方向偏差，以致带动线路走动，故宜加设纵梁架空线路。纵梁一般设在线路两侧，并用 U 形螺栓与横梁联牢。

当框架桥通过道岔区时，线路上吊轨应尽量设到每个角落，还应根据需要增加辅助横梁(特别是叉心处)，以保证道岔的稳定性。

(二)工字钢横梁设计

活载取现行机车最大轴重作为计算荷载，当限速不超过 40 km/h 时，冲击系数约为1.15，再考虑横梁不均匀工作系数 1.3，则综合系数 $\beta = 1.15 \times 1.3 \approx 1.5$，此时，$\beta \cdot P = 1.5P$。由于机车特殊荷载轴重的间距和横梁间距一致，可以认为每副轴重 P 作用在一支横梁上，并由两条轨各承担一半，横梁可按简支梁核算工字钢的强度和挠度，计算简图如图 3—53 所示。

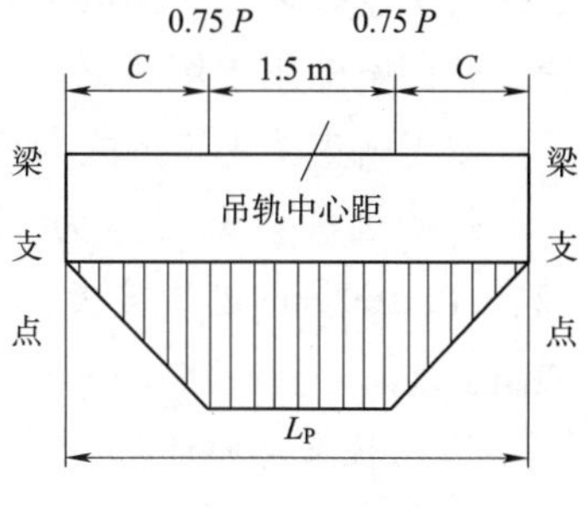

图 3—53　横梁计算简图

$$M_{max} = 0.75P \cdot C \tag{3—69}$$

$$\sigma = \frac{M_{max}}{W} \leqslant [\sigma] \tag{3—70}$$

$$f = \frac{0.75P \cdot C \cdot l_p^2}{24E \cdot I}(3-4a^2) = \frac{P \cdot C \cdot l_p^2}{32E \cdot I}(3-4a^2) \leqslant \frac{l_p}{400} \tag{3—71}$$

式中 P——现行机车最大轴重(kN);

l_p——工字钢横梁计算跨度(cm);

C——轨顶中心至横梁支点处的水平距离(cm);

W——工字钢横梁截面抵抗矩(m);

$[\sigma]$——工字钢的容许应力,取 170 MPa;

I——工字钢横梁的惯性矩(cm^4);

E——工字钢的弹性模量,取 2.1×10^5 MPa;

a——系数,$a = C/l_p$。

(三)防止线路横移及高度调整

由于顶进桥涵顶面与线路设备间的摩擦,顶进过程中有可能产生线路横移现象,因此必须采取相应的措施加以防止。当线路为路堤时,在施顶框架桥的一侧每隔 3~5 根横梁安装一组卷扬机及滑轮组将线路拉紧。若线路与地面大致等高时,可在框架桥顶进方向的对侧,设置板桩地锚,用木撑杠将线路及横梁顶住,效果较好。

另外在顶进中,由于框架桥高程的变化,以致框架桥带动土体使轨面高程变化。为随时调整,在横梁枕木间用 1~5 cm 厚木板垫塞,槽钢与框架桥顶板间也垫以木楔。

四、轨束梁加固法

轨束梁适用于将线路架空后,短期能竣工的工点,一般最大跨度以不超过 6 m 为宜。

(一)轨束梁的构造

根据梁的跨度及机车轴重不同,轨束梁可以做成单层、双层及焊接轨束梁等几种。

单层轨束梁每束由 2~9 根轨组成,轨数在 4 根以上,应将轨梁上下交错分置。但此时必须将钢轨拧紧在一起以保证上下轨底面在同一水平上。通常用角钢与结合螺栓将钢轨夹紧。轨间空隙用木块填塞。

双层轨束梁夹紧形式与单层相同,只是将轨束梁集中排成两层。

焊接轨束梁主要是为了提高轨束梁承载能力。它是将每两根钢轨底面间加一块 12 mm×160 mm 的焊接板,使上下轨连焊成为一整体。钢轨焊接必须在工厂进行以保证质量。

(二)轨束梁的计算

轨束梁可采用新轨或旧轨。如用旧轨,则视轨头磨耗情况,将其容许最大跨度加以折减。当轨头磨耗在 5~9 mm 时折减 10%;超过 9 mm 时折减 20%。钢轨容许应力为 170 MPa,轨束梁的最大挠度(静活载作用下)不得超过 l/250。

1. 钢轨的几何特性

钢轨的几何特性如图 3—54 所示,有关参数如表 3—11 所示。

表 3—11　钢轨截面几何性质

轨型	重量(kg/m)	尺寸(mm)				面积(cm^2)	$J(cm^4)$	$W_1=\frac{J}{Z_1}$	$W_2=\frac{J}{Z_2}$
		A	b	B	d				
中 38	38.1	135	60.5	118	13	48.6	1 182	164	188
P38	38.7	134	68	114	13	49.4	1 203	179	180
P43	43.6	140	70	114	13.5	55.7	1 472	206	215
P50	51.5	152	70	132	15.5	65.8	2 037	251	287

2. 计算简图及设计荷载(图 3—55)

假设跨中全部悬空,按简支梁计算。荷载分恒载与活载两种。临时结构取永久性结构活载冲击系数的 50%,如图 3—55 所示。

恒载:q

桥面重按 60 kN/m 计,轨重按实际采用的轨型及轨数计算,取两者之和。

活载:$K(1+0.5\mu v)$

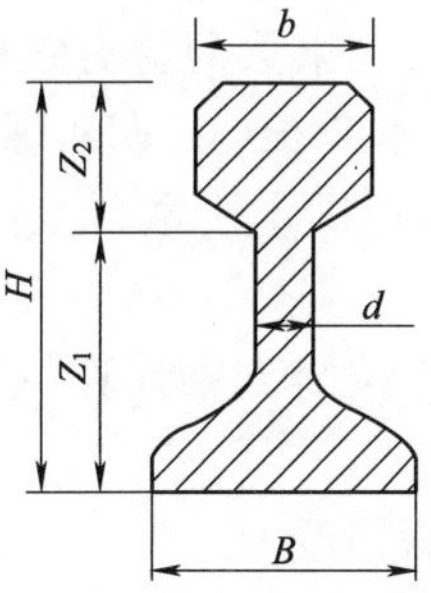

图 3—54　钢轨几何特性

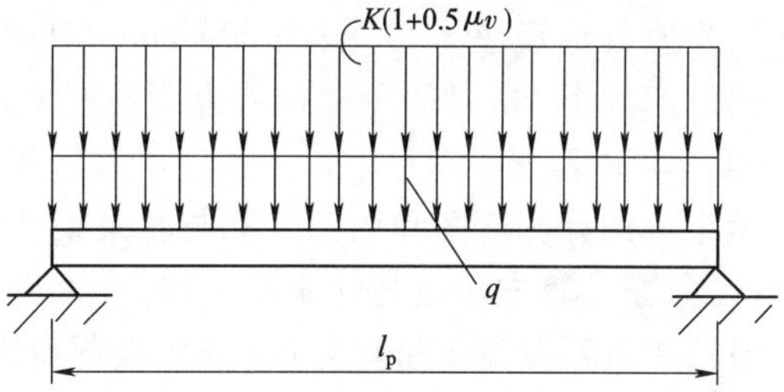

图 3—55　轨束梁计算图式

式中　K——换算均布荷载,按影响线图形(求跨中弯矩或跨端剪力)、现行机车类型及 l_p 查《桥梁设计通用资料》或有关手册而得;

$1+0.5\mu v$——冲击系数,对钢梁经试验有

$$\mu=\frac{28}{40+l_p} \tag{3—72}$$

v——列车限速时冲击力折减系数,$v=\frac{V}{2V_{kp}-V}$;

V——限制速度(km/h);

V_{kp}——机车临界速度,$\frac{1\,250}{l_p}+V\leqslant 80$ km/h;

l_p——计算跨度(m)。

恒载弯矩

$$M_p=\frac{1}{8}ql_p^2 \tag{3—73}$$

活载弯矩:

$$M_h=\frac{1}{8}Kl_p^2(1+0.5\mu v) \tag{3—74}$$

总弯矩:

$$M=M_p+M_h \tag{3—75}$$

3. 校核强度及挠度

强度条件：

$$M = n \cdot W \cdot [\sigma] \tag{3—76}$$

式中　n——钢轨根数；

W——钢轨截面模量（cm^3）；

$[\sigma]$——钢轨容许应力，170 MPa。

挠度条件：

$$f = \frac{5K \cdot l_p^4}{384E \cdot J \cdot n} \leqslant \frac{l_p}{250} \tag{3—77}$$

式中　E——钢轨弹性模量（MPa）；

J——钢轨惯性矩（cm^4）；

其余符号同前。

五、工字钢束梁加固法

工字钢束梁适用于顶进较大跨度框架桥时的架空线路，并可用于短期修复桥跨结构。要求其构造形式轻便，施工方法简单。单层跨度可达 15 m，多层可达 20 m 。但多层需要焊接，又会增加建筑高度，不得已才用。

（一）工字钢束梁的构造

工字钢束梁一般和钢轨位置相称，其中心距为 1.5 m 左右。束梁间应有纵横联结，一般用斜撑木。支座处应设座木，一般用 200 mm × 200 mm 的方木 2 根，以 ϕ19 螺栓串联成整体。当线路坡度大于 4‰时须用螺栓将束梁与座木扣牢，座木再固定于墩台上。

（二）设计与计算

工字钢束梁的计算简图和内力计算与轨束梁基本相同，也按简支梁计算，考虑恒载及活载，活载冲击系数计算方法也与轨束梁一样。

1. 检算跨中抗弯及端部抗剪强度（假定端部剪力全由腹板承受）

（1）抗弯

$$\sigma = \frac{\sum M}{W} \leqslant [\sigma] = 1\,700\text{ MPa} \tag{3—78}$$

式中　$\sum M = M_p + M_k$；

$M_p = \frac{1}{8} P_1 l_p^2$（kN · m/线）；

$M_k = \frac{1}{8}(1 + \mu v) K l_p^2$（kN · m/线）；

P_1——每米梁重 + 桥面重（kN/m）；

K——换算均布活载（跨中弯矩）；

l_p——计算跨度（m）；

其余符号及求法同前。

（2）抗剪

$$\tau = 1.5\frac{\sum V}{hd} \leqslant 0.75[\sigma] = 127.5\text{ MPa} \tag{3—79}$$

式中　$\sum V = V_p + V_k$；

$V_p = \frac{1}{2} P_1 l_p$（kN/线）；

$V_k = \frac{1}{2}(1+\upsilon\mu)K'l_p$(kN/线)；

K'——换算匀布活载，按支座剪力影响线图形查有关手册；

h——工字束梁高(cm)；

d——工字束梁腹板厚(cm)。

2. 检算腹板与翼缘接触处的支承应力

$$\sigma = \frac{\sum V}{bd} \leqslant 1.5[\sigma] \tag{3—80}$$

式中　b——工字钢束梁支承宽度(cm)。

3. 验算挠度

$$f = \frac{5K \cdot l_p^4}{384\ E \cdot J \cdot n} \leqslant \frac{l_p}{400} \tag{3—81}$$

式中各符号及求法同前。

由于束梁两端支承处腹板压应力较高，有可能失稳而局部弯曲，应按压杆稳定验算：

$$\sigma = \frac{\sum V}{\left(b+\frac{n}{4}\right)d \cdot \varphi} \leqslant [\sigma] \tag{3—82}$$

式中　φ——纵向挠曲允许应力折减系数，按腹板最小回转半径及受压自由长度(0.7 h)查《桥规》表而得。

六、便梁加固法

对于软土地基、较大型框架桥顶进，铁路干线地段应采用低高度便梁进行线路加固，常用的低高度便梁有 D16 m 和 D24 m，列车慢行限速为 45 km/h。

(一)D 型施工便梁的设计技术特性

(1)D 型施工便梁采用下承板梁结构，按铁路“中—活载”和“建限图 3—57”限界进行设计。

(2)梁部结构设计应力按车速 60 km/h 计算，活载冲击折减系数取 0.545。

(3)纵横梁的竖向弹性挠度不超过跨度的 1/400。

(4)纵横梁和连接板等主要受力构件的钢材采用 16 锰钢，其余为 Q235 钢，便梁制作全部采用电焊，工地连接采用精制螺栓。

(5)D 型便梁取消桥枕，把钢轨直接搁置在横梁上，这样可较大地降低轨底到纵梁底的建筑高度，故 D 型施工便梁属于低高度便梁。

(6)曲线上使用便梁时，曲线外轨超高如不大于 100 mm，便梁利用支墩横向坡度以满足外股钢轨超高值。

(7)施工便梁纵梁采用箱形梁，横梁采用工字形断面，梁底设斜拉杆连接，结构稳定可靠。

(8)为了适应和调节轨底到箱顶的高度，D16 型便梁把纵梁的位置分为“高位”和“低位”两档，D24 型便梁把纵梁分成“高位”、“中位”、“低位”和“最低位”四档。

(9)在直线上 D 型便梁定位线与既有线中线重合，单线时亦与横梁中线重合；在曲线上便梁定位线按通常的平分中点布置。

(10)在自动和半自动闭塞线路区段，施工便梁采用尼龙绝缘垫把钢轨与横梁进行绝缘隔离。

(二)便梁的型号及适用范围

1. D 型施工便梁的构件和主要尺寸

D 型施工便梁的型号按设计跨度分类有 D12、D16、D20、D24 共四种，最常用的是 D16 和 D24。

D 型施工便梁为下承式板梁，由纵梁、横梁、牛脚、连接板、挡砟板、斜拉杆、横梁安装辅助定位角钢、钢轨扣件和各种连接零件组成，其主要尺寸如表 3—12 所示。

表 3—12 D 型施工便梁主要尺寸表

型号	跨度(m)	全长 L(m)	纵梁尺寸(mm)			轨底至梁底高度 H(m)				纵梁尺寸(mm)			
			中心距 B	高度 e	宽度 d					中心距	高度	宽度	长度
D12	12.06	12.40	4 400	720	420	0.235		0.385		670	210	200	3 960
D16	16.08	16.40	4 400	900	420	0.415		0.585		670	210	200	3 960
D20	20.10	20.48	4 460	1 200	480	0.275	0.425	0.575	0.725	670	212	200	3 960
D24	24.12	24.50	4 460	1 300	480	0.375	0.525	0.675	0.825	670	212	200	3 960

2. 施工便梁的选用

根据顶进桥体的宽度、线路状况、土质条件及施工安全、便梁来源等综合因素来确定采用何种跨度型号的施工便梁；再按现场线路情况，对照便梁“现场组装设置图(或设置表)”选择便梁的布置方式。一般尽可能采用“高位架设”(即轨底至梁底高度最小)，若线间距不够，则应先拨道加宽，以满足铁路限界要求。

3. 施工便梁适用范围

D 型施工便梁适用于直线和曲线半径 $R \geqslant 400$ m 的单线或复线地段，复线地段根据便梁不同跨度和不同曲线半径，还应满足相应的线间距 S 的要求。另外，便梁的轨底至梁底的建筑高度 H 应满足桥体顶进对净空的要求，适用的钢轨类型不轻于 43 kg/m。

(1) D16 型施工便梁

直线地段：单线及双线 $S \geqslant 4.00$ m 均能使用。对单线及双线 $S \geqslant 4.40$ m 时，$H = 415$ mm(高位)；对双线 $S = 4.00 \sim 4.40$ m 时，$H = 565$ mm(低位)。

(2) D24 型施工便梁

直线地段：单线、双线 $S \geqslant 4.51$ m 均能使用。对单线及双线 $S \geqslant 4.81$ m 时，$H = 375$ mm(高位)；对双线 $S = 4.51 \sim 4.80$ m 时，$H = 825$ mm(最低位)。

曲线地段：$R \geqslant 400$ m 的单线及 $R \geqslant 400$ m 的双线且 $S \geqslant 4.51$ m(另要考虑曲线间距的加宽)均能使用。对单线 $R = 400 \sim 800$ m 及双线 $R = 400 \sim 800$ m 且相应 $S = 4.94 \sim 4.74$ m 时，$H = 825$ mm(最低位)；对单线 $R = 800 \sim 900$ m 及双线 $R = 800 \sim 900$ m 且 $S \geqslant 5.04$ m 时，$H = 675$ mm(低位)；对单线 $R \geqslant 900$ m 及双线 $R = 900$ m ~ 4 000 m，且 $S = 4.9 \sim 15.04$ m 时，$H = 375$ mm(高位)。

(三)便梁布置的计算方法

低高度施工便梁的布置架设要受铁路限界、既有线间距、曲线半径及超高等因素的影响，现介绍以曲线地段布置方式的计算方法，其计算步骤如下：

1. 纵梁顶的高度 H'

H' 与便梁的型号、纵梁布置所采用的高、低位和钢轨的类型有关，具体按下式计算：

$$H' = e - H - h' \tag{3—83}$$

式中 H'——纵梁顶到轨顶高度(mm)，如图 3—56 所示；

e——纵梁高度(mm),查表 3—12;

H——轨底至梁底的高度(mm);

h'——钢轨高度。

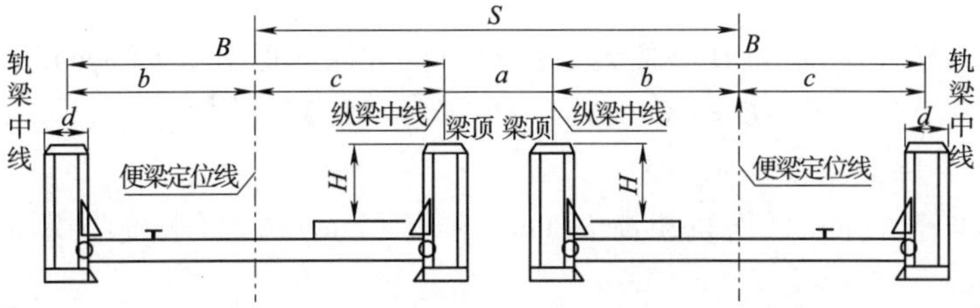

图 3—56　双曲线地段 D 型便梁横断面布置图

从 D 型施工便梁设计图上可查得纵梁顶到轨顶的高度 H'(此值系以 43 kg/m 新轨为准),其中 D12、D16 型便梁有高位和低位 2 种纵梁布置方式,即对应的 $H'_1=335$ mm 和 $H'_2=185$ mm。而 D20、D24 便梁有最高位、中位、低位和最低位 4 种布置方式,即对应的 $H'_1=785$ mm、$H'_2=635$ mm、$H'_3=485$ mm、$H'_4=335$ mm。现在既有线上的钢轨基本上是 60 kg/m(轨高 176 mm)和 50 kg/m(轨高 152 mm)。若仍采用设计图上的 H'(按 43 kg/m 钢轨,轨高 140 mm)计,虽对限界横向尺寸值的确定无影响,但对计算的曲线内侧加宽值有影响,故应将设计图上的 H'值减去相应的钢轨高差。即可与式(3—83)的计算结果相一致。

2. 横向限界值 A

根据 H'值可从(建限—1)的“直线建筑接近限界图(图 3—57)”中查得相应横向限界值 A。

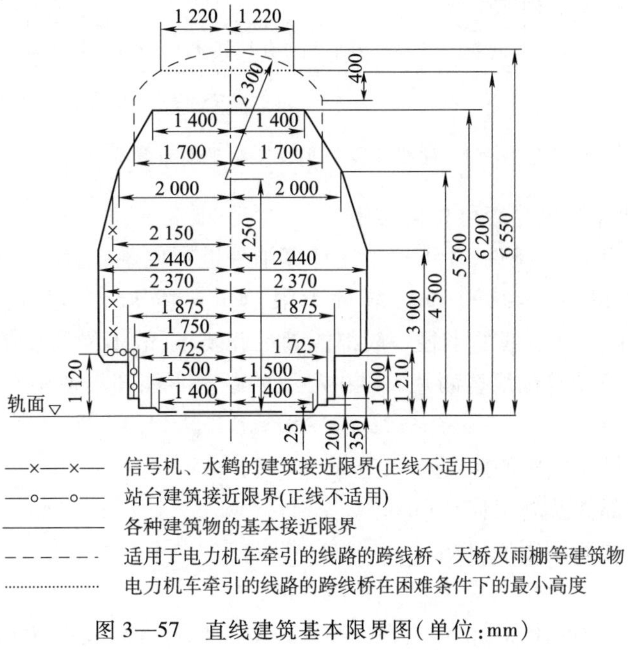

图 3—57　直线建筑基本限界图(单位:mm)

3. 外轨超高 h

根据曲线半径 R(m)、行车速度 v(km/h),求得外轨超高 h(mm):

$$h=11.8\times v^2/R \qquad (3—84)$$

D 型施工便梁的设计行车速度为 60 km/h，但实际上很难做到，特别在软土地基上，受支墩沉降、便梁钢结构本身的缺陷和施工管理素质等诸多因素的影响，根据铁路运输管理局规定限速为 45 km/h。

4. 中点 E

根据曲线半径 R(mm) 和 D 型便梁全长 L(m)，可计算得中点 E(mm)：

$$E = 1\,000R - 1\,000[R^2 - (L/2)^2]^{1/2} \tag{3—85}$$

5. 曲线内、外侧加宽 $W_{内}$、$W_{外}$

根据曲线半径 R(mm)，外轨超高 h(mm) 和 H'(mm) 值，可求得曲线内、外侧加宽 $W_{内}$(mm)、$W_{外}$(mm)。

$$W_{内} = 40\,500/R + H/1\,500 \times h$$

$$W_{外} = 44\,000/R$$

6. 便梁定位线支墩纵梁中心线的距离 b、c

由 A、E、$W_{内}$、$W_{外}$ 可得便梁定位线支墩纵梁中心线的距离 b、c 值，见图 3—58。

$$b = A + E/2 + d/2 + W_{内} \tag{3—86}$$

$$c = A + E/2 + d/2 + W_{外} \tag{3—87}$$

式中　d——D 型施工便梁的单片纵梁宽度。

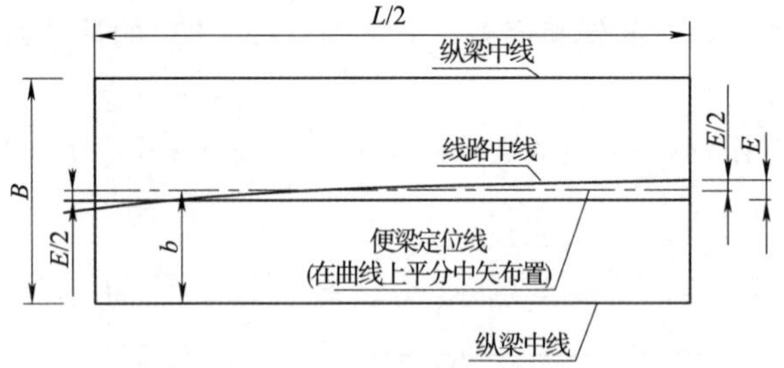

图 3—58　曲线地段 D 型便梁半平面布置示意图

7. 确定上述计算结果是否可付诸实施

应用时满足以下 3 个条件，才可按上述计算结果进行便梁布置。

(1) 曲线外轨超高 $h \leqslant 100$ mm，取行车限速 $v = 45$ km/h，由式(3—85)可得 $R \geqslant 0.8\,v^2/100 = 239$(m)，既有线的半径一般都能满足此要求，故不受其控制。

(2) 计算所得便梁定位线至两片纵梁中心线的距离不能超出便梁本身尺寸限制，即

$$b + c + 50 \leqslant B \tag{3—88}$$

式中　B——两片纵梁的中心距(mm)，查表 3—12；

50——便梁部件及施工误差(mm)。

(3) 既有双线线间距限制，即：

$$b + c + a \leqslant S \tag{3—89}$$

式中　a——两线相邻两片纵梁的中心距(mm)，$a = d + 400$(mm)，其中 100 mm 为便梁部件；

S——既有双线的线间距(mm)。

若上述后两条不能满足要求时，则可减小 H' 值或拨道加大线间距 S 值。若现场允许采用较小跨度便梁时，则重新计算布置方式。

第四章　框架桥盾构法施工的一些特殊技术

第一节　管棚支护法

框架桥盾构法施工是在土体内部进行的，由于施工技术及周围环境和土体介质的复杂性，即使采用最先进的施工设备，无论其埋深大小，施工将不可避免地扰动地下土体，使其失去原有的平衡状态，而向新的平衡状态转化。在开挖过程中由于地层物质被挖出，自洞室临空面向地层深处一定范围内地层应力将发生调整，宏观表现为地层位移与变形。对于框架桥顶部覆土很薄的情况，这一范围将波及地表，形成地表沉降槽，导致道路路面破损、地下既有管线破损，当地层移动和地表变形超过一定的限度时，就会严重影响工程的顺利进行及既有铁路或公路的正常运行，并可能会造成重大经济损失和社会影响。

根据铁路局以及公路管理部门的要求，框架桥施工期间应保证既有铁路或公路的行车安全和畅通，从而使框架桥的施工成为超浅埋及特殊地下工程。此类工程的难点是在桥体顶推施工进入路基时，要保证桥顶面覆盖土层不塌陷，有效控制其路面沉降，从而保证铁路与公路的不中断交通和行车安全。管棚支护加固路基技术对解决这一难题有很好的效果。

一、管棚施工的基本概念

管棚是框架桥顶进开挖施工中用以防止路基的坍塌，限制路基土体变形的一种预支护手段，常用于松散、软弱土体情况下开挖前对周围土体的加强与支护。基本工作原理是沿框架桥顶进开挖轮廓线外设定部分水平铺设钢管，并通过钢管向路基土体中注浆，对管棚周围的土体进行加固，构成框架桥开挖过程中的防护棚，达到安全施工的目的。框架桥施工属于超浅埋及特殊地下工程，为了有效控制其路面沉降，从而保证铁路与公路的不中断交通和行车安全，管棚支护加固技术，在框架桥盾构法施工过程中得到了很好的应用。

二、采用管棚施工的原因

框架桥开挖过程中，经常在破碎、松散带、软弱地层、涌水等不良地质条件下进行开挖，如果不进行超前预支护，很容易出现坍塌的情况，导致安全事故的发生，不仅仅给企业带来负面影响，更增大了投资，很大程度上影响了工程施工的进度和施工质量。

框架桥上方经常跨越地方道路等基本设施，如不采用超前预支护，很容易使其上方构造物沉降，带来各种安全隐患。

随着施工技术的不断改进，管棚的施工方法得到了普遍的应用。特别是新施工工艺的引入，使得管棚施工的精度、长度、下沉变形控制及其有效长度得到了长远的发展。

管棚的施工方法是采用钻机将钢管沿开挖轮廓线外侧根据所需支护长度分段打入到达

预定位置,然后再进行注浆,通过浆液在土体中的扩散,形成一个类似钢筋混凝土的拱形结构,从而达到支护开挖线外侧围岩的作用。

三、管棚施工的作用

管棚施工在施工开挖前的预支护中主要有以下两个方面的作用:

1. 提高土体强度,提高开挖线拱部土体承载力,加固周围土体,确保施工的安全。在框架桥穿越破碎带、松散带、软弱地层、涌水等不良地质段时,效果极其明显。

2. 控制地表沉降,框架桥上方跨越地方道路等基本设施,管棚施工就要控制地表沉降,保证已有设施的安全,也要保证开挖的顺利进行。在这种情况下,可以加大管棚的管径,效果更为明显。

四、管棚施工的工作原理

管棚工作的原理由钢管和浆液两个方面构成:

1. 管棚自身可以算做悬臂梁或者简支梁结构,当洞口施工有防护拱结构时为简支梁,无防护拱结构时为悬臂梁。管棚的直径、刚度很大,同时布设紧密,开挖后引起的变形值会很小,梁结构的特点就可以阻隔施工开挖时应力释放对周围土体的作用。

2. 管棚注入的浆液一方面增加管棚自身的刚度,另一方面浆液渗透路基土体,与周围构成一个类似混凝土的结构,从而起到加固路基的效果,还可以对含水量较小的地层起到止水的效果。

五、管棚的设计参数

1. 管棚尺寸参数

管棚尺寸参数包括管棚的长度、钢管直径、钢管壁厚等。

(1)管棚的长度一般为 20 ~ 40 m,特殊情况下长度可达 100 m 以上,甚至 300 m。

(2)常用的钢管直径一般在 80 ~ 130 mm。

(3)钢管壁厚一般为 6 mm,特殊情况下壁厚可达 10 ~ 12 mm,连接采用车丝扣的方式进行。

2. 管棚位置参数

(1)实际施工后的管棚位置,一般距离开挖轮廓线 20 ~ 30 cm,定位偏差在 ±2 cm 之间。

(2)管棚施工倾角根据地质情况而定,一般为 2° ~ 4°。

(3)外插角一般为 0° ~ 1°。

(4)环向间距根据现场地质情况、管径决定,一般为 25 ~ 40 cm。

3. 注浆参数

管棚注浆压力一般为 0.8 ~ 1.2 MPa,浆液配合比按 0.8:1 或者 1:1 配制,注浆量根据管棚管径和管棚的长度以及围岩裂隙的发育程度确定。

4. 施工精度

(1)打设的倾角偏差根据管棚长度一般都能控制在 ±0.5°以内,外插角控制在 3‰。

(2)长度可控制在 ±30 cm 以内。

(3)如管棚施工迅速,注浆能及时跟上时,地表下沉几近于零。

第二节　地基加固处理技术

软土主要是由天然含水量大、压缩性高、承载能力低的淤泥沉积物及少量腐殖物质所组成的土。

一、软土的类型、成因及分布特征

软土是在静水或缓慢水流环境下，经生物化学作用形成的以细粒土为主的近代沉积物。

软土广泛地分布在我国东海、黄海、渤海等沿海地区。如滨海相沉积的天津塘沽，浙江、温州、宁波等地；弱谷相沉积的闽江口平原；河滩相沉积的长江中下游、珠江下游、淮河平原、松辽平原等地区。在内陆平原及山区，软土则分布较为零散，主要的分布有湖相沉积的洞庭湖、洪泽湖、太湖、鄱阳湖周围和古云梦地区边缘地带，以及昆明的滇池地区、贵州六盘水地区的洪积扇和煤系地层分布区的山间洼地等。

二、软土的工程性质

1. 天然含水量大

软土的天然含水量一般大于液限，呈软塑或半流塑状态。液限一般在40%～60%，天然含水量大于35%，饱和度大于95%。

软土的天然含水量虽大于液限，但只要不被破坏扰动，仍可处于软塑状态。但一经扰动，土的结构受破坏，将立即变成流塑状态。

2. 孔隙比大

软土的孔隙比大于1.0，一般介于1～2之间，最大的可超过2。

3. 透水性能低

软土的透水性能很低，渗透系数一般为$10^{-6}\sim10^{-8}$ cm/s，这对地基排水固结不利，常使建筑物沉降延续时间加长。同时加载初期，地基土中常出现较高的孔隙水压力，影响地基承载力。

4. 压缩性高

软土属于高压流性土，压缩系数$\alpha_{0.1\sim0.2}$一般大于0.5 MPa^{-1}，且其压缩变形大部分发生在竖向压应力0.1 MPa左右时。对工程的直接影响是建筑地基沉降量大。

5. 具有流变性

软土在持续荷载作用下，压缩变形有随时间延长而增长的特性，这叫流变性。一般流变速度很小，每年仅几厘米，但持续时间很长，有的持续达数十年。在剪切力作用下，土体长期出现缓慢的剪切变形，这对建筑物地基的沉降有较大的影响，对建筑物的稳定性不利。

6. 抗剪强度低

软土的抗剪强度很低。不排水剪切时，$\varphi=0°$，c一般小于20 kPa，排水固结条件下$\varphi=10°\sim15°$，$c=20$ kPa左右。当然，抗剪强度的大小与施工加荷载的速度和排水固结条件有关。

三、软土地基顶进施工特点

围绕确保既有线行车安全和桥身顶进质量达标两大关键，软土地基框架桥顶进施工有以下特点：

1. 工作坑围护结构要更牢固，靠线路侧工作坑放坡应平缓，必要时进行加固；

2. 要验算后背能承受最大顶力，不够时进行加固或采取减少启动顶力的相应措施；

3. 对预制桥身的地基承载力进行核算，不能满足时应进行基底加固；

4. 软土地基应采用便梁进行线路加固，便梁应根据地基承载应力大小采取不同形式的支墩；

5. 线路下原有软土地基应进行适当的加固处理；

6. 为防止顶进"扎头"，应设置门槛并接长滑板；

7. 应适当增加桥身长度，或桥身和第一段U形槽同步顶进，避免开挖翼墙基础对线路边坡造成坍塌危险。

四、软土地基顶进施工作业步骤

承建框架桥工程后，应熟读设计文件，到现场详细调查核对；进行设计交底，领会设计意图；确定施工方案，编制施工组织设计，并与铁路设备管理单位和运输部门签订施工配合协议，然后才能动土开工。

五、软土地基加固

软土地基桥身基底土质持力层达到70 kN/m^2 及以上的老路基多年跑车已稳固无下沉，顶进的是单体桥身，重量远比挖出土体的重量轻，这种情况可不进行地基加固。

假若地下水位比较高，为防止基底含水量大，受力振动外挤，可在桥体两端设封头桩墙，以确保桥体稳定。

（一）软土地基加固处理方式的选择

随着地基加固技术的不断发展，一些新技术已广泛应用到软土地基顶进施工的各个方面。目前软土地基加固的主要方法有：压预制桩、水泥搅拌桩和高压旋喷桩等。由于地质条件、既有线路状况不尽一致，应因地制宜，区别对待。

（二）静压力桩地基加固法

在软弱地基条件下，为了保证框架桥基底承载力要求，可以在桥基底设置钢筋混凝土预制桩，以提高地基承载力，防止因地基发生不均匀沉降造成框架桥破坏。

在框架桥内进行压桩，由于施工空间的限制，大型的静压力桩机不能使用，压桩设备需满足以下三个要求：①满足压桩阻力的要求；②不影响顶进开挖作业；③便于操作，有压力量测装置。

1. 压桩设备的工作原理

静力压桩架在压桩孔对位、固定，安装好预制桩、千斤顶和反力梁，接通高压油泵的管路。开启高压油泵，千斤顶出镐，对预制桩施加向下的静压力，使桩体下移。压桩的反力由反力梁承受，并通过压桩架将反力传递给框架底板。桩体下移、千斤顶出镐到满镐后，关闭高压油泵进油阀,开启回油阀,液压千斤顶回油收镐,千斤顶靠自重下移,重新安装反力梁,继续压桩。

2. 压桩架设计

压桩架为压桩的反力装置,其各部结构首先要满足压桩反力的要求。根据《建筑地基处理技术规范》要求,取压桩阻力 $P=1.5R$。因设计单桩承载力 R 为 100 kN,压桩阻力应为 150 kN。现场制作时,考虑到地质的复杂性,压桩架应具有一定的安全系数,按照 300 kN 的压桩阻力进行压桩架设计。压桩架要操作简单,移动方便,为保证框架内挖、装土的工作面,压桩架尺寸不宜过大。

现场制作的压桩架为单桩压桩架,采用钢轨焊接而成,外轮廓宽 100 cm,长 120 cm,高 432.4 cm,由承力系统、提升系统和走行系统三个部分组成。

其承力系统包括主体框架、反力梁和与框架底板锚栓联结的销钉等。

压桩架的提升系统包括电动葫芦、滑轮和滑道。可上下移动千斤顶,保证千斤顶的稳固和移动方便。安装在压桩架上的滑轮用于提升预制桩,便于预制桩安装就位。

压桩架的走行系统包括压桩架底板滚轴和倒链,将倒链安装在底板预埋锚栓和压桩架之间,人工拖动压桩架平移。

3. 静力压桩施工工艺及步骤

(1)单桩施工工艺

压桩架对位、固定→下节预制桩就位→落千斤顶→安装反力梁→开启油泵、压桩→将下节桩压至框架底板以上 0.3 m 位置→提升千斤顶→中节桩就位→接桩→将中节桩压至框架底板以上 0.3 m 位置→提升千斤顶→上节桩就位→接桩→将上节桩压至框架底板水平位置→安装传力柱→继续压桩至框架底板以下 0.5 m 位置→填砂→压砂→压桩架移位。

(2)施工步骤

①用全站仪测量顶进距离及框架位置,当压桩孔到达设计桩位后,停止顶进,进行压桩施工。

②压桩架对位,在其底脚钢轨与框架底板预埋锚栓间穿入销钉,使压桩架与框架底板固结,防止移动。

③将预制桩运至压桩架下,用滑轮起吊就位,保持桩身垂直。将千斤顶下落到桩顶,在千斤顶和压桩架横撑间安装反力梁。

④开启高压油泵,千斤顶出镐,在静力作用下使桩位下移。千斤顶满镐后,关闭油泵,千斤顶回油、收镐,调整千斤顶和反力梁的位置,继续压桩。每节桩分 3～4 镐压到底板以上 0.3 m 位置,进行接桩。

⑤压桩时,技术人员应观测千斤顶压力、每镐的下压深度和时间,并认真做好记录。

⑥接桩采用焊接方式,用角钢将桩间预埋钢板焊接,连接成整体。

⑦上节桩压至底板位置时,安装传力柱送桩,将预制桩压至底板以下 0.5 m,拆除传力柱,然后在桩顶与框架底板之间填砂压实。

⑧压完一排后,将压桩孔用枕木封盖,防止压桩孔被土填实。

⑨开挖土方,继续顶进至下一排桩位置,复核桩孔位置符合设计后进行压桩。

⑩最后一排桩压桩完成后,将底板压桩孔周围凿毛,用同标号混凝土进行封孔。

4. 质量控制措施

(1)施工过程中严格控制压桩位置,随时观测压力表读数及压桩架各部位受力情况,防止意外发生。

(2)施工中按照要求抽取部分桩基进行承载力检测,确保压桩质量。

(三)高压旋喷桩地基加固法

20 世纪以来,随着高压旋喷桩加固地基工艺的不断完善,经改进的矮型高压旋喷桩被引用到既有线施工便梁下进行地基加固施工。利用高压旋喷桩加固既有铁路线下框架桥桥身地基基础,发挥了旋喷钻机机械小巧、桩体强度高、对既有线路影响小的优点,有效地解决了框架桥在顶进过程中的"扎头"和工后变形、沉降现象,取得了较好的效果,已被广泛推广采用。

1. 高压旋喷桩加固形式

(1)顶进前先两侧加固,顶进到位后补桩

在进行便梁支墩基础高压旋喷桩加固的同时,对桥身两侧的地基进行加固,并适当加密,形成 1 ~ 2 m 宽的条状加固带,待支墩强度达到要求、便梁架设后可立即进行桥体顶进。顶进到位后再利用桥底预留的水垫预留孔进行高压旋喷桩补强。

在运输紧张、慢行时间受控制时,这种方法可较大地缩短工期。

(2)顶进前先进行桥底地基加固

加固的高压旋喷桩,纵向应与顶进方向一致,横排应与纵排垂直,桩间互相紧靠形成网状框架形结构,受力分布也比较均匀,有利于提高基底承压能力。

旋喷桩施工和凝固周期较长,对既有线运输干扰大。

2. 高压旋喷桩施工作业

(1)旋喷桩施工的材料、机具及作业条件

①浆液材料及配方

浆液材料以水泥为主要材料,加入不同外加剂后,可具有速凝、早强、抗冻等性能。采用新鲜无结块的 42.5 级普通硅酸盐水泥,一般泥浆水灰比为 1:1 ~ 1.2:1 之间。稠度过大流动缓慢易堵嘴,稠度过小则影响强度。为消除离析,可加入水泥用量 3 倍的陶土、0.9% 的碱。浆液宜在旋喷前 1 h 配制,使用前滤去硬块、砂粒等,以免堵嘴。

②喷浆量的计算

以单位时间喷射的浆量及喷射持续时间计算出浆量:

$$Q = \frac{H}{v}q(1+\beta) \tag{4—1}$$

式中 Q——1 根桩灌注浆液量(m^3);

H——旋喷长度(m);

v——旋喷提升速度(m/min);

q——泵的排浆量(m^3/min);

β——浆液损失系数,通常为 0.1 ~ 0.2。

一般线下高压旋喷桩水泥注入量为土体的 15% ~ 35% 。

③机具

高压旋喷注浆法主要机具设备为高压泵、钻机、浆液搅拌器等;辅助设备包括操纵控制系统、高压管路、材料储筒及各种阀门接头安全设施等。框架桥顶进地基高压旋喷钻机经过改造，其高度不超过 2.5 m。旋喷施工常用主要机具、设备，如表 4—1 所示。

表 4—1　旋喷施工常用主要机具、设备参考表

设备名称		规格性能	用　途
单管法	高压泥浆泵	1. SNC-H300 型黄河牌压浆车 2. ACF-700 型压浆车，柱塞式、带压力流量仪表	旋喷注浆
	钻机	1. 无锡 30 型钻机 2. XJ100 型振动钻机	旋喷用
	旋喷管	单管、42 mm 地质钻杆旋喷直径 3.2 ~ 4.0 mm	注浆成柱
	高压胶管	工作压力 31 MPa，9 MPa，内径 19 mm	高压水泥浆用
三重管法	高压泵	1. 3W-TB_4 高压柱塞泵，带压力流量仪表 2. SNC-H300 黄河牌压浆车 3. ACF-700 型压浆车	高压水助喷
	泥浆泵	1. BW250/50 型、压力 3 ~ 5 MPa，排量 150 ~ 250 L/min 2. 200/40 型、压力 4 MPa，排量 120 ~ 200 L/min 3. ACF-700 型压浆车	旋喷注浆
	空压机	压力 0.55 ~ 0.7 MPa，排量 69 m^3/min	旋喷用气
	钻机	1. 无锡 30 型钻机 2. XJ100 型振动钻机	旋喷、成孔用
	旋喷管	三重管，泥浆压力 2 MPa，水压力 20 MPa，气压 0.5 MPa	水、气、浆成桩
	高压胶管	工作压力 31 MPa，9 MPa，内径 19 mm	高压水泥浆用
	其他	搅拌管，各种压力、流量仪表等	控制压力流量用

注：1. 钻机的速度和提升速度根据需要应附设调速装置，或增设慢速卷扬机；
2. 三重管法选用高压泥浆泵、空压机和高压胶管等可参照上列规格选用；
3. 三重管法尚需配备搅拌罐（一次搅拌量 3.5 m^3）、旋转及提升装置、吊车、集泥箱、指挥信号装置等；
4. 其他尚需配备各种压力、流量仪表等。

④作业条件

a. 工程地质资料、钻孔柱状图及地质剖面图等各种参数齐全；

b. 经现场调查、室内配比试验旋喷注浆加固方案已拟定；

c. 根据估计喷射直径来选用喷射直径的 2 ~ 3 倍为宜；

d. 施工便梁下路基拉槽开挖深度为 3 m 左右，宽度按照设计要求及便梁允许开挖的条件来确定。

(2)施工准备

①高压旋喷桩试桩并选取施工技术参数。

②如图 4—1 所示，在 D24 施工便梁下面拉槽开挖土方，开挖深度为 3 m，宽度与框架桥身横截面尺寸相当，并按 1∶1 放坡。

③高压旋喷桩钻机选用，其高度不超过 2.5 m，能适应在线路便梁底下进行旋喷施工作业。

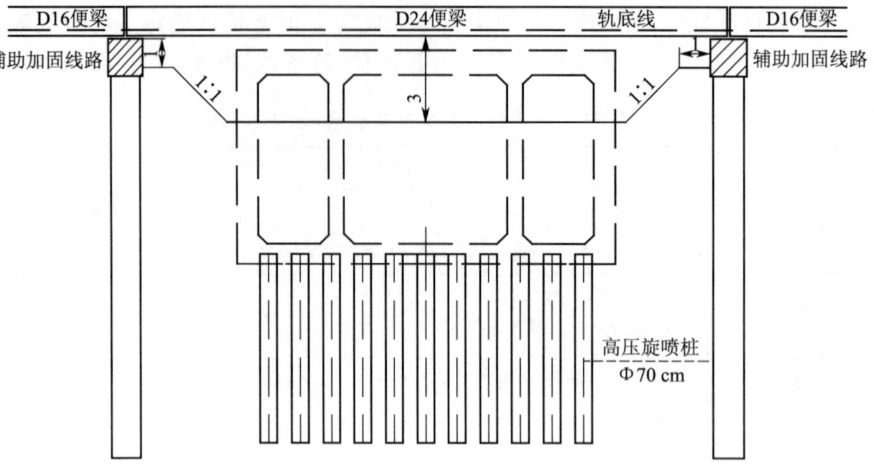

图 4—1　便梁下人工拉槽开挖土方断面图(单位:m)

(3)施工作业

高压旋喷桩施工工艺如下:

场地平整→测量定位→机具就位→钻孔至设计高程→旋喷开始→提升旋喷注浆、喷气桩头复喷→旋喷结束成桩。

①场地平整

在施工便梁下拉槽开挖后进行场地整平,清除桩位处周围的一切障碍物,并做好排浆沟。

②测量定位

使用钢卷尺和麻线根据桩距传递放出旋喷桩的桩位,用小竹签做好标记,并撒白灰标识,确保桩机准确就位。

③桩机就位

将钻机安置在设计孔位上,使钻杆头对准孔位中心,用水平尺和定位测锤校准桩机,使桩机水平、导向架和钻杆与地面垂直,倾斜度一般不得大于 1.5% 。为了保证桩位准确,必须使用定位卡,桩位对中误差不大于 5 cm。

④贯入注浆管

施工时,插管与钻孔两道工序合二为一,即钻孔完成时插管作业同时完成。在插管过程中,为防止泥砂堵塞喷嘴,高压水喷嘴边射水边插管,水压力为 0.5 ~ 1.0 MPa,每钻 2 m 接长一次钻杆,直至达到设计高程后停止钻进。

⑤浆液配置

高压旋喷桩的浆液,采用 P. O. 42. 5 普通硅酸盐水泥配制,水泥浆液水灰比为 1∶1,比重为 1. 48。搅拌灰浆时,先加水,然后加水泥,每次灰浆搅拌时间不得少于 2 min,水泥浆应在使用前 1 h 制备,浆液在灰浆拌和机中要不断搅拌,直到喷浆前。喷浆时,水泥浆从灰浆拌和机倒入集料斗时,过滤筛,把水泥硬块剔出。水泥浆通过胶管送到旋转振动钻机的喷管内,最后射出。

⑥喷射注浆

在插入旋喷管前先检查高压设备和管路系统,设备的压力和排量必须满足设计要求。

各部位密封圈必须良好，各通道和喷嘴内不得有杂物，并做高压水射水试验，合格后方可喷射浆液。

旋喷作业系统的各项工艺参数都必须按照预先设定的要求加以控制，并随时做好旋喷时间、喷浆量、冒浆情况、压力变化等的记录。

喷射时，先达到预定的喷射压力，原位旋转喷浆 60 s，待水泥浆与桩端土充分搅拌后，再边喷浆边反向匀速旋转提升注浆管，提升速度为 15 ~20 cm/min，直至距桩顶 1 m 时，放慢搅拌速度和提升速度，保证桩顶密实均匀。中间发生故障时，应停止提升和旋喷，以防桩体中断，同时立即检查排除故障，重新开始喷射注浆的孔段与前段搭接不小于 1 m，防止固结体脱节。为防止浆管扭断，钻杆的旋转和提升必须连续不断；当注浆管不能一次提升完成而需分次拆卸时，拆卸动作要快，卸管后继续喷射的搭接长度不得小于 10 cm，并且搅拌时间超过 2 h 的水泥浆液不得使用。

施工过程中控制冒浆量小于注浆量的 20%，超过 20% 或完全不冒浆时，要查明原因，及时采取相应的措施补救。

为保证桩头质量，旋喷时，实际停浆面按高于设计桩顶高程 0.5 ~1 m 控制。

⑦冲洗

当喷射提升到设计高程后，旋喷结束。旋喷施工完毕后，用清水把注浆管等机具设备冲洗干净，管内不得残存水泥浆。通常把浆液换成水，在地面上喷射，以便把注浆泵、注浆管和软管内的浆液全部排出。

⑧桩机移位

待旋喷桩机注浆管全部拔出地面后，先关闭电机，然后将桩机移至新的桩位。重复以上操作，进行下一根桩的施工。

⑨为了防止孔间串浆，高压旋喷桩施工时采用跳跃法，隔两根桩打一根桩。

（四）混凝土挤密桩地基加固法

1. 混凝土挤密桩地基桩间土承载力计算

对于一般土来说，挤密桩入土后土体积被压缩，土壤孔隙比变小，密度增大，土壤承载力得以提高。经地基处理后的承载力应通过试验确定。

2. 混凝土挤密桩地基加固计算

(1)受力原理

混凝土挤密桩和桩间土形成一个复合地基，在基底应力作用下，混凝土挤密桩和桩间土体共同受力，而且桩的下沉量与其周围土体沉降变形量相同，基底与桩顶、桩周土始终密贴接触。试验表明，当桩和桩间土同时受到上部荷载作用时（如做单桩和群桩复合地基载荷试验），若起始高程一致，则下沉量相同。

但由于桩的刚度大，在受力过程中产生应力集中现象，明显表现出桩顶上的受力比桩间土大，而且这种应力分摊比例随着上部荷载的不同而变化，并不是一个常数。当地基破坏时，表现出来的现象是桩先破坏，然后整个地基破坏。由于混凝土挤密桩的刚度较桩周土体的刚度大，故在基底应力作用下，混凝土挤密桩瞬间率先受力，但由于挤密桩不是桩基，不能起桩基那样的摩擦桩、端承桩作用（尽管混凝土桩周摩擦力及桩底端承力是存在的），故在混凝土挤密桩瞬间率先受力下沉的同时，桩周土体立即开始承受基底其余部分应力并压缩下沉。桩间土受力压缩下沉后，桩重新受力下沉，又造成桩间土受力压缩下沉。这样，桩和桩间土反复交替受力下沉,直到下沉基本稳定。

桩的下沉量和桩间土压缩下沉量始终是相同的,混凝土挤密桩的下沉量不取决于桩周摩阻力和桩底端承力,而是取决于桩周土体的下沉量,即桩周土体下沉多少,挤密桩也随之下沉多少。混凝土挤密桩所承受的部分基底力即是每个桩周土极限摩阻力、桩底土极限承载力的总和。而桩基础中桩承受的基底力是每个桩周土允许摩阻力、桩底土允许承载力的总和。这是混凝土挤密桩加固地基与桩基础的根本区别。

根据温克尔假定:地基每单位面积上所受的压力与相应的地基沉降量成正比,其关系式为

$$P(x)=Kb_0y_x$$

式中 K——基床系数,又称弹性抗力系数;

y_x——地基的沉降量;

b_0——地基梁底宽度。

(2)基础为刚性梁时的地基基础计算

①地基承载力验算

每根混凝土挤密桩所承担的基底力为

$$P_{桩}=RF+U\sum f_il_i \tag{4—2}$$

式中 R——桩底处土壤极限承载力;

F——桩底支承面积;

U——桩身截面周长;

f_i——桩周第 i 层土极限摩阻力;

l_i——按土层分段桩长度。

当桩数为 n 时,全部混凝土挤密桩承受的基底应力为 $nP_{桩}$。

轴心荷载作用时桩周土所承受的基底应力为

$$P_{土}=\frac{N+G-nP_{桩}}{A} \tag{4—3}$$

式中 N——上部结构传至基础顶面的竖向荷载;

G——基础自重和基础上的土重;

A——基础底面积。

偏心荷载作用时桩周土承受的基底应力为

$$P_{土\max}=\frac{N+G-nP_{桩}}{A}+\frac{M}{W} \tag{4—4}$$

$$P_{土\min}=\frac{N+G-nP_{桩}}{A}-\frac{M}{W} \tag{4—5}$$

式中 M——作用于基础底面的力矩(此处假设基础下挤密桩为对称分布,桩不对基础产生力矩);

W——基础底的抵抗矩,亦称截面模量。

$P_{土\max}$、$P_{土\min}$分别为基础底面边缘的最大、最小压力。当 $P_{土\min}$为负值时,即偏心距 $e>B/6$(B 为基础底面横向宽度),有

$$P_{\pm\max}=\frac{2(N+G-nP_{桩})}{3LD} \tag{4—6}$$

式中　L——垂直于弯矩作用方向的基础底面边长；

D——合力作用点至基础底面最大压力边缘的距离。

当 $P_{\pm}\leqslant[R]$ 或 $P_{\pm\max}\leqslant 1.2[R]$ 时，基底承载力满足要求。式中 $[R]$ 为混凝土挤密桩地基加固后的土壤允许承载力。

②基础计算

矩形基础、条形基础计算均与一般计算相同。唯在计算中需在基底混凝土挤密桩处作用竖直向上的集中力。该集中力的值为每个混凝土挤密桩所承受的基底力。其值见式 4—2。

(3)基础为弹性梁时的地基基础计算

基础可视为在外力 p、q 和混凝土挤密桩承受力 $P_{桩}$ 作用下的弹性地基梁。

弹性地基梁计算有专门著作可参阅，此处不再赘述。计算时应注意弹性地基梁两端的约束条件。

计算时可同时求得地基梁的内力力矩、剪力和梁的变形竖向线变位、转角等。

据温克尔假定，可求得基底应力：

$$P(x)=Kb_0y_x$$

当 $P(x)\leqslant[R]$ 时，基底承载力满足要求。

求得弹性地基梁内力后，可根据常规进行结构检算。

混凝土挤密桩加固地基的桩尖处土体承载力验算和软弱下卧层计算与一般桩基础计算相同。混凝土挤密桩加固后地基的变形计算方法同于一般基础的计算。但计算中基底应力值仅取桩周土所承受的基底应力，其压缩模量应采用混凝土挤密桩地基加固后的值而不再另行考虑挤密桩的作用。

(4)几点说明

①本计算方法仅适用于小木桩、混凝土挤密桩等对土体产生单纯挤密效应的复合地基计算。其他兼有挤密、固结等双重作用的复合地基(如灰土桩、粉喷桩、搅拌桩等)不适用。

②本文的计算方法供设计阶段使用，挤密后桩间土的承载力应通过试验确定。

③本方法不适用渗透系数大的砂类、卵石类土壤。

第三节　施工过程中的降水、排水技术

框架桥顶进施工范围内，应保持干槽施工。工作坑四周应设排水沟和集水井，坑顶周围应有防排地表水的措施。当桥涵底板处于地下水位以下时，可能造成桥涵主体结构下沉，甚至严重塌方。《桥规》规定“顶桥在施工期内应保持地下水位在基底以下 0.5 ~ 1.0 m，顶涵地下水位也应降至涵底以下，严禁带水作业”，因此当顶进桥涵的底板处于地下水位以下时，必须采取降低地下水位的措施。

根据水文地质情况，进行降水设计，通常可采用排水沟、集水井或井点降水等。降水除满足顶进施工要求外，对降水后出现路基和建筑物下沉，应有预防措施。在降排水施工中，应根据具体情况选用相应的降排水方法。各类井点降水的适用范围应符合表 4—2，同时进

行基坑渗水量计算。

表 4—2　各种井点系统的适用范围

井点类型	土层渗透系数（m/d）	降低水位深度（m）	井点类型	土层渗透系数（m/d）	降低水位深度（m）
一级轻型井点	0.1～80	3～6	电渗井点	<0.1	5～6
多级轻型井点	0.1～80	3～3n	喷射井点	0.1～50	8～20
管井井点	20～200	3～5	深井井点	10～80	>15

注：n 为多级数。

一、工作坑的降排水

（一）自流排水

施工降排水工作应在工作坑开挖前进行。工作坑表层土质为黏性土，四周渗水量小且具备自流排水条件时，可挖排水沟，以自流方式排除地表水和雨水。若利用排水沟排除地下水，在土质较差时，沟槽应进行加固。

（二）排水沟与集水井排降法

当工作坑较深，自流方式有困难时，则采用排水沟与集水井相结合的方法，将地下水及坑内雨水经排水沟汇集到集水井内，用水泵抽走，集水井可用干砌砖井，或混凝土管井（无雨水时其直径 1～1.5 m，如在雨季施工时，还要考虑雨水流量，其直径应根据计算决定），以下沉法施工。

排水沟和集水井设置：

（1）坑底四周的排水沟和集水井应设在工作坑滑板以外，并选在地下水走向的上游。根据地下水量大小、基坑平面形式及水泵能力，集水坑每隔 20～40 m 设一个。

（2）排水沟深为 0.4～0.6 m，最小 0.3 m，沟底宽度不小于 0.3 m，坡度为 0.1%～0.5%，排水沟边缘离开坡脚不少于 0.3 m。

（3）集水井的直径或宽度一般为 0.6～0.8 m，要低于挖土面 0.7～1.0 m，井壁用竹笼或木板等支撑。当基坑挖到设计高程后，集水井可采用钢筋混凝土管，井底应低于坑底 1～2 m，并铺设碎石滤水层，以免在抽水时将泥砂抽出，并防止坑底的土被搅动。

（三）井点降水法

当含水层为粗砂、砾石、卵石层，涌水量较大，或槽底为粉砂、黏砂土、细砂等，持力层有被扰动的可能时，则采用井点系统降水法，该法将在后面介绍。

二、路基内的降水——井点系统法

当地下水位高，路基内含饱和水时，疏干和降低路基内的地下水位，是保证桥梁顶进施工的一项重要措施。目前广泛采用井点系统降水法，这些方法一般是在基坑一侧或两侧或四周埋设金属管构成井点系统（如顶进桥涵跨越多线时，也可在各线间加设井点），并将这些井点连接到一根横置的总管上，用抽水设备将地下水从井点内不断抽出（图 4—2），以疏干和降低路基内地下水位。各种井点系统降水方法的运用范围及降水深度如表 4—2 所示。

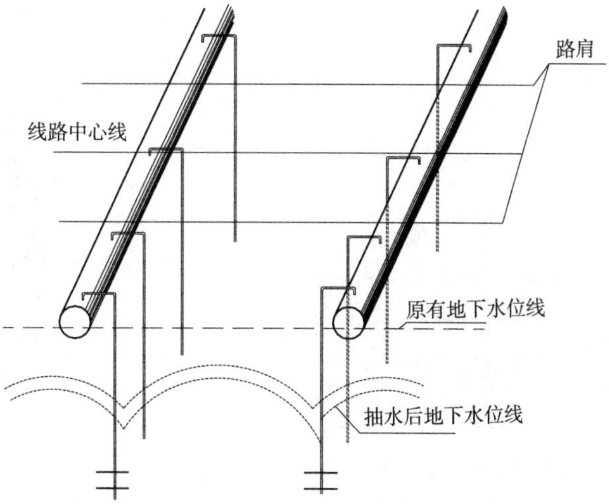

图 4—2　井点系统示意图

（一）轻型井点法

轻型井点系统由滤管、井点、连接管及真空泵组成，其降水效果取决于滤管的透水性及井点系统的真空度。井点布置在铁路两侧，井点的心脏是泵组，常用的泵为水环式真空泵及射流泵，其中水环式真空泵费用较高。在地下水位以下较深的工作坑，由于地下水渗入基坑边坡，造成施工困难，可采用井点降水，并在工作坑中线位置设观测井。

各类井点技术要求应当执行现行国家标准《建筑地基基础工程施工质量验收规范》（GB 50202—2002）的有关规定。

轻型井点施工大致分为准备工作、井点埋设、运转使用及拆除等步骤。轻型井点降低地下水位全貌，如图 4—3 所示。

1. 准备工作

（1）井点设备

①井点管。采用直径 38 ~ 55 mm 的钢管，长度为 5 ~ 7 m。下端装有滤管，滤管直径经常与井管直径相同，长度为 1.0 ~ 1.7 m，管壁上钻有直径 12 ~ 18 mm 的孔，呈梅花形分布。管壁外包两层滤网，内层为细滤网，采用 8 ~ 10 目的钢丝网或尼龙布。为避免滤孔淤塞，在管下端放一锥体铸铁头。井点管的上端用弯管接头与总管相连。

②滤水管。滤水管滤网的选择对井点降水效果有直接影响。在细砂层中，如仅用滤网而不填砂，水流进入滤水管会产生很大的压力损失。填砂不好或滤网孔眼过大，抽吸地下水会带走土粒，造成构筑物地基承载力降低和滤管阻塞。滤管构造，如图 4—4 所示。

当渗透系数 $K > 10$ m/d，滤网间隙净距小于等于天然土体颗粒 5% 的直径，疏干地带含水层无隔水层时可不必填砂，否则必须进行填砂。

大颗粒砂粒填料应由适合的天然土体颗粒组成，并符合下式的关系：

$$5d_{50} \leqslant D_{50} \leqslant 10d_{50}$$

式中　D_{50}——填砂颗粒 5% 的直径。

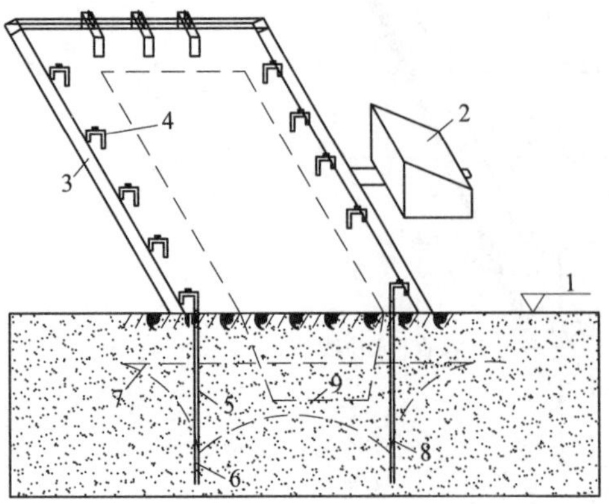

图 4—3　轻型井点降低地下水位全貌图

1—地面;2—水泵房;3—总管;4—弯联管;
5—井点管;6—滤管;7—原有地下水位线;
8—降低后地下水位线;9—基坑

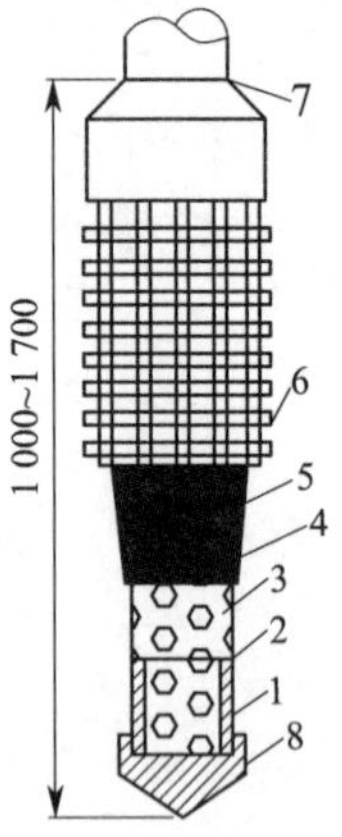

图 4—4　滤管构造(单位:mm)

1—钢管;2—管壁上的小孔;3—缠绕的塑料管;
4—细滤网;5—粗滤网;6—粗铁丝保护网;
7—井点管;8—铸铁头

井点砂粒填料尽量采用同一种类的砂粒,其不均匀系数

$$C_n=\frac{D_{60}}{D_{10}}\leqslant 5$$

式中　D_{60}——颗粒小于土体总重 60% 的直径;

D_{10}——颗粒小于土体总重 10% 的直径。

③连接管与集水总管。连接管用胶皮管、塑料透明管或钢管制成,直径为 38 ~ 55 mm。每个连接管均宜设阀门,以便检修井点。集水井总管一般用直径为 100 ~ 127 mm 的钢管分节连接,每节长 4 m,一般每隔 0.8 ~ 1.6 m 设一个连接井点管的接头。

④抽水设备。通常由一台真空泵、两台离心泵(一台备用)和一台气水分离器组成一套抽水机组。井点系统设备技术性能如表 4—3 所示。

表 4—3　井点抽水设备性能表

项目	V5 型真空泵井点	S-1 型水射泵井点
降水深度(m)	8	8
井点管:口径 × 长度(mm)	50 × 600	50 × 600
根数(根)	70	75
集水总管:口径 × 长度(mm)	125 × 100 000	100 × 100 000
集水总管上接管间距(m)	0.8	0.8
真空度	750	750
配套电机设备	B 型或 BA 型离心泵一台	3BA-9 型离心泵两台
额定功率(kW)	11.5	15
主机外形尺寸长 × 宽 × 高(mm)	2 400 × 1 400 × 2 000	2 300 × 1 000 × 1 350
重量(kg)	1 800	800

(2)施工现场准备

施工现场准备工作包括排水沟开挖、泵站设置等。

(3)设置监测标点

对在抽水影响半径范围内的建筑物及地下管线应设置监测标点,并准备好防止沉降的措施。

2. 井点埋设

埋设井管的顺序是:先排放总管,再埋设井点管,用弯联管将井点管与总管接通,然后安装抽水设备。

井点管的埋设可用钻孔法、冲击法和水冲法。一般用水冲法进行,并分冲孔与埋管填料两个过程。井点管埋设如图 4—5 所示。

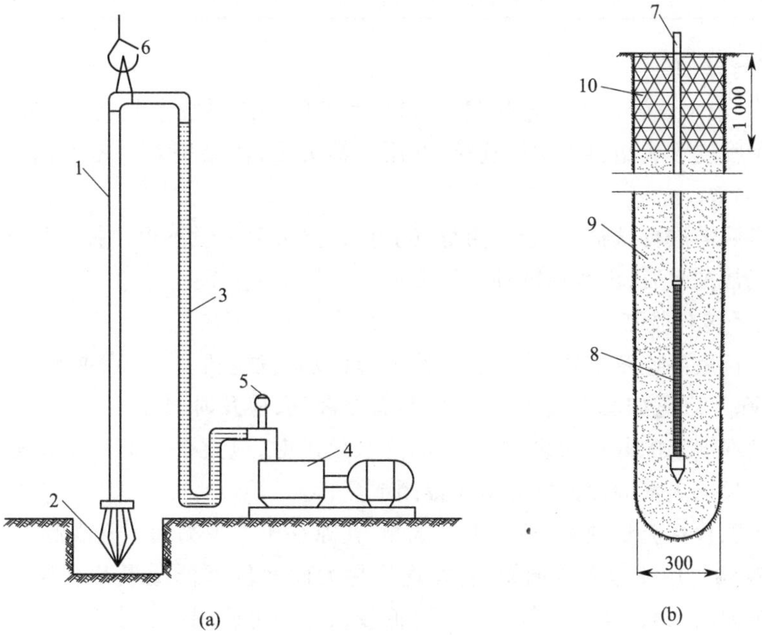

图 4—5　井点管的埋设(单位:mm)

1—冲管;2—冲嘴;3—胶皮管;4—高压水泵;5—压力表;6—起重机吊钩;

7—井点管;8—滤管;9—填砂;10—黏土封口

(1)冲孔

先用起重设备将 ϕ50 ~ 70 mm 的冲管吊起并插在井点埋设位置上,然后开动高压水泵(一般压力为 0.6 ~ 1.2 MPa)将土冲松。冲孔时冲管应垂直插入土中,并作上下左右摆动,以加快土体松动。边冲边沉,冲孔直径一般为 250 ~ 300 mm,冲孔深度应比滤管深 0.5 ~ 1.0 m为宜。各种土层冲孔所需水流压力,如表 4—4 所示。

(2)埋管

井孔冲成后,应立即拔出冲管,插入井点管,并在井点管与孔壁之间迅速填灌砂滤层。砂滤层一般选用干净粗砂,填灌均匀,并填至滤管顶上 1 ~ 5 m,以保证水流通畅。井点填好砂滤料后,须用黏土封好井点管与孔壁间上部空间,以防漏气。若遇不稳定易塌孔的土层,应先射水下沉 ϕ150 mm 的套管,然后在套管内插入井点管,边填粗砂边拔套管。

表 4—4 各种土层冲孔所需水流压力表

土壤名称	冲水压力(MPa)	土壤名称	冲水压力(MPa)
松散的细砂	0.25～0.45	可塑状态的黏土	0.60～0.75
软塑状态的黏土、粉质黏土	0.25～0.50	砾石夹黏性土	0.85～0.90
密实的腐殖土	0.5	硬塑状态的黏土、粉质黏土	0.75～1.25
密实的细砂	0.5	粗砂	0.80～1.15
松散的中砂	0.45～0.55	中等颗粒的砾石	1.00～1.25
黄土	0.60～0.65	硬黏土	1.25～1.50
密实的中砂	0.60～0.70	密实的粗砾	1.35～1.50

(3)连接与试抽

将井点管、集水总管与水泵连接起来,形成完整的井点系统。井点管上端与集水总管上的接头短管用胶皮管或塑料透明管连接,并用夹箍夹紧,使接头处严密不漏气,以确保抽水效果。

安装完毕后需进行试抽,检查是否漏气。正式抽水后一般不得停抽,时抽时停会使滤网容易堵塞。正常抽水后,出水由混浊逐渐变清。

(4)井点运转与监测

①井点运行后要连续工作,应准备两路电源(或备发电机)。井点抽水真空度一般不得低于55.3～66.7 kPa,如真空度不够,通常是管路漏气,应及时修复。

②检查发现淤塞的井点太多,严重影响降水效果时,应逐个用高压水反复冲洗,或拔出重新埋设。对长期出水混浊的井点应予停闭或更换。

③井点监测包括流量观测、地下水位观测、孔隙水压力观测和沉降观测。

a. 流量观测可用流量表或堰箱,若发现流量大而水位降低缓慢甚至降不下去时,可考虑改用流量较大的水泵;若流量较小而水降低较快时则可改用小型水泵,以免离心泵无水发热,并可节约电力。

b. 可用井点管作为地下水位观测井。开始抽水时,每隔4～8 h测一次,以观测降水效果。3 d后或降水达到预定高程前,每日观测1～2次。地下水位降到预定高程后,可数日或一周测一次,但若遇下雨时需加密观测。

c. 孔隙水压力观测是观测孔隙水压力变化,以判断边坡的稳定。孔隙水压力观测一般每天1次,在有异常情况时,如发现边坡裂缝、基坑周围发生较大沉降等需加密观测,每天不少于2次。

d. 对抽水影响范围内的建筑物和地下管线,应进行沉降观测,超过规定限值时要及时报告处理。

(5)井点拆除

①井点的拔除应在已施工部分的自重大于浮力的情况下进行,且底板混凝土须有一定的强度。

②拔出井点管可借助于倒链、起重机等,所留孔洞用砂及时填塞,对地基有防渗要求时,

地面下 2 m 可用黏土填塞夯密。

③井点管拔出后要及时冲洗整修，以备后用。

(二)管 井 法

管井法是用直径 30 cm 的铸铁管作为井管，井管中装直径 62.5 mm 的扬水管和直径 19 mm的空气管，用空气压缩机压入空气，经气水混合形成大小不等的水泡，沿扬水管上升排走。

(三)喷射井点法

喷射井点法是一种利用压力产生真空来降低地下水位的抽水方式，但不同于井点系统中的真空泵。喷射井点法的特点是使用了两根井点管，一根是送水的高压管，另一根是回水的低压管。喷射井点是将喷射器置于井点下的滤管顶上，从高压泵流出的高压循环水，流经高压水管和井点管，经喷嘴喷出而在该处造成一个真空，使四周土层中的地下水流入滤管内，地下水经回流井点管与循环压力水一起流回流水管进入集水箱。高压泵从水箱抽水，水箱的溢流量即为净抽出的地下水量。

喷射井点能将地下水降至地表下 30 m，因此，在较深的降水工作中，多采用此法。喷射井点大都用于渗透性小的粉土和黏性土壤中，因此，安装喷射井点一般需用套管，以便能在喷射井点的四周形成滤砂层。此种井点管的直径应保证井点管内外管的环形空间距离，以便高压力通过。喷射器的构造和原理如图 4—6 所示。

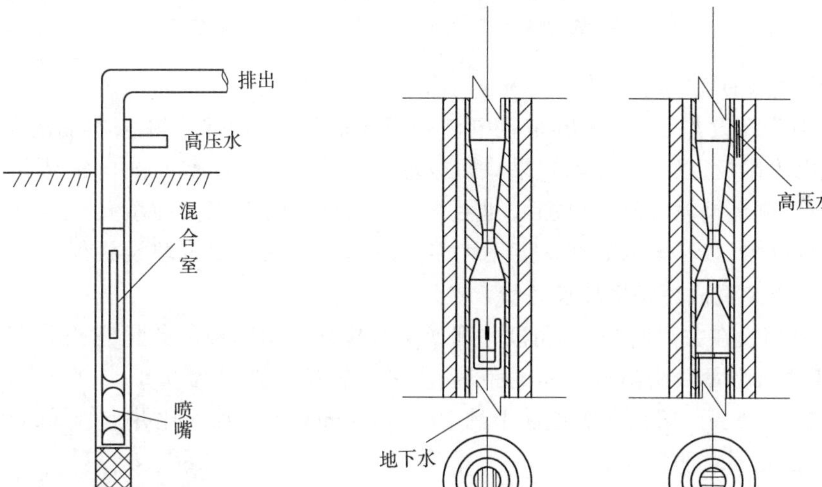

图 4—6　喷射器的构造和原理

为了提高井点的降水效果，还可以采用射流——喷射井点。其原理是喷射井点的高压水通过内外管的环形空间到达喷水嘴，在喷嘴处由于截面缩小流速增大，压力降低而造成局部真空，将地下水吸入混合室中，高压水和被吸入的地下水混合并经能量交换，以正常流速上升至一定高度，即被射流泵抽吸出地面，起到了二级接力降水的作用。

(四)电渗井点降水

当土层的渗透系数小于 0.1 m/d 时(如液塑状黏土、淤泥质土)，则上述轻型井点难以将水抽干，此时可采用电渗井点。

1. 电渗井点工作原理与适用条件

电渗井点一般与轻型井点结合使用,利用轻型或喷射井点管本身作为阴极,以金属棒如钢管(ϕ50 ~ 75 mm)或钢筋(ϕ20 ~ 25 mm)作为阳极,埋设在井点管的内侧。通入直流电(采用直流发电机或直流电焊机)后,带有负电荷的土颗粒向阳极板移动(即电泳现象),而带有正电荷的水则向阴极方向移动集中,产生电渗现象。在电渗与井点管内真空双重作用下,强制黏土中水由井点管快速排出,井点管连续抽水,从而地下水位逐渐降低,同时加速土体固结,增加土体强度。电渗井点示意,如图 4—7 所示。

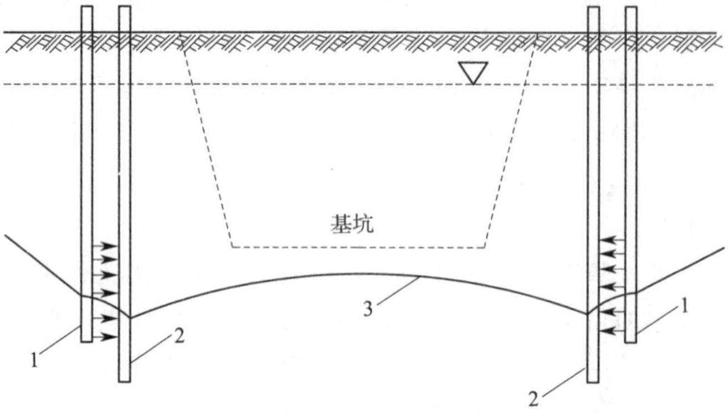

图 4—7　电渗井点示意图

1—井点管(阴极);2—金属棒(阳极);3—地下水降落线

2. 电渗井点的施工与运行

(1)一般先埋设井管,预留出布置电渗井阳极的位置,待井点降水不能满足降水要求时,再埋设电渗阳极,以改善降水效果。阳极埋设可用 ϕ75 mm 旋叶式电钻钻孔,钻进时加水和高压空气循环排泥,阳极就位后,利用下一钻孔排出的泥浆倒灌填孔,使阳极与土壤接触良好,减少电阻,以利电渗。如深度不大亦可用锤击打入。阳极埋设必须垂直,严禁与相邻阴极相碰,以免造成短路烧坏设备。

(2)阳极埋设在井点内侧,与阴极并列或交错排列。阴阳极的数量宜相等,必要时阳极数量可多于阴极数量。阴阳极之间的距离,当采用轻型井点时为 0.8 ~ 1.0 m;采用喷射井点时,为 1.2 ~ 1.5 m。阳极外露地面上约 200 ~ 400 mm,入土深度比井点管深 500 mm,以保证水位能降低到要求的深度。

(3)阴阳极分别用扁钢、ϕ10 mm 的钢筋或电线连成通路,接到直流发电机或直流电焊机相应的电极上。

(4)工作电压一般为 30 ~ 60 V,不宜大于 60 V,电压梯度可采用 50 V/m,土中通电的电流密度宜为 0.5 ~ 1.0 A/m^2。为避免大部分电流从土表层通过,影响电渗效果,通电前应清除井点管与阳极间地面上的导电物质,使地面保持干燥。若涂一层沥青,则绝缘效果更好。

(5)通电时,为消除由于电解作用产生的气体积聚于电极附近,使土体电阻增加,而增加电能消耗,宜采用间隔通电法,每通电 22 h,停电 2 h,再通电,以此类推。

(五)水平井点降水

在框架桥跨越多条铁路线,路基宽度很大,在路基两侧打井点不能达到降水要求时,一般应考虑在路基上打辅助井点,但由于铁路运输的要求,往往不允许在铁路路基上进行井点作业。这种情况下可考虑采用水平井点降水。

水平井点降水利用水平钻机将井点管敷设在框架桥设计位置的下方,其构造与普通井点基本相同,具体施工步骤如下:

1. 用水平钻机钻井点孔,钻头上设有高压水射流孔,边钻边用高压水冲孔。

2. 穿送水平井点管及灌砂导管,穿送时用导管不断射水冲孔。

3. 用射流送砂器灌砂。即用特制射流器抽吸水砂混合物,用导管将砂送入井点孔。

4. 穿入水平井点内管,安装井口压盖,使其密闭。

5. 安装真空泵或射流泵,使其与内管连接。

6. 封点抽水,封点时,用黏土层分层压实,将洞口多余滤砂清除。

(六)深井降水

深井由管井、水泵和排水管三部分组成,适用于渗透性大于1~10 m/d的砂土中。深井采用潜水泵或深井泵能放入很深的井内,井可设置在远离工作坑的地方,对工作坑施工干扰少。

三、井点布置

井点系统的布置应根据基坑平面形状与大小、土质、地下水位高低与流向、降水深度等要求而定。

(一)泵井点布置

图4—8为机械真空泵井点设备工作原理,图4—9为射流泵井点设备工作原理。

(二)井点系统平面布置

井点系统平面布置,如表4—5所示。

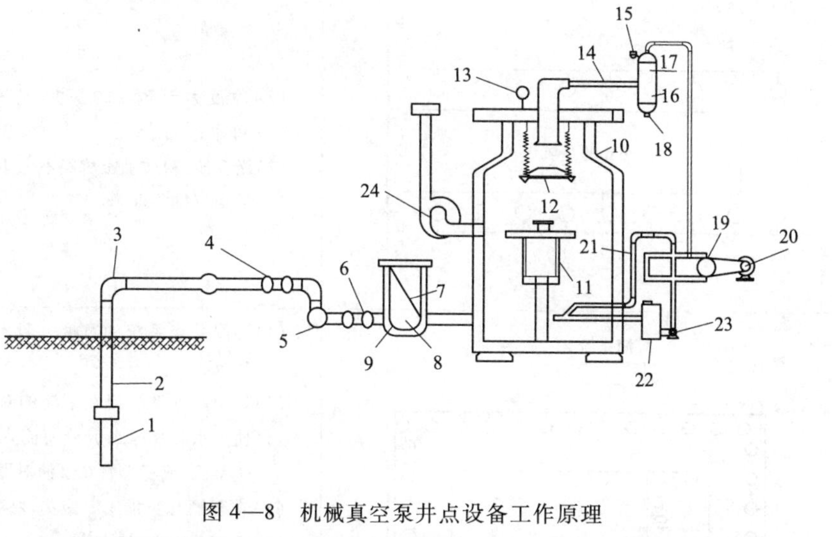

图4—8　机械真空泵井点设备工作原理

1—滤管;2—井点管;3—弯管;4—阀门;5—集水总管;6—闸门;7—滤网;8—过滤室;9—淘沙孔;10—水汽分离器;11—浮筒,12—阀门;13—真空计;14—进水管;15—真空计;16—副水汽分离器;17—挡水板;18—放水口;19—真空泵;20—电动机;21—冷却水管;22—冷却水箱;23—循环水泵;24—离心水泵

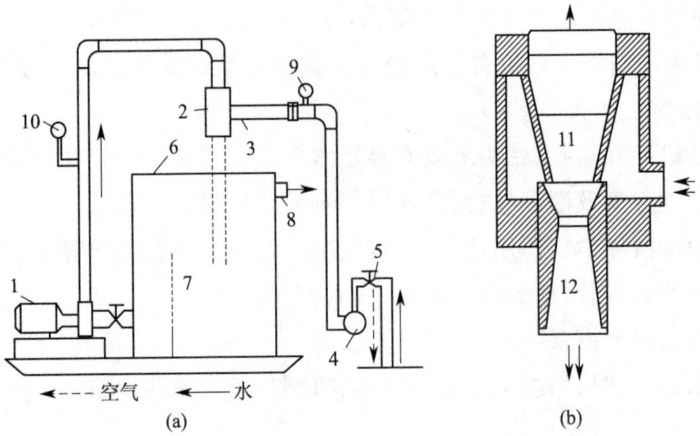

图 4—9 射流泵井点设备工作总图

1—离心水泵;2—射流器;3—进水管;4—总管;5—井点管;6—循环水管;7—隔板;8—泄水口;9—真空表;10—压力表;11—喷嘴;12—喉管

表 4—5 井点系统平面布置

类型	布置简图	说 明
单排线状延伸	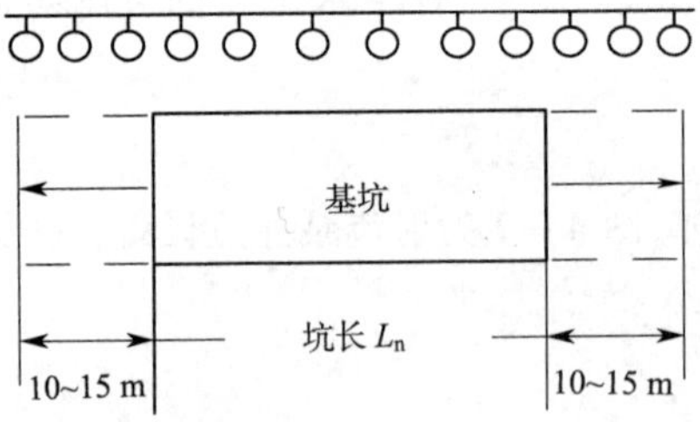	(1)基坑宽小于 6 m,降深不超过 6 m 时,一般可用单排井点; (2)基坑两端宜将井点间距加密以利降深。条件可能时亦可采用基坑端部延伸 10 ~ 15 m,而不加密井点间距; (3)单排井点亦可布置成端部转弯方向的方法,对上游来水最为有利
双排线状井点	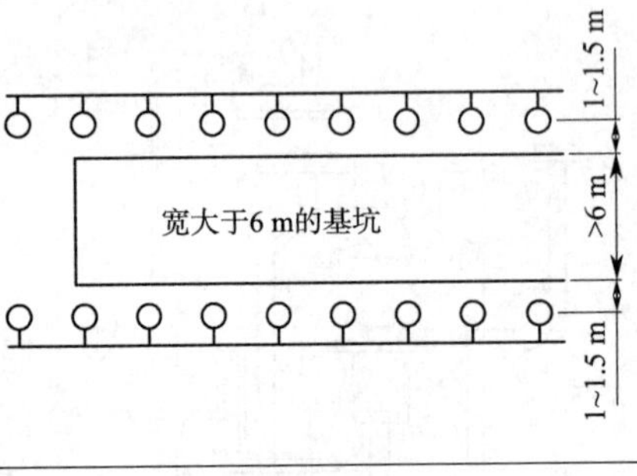	(1)宽度大于 6 m 的基坑,宜采用双排井点降水; (2)淤泥质、粉质黏土坑宽不大于 6 m 时,也宜采用双排井点
环圈井点系统	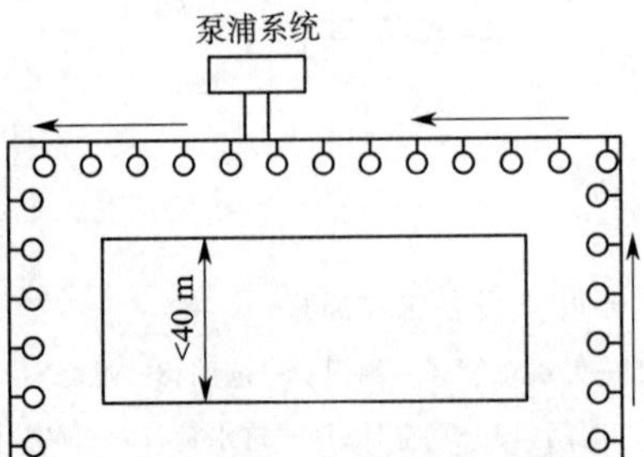	(1)环圈井点系统的宽度一般不宜超过 30 ~ 40 m; (2)环圈井点系统应在泵浦的对面安置一阀,使集水总管内水流分向流入泵浦设备,避免紊流;或将总管在泵浦对面断开; (3)在环圈总长的 1/5 距离,将井点间距加密于四角附近,加强降水; (4)在特殊情况下,只能设置半环形时,则应将两侧井点延长,其延长部分一般为基坑宽的一半

续上表

类型	布置简图	说　明
环圈井点增设中间井点	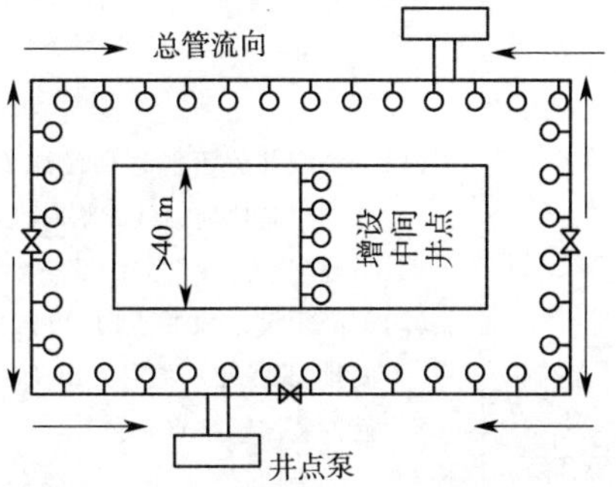	(1)环圈井点系统的宽度大于 40 m 时,应考虑地质条件,在基坑中央加设一排井点; (2)当环圈总长超过 100 ~ 120 m,须布设两套泵浦系统抽水,并使总管断开或装闸阀

(三)井点系统高程布置

井点系统高程布置,如表 4—6 所示。

井点系统高程布置时,应注意以下几点:

1. 井点系统集水总管的高程最好是布设在接近地下水位的高程,或略高于天然地下水位以上 20 cm 左右。

表 4—6　井点系统高程布置

类型	布置简图	说　明
单排线状井点高程	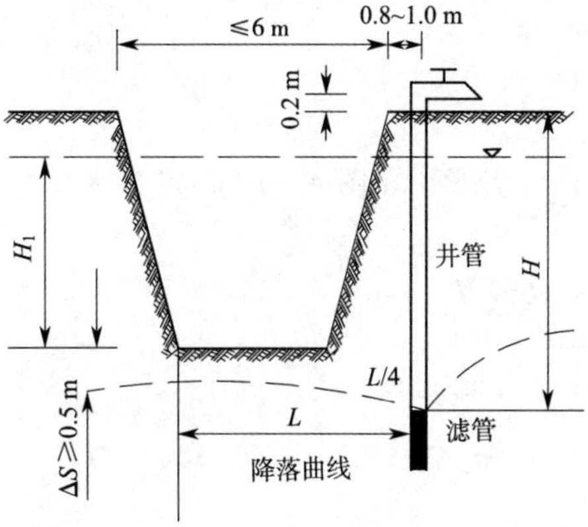	(1)根据降深要求,确定使用井管长度(一般为 6 ~ 7 m,不包括滤管); (2)单排井点降落曲线一般可按水利坡度 $I = 1/3 \sim 1/5$ 布置;I 值初期陡峻,后期平缓,最好的 $I \approx 1/10$
双排或环圈井点高程	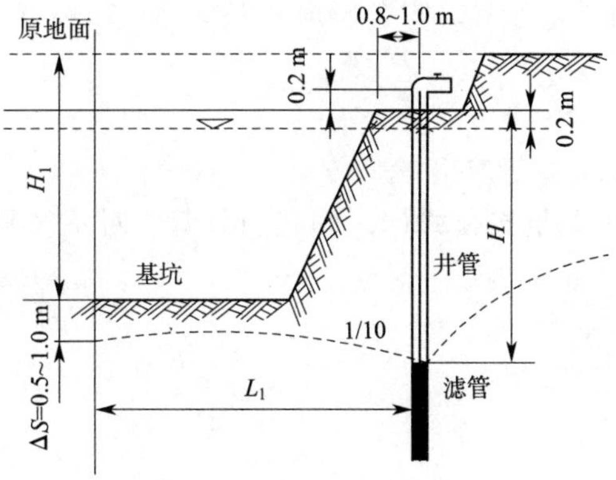	(1)双排井点或环圈井点均可按 $I = 1/10$ 的坡降考虑,对于降深的安全值 ΔS 应视工程的重要性而定,但 ΔS 一般不应少于 0.5 m,有条件的不少于 1.0 m; (2)尽可能充分发挥井点有效降深,降低总管高程

续上表

类型	布置简图	说　明
二级轻型井点高程	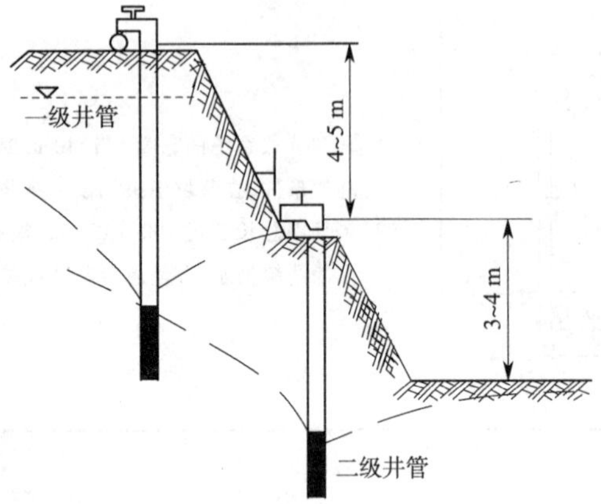	(1)当一级井深不能达到设计要求时，应尽可能利用其他辅助性或临时性特殊排水技术措施配合降深的方法设一级井点； (2)如必须设二级井点时，可按图示方法进行安排，先挖出一级井点疏干的土，然后再在底部装二级井点

2. 井点泵(离心泵)轴心高度应尽可能与集水总管在同一高程上，要防止地面雨水径流、坑四周围堰阻水。

3. 在同一井点系统中，无论为线状或环形布置中的各根井管长度须相同，使各井管的滤管顶部能在同一高程上(最大相差一般不容许大于 10 cm)，以防高差过大，影响降水效果。

4. 井点泵浦系统、集水总管都应设置在比较可靠的地点、平台上，一般井点泵装置地点要以垫木铺垫或夯实整平。

四、工作坑渗水量计算

1. 当工作基底为不透水层时，用排水沟自流降水(图 4—10)，其渗水应按以下公式计算：

$$Q=\frac{1.366KH^2}{\lg R_0-\lg r_0} \quad (4—7)$$

$$r_0=n(L+B)/4 \quad (4—8)$$

$$r_0=\sqrt{A}/\pi \quad (4—9)$$

式中　Q——工作坑渗水量(m^3/d)；

K——渗透系数，应经抽水试验确定，当无试验资料时可按表 4—7、表 4—8 数值选用；

H——含水层厚度(m)；

R_0——从基坑算起的影响半径(m)；

r_0——引用基坑半径(m)，对于矩形基坑按公式(4—8)进行计算。对不规则基坑可按公式(4—9)进行计算；

L——基坑(或井点群)长度(m)；

B——基坑(或井点群)宽度(m)；

n——系数，可按表 4—10 数值选用；

A——基坑面积(m^2)。

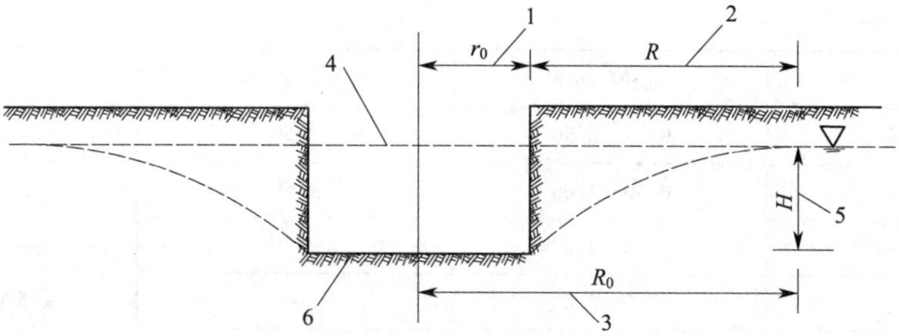

图 4—10　自流降水

1—引用基坑半径;2—影响半经;3—从基坑中心算起的影响半径;
4—地下水位;5—含水层厚度;6—不透水层

表 4—7　土层渗透系数

土层名称	K(m/d)	土层名称	K(m/d)
黏　土	<0.001	细　砂	1~5
重砂黏土	0.001~0.05	中　砂	5~20
轻砂黏土	0.05~0.10	粗　砂	20~50
砂 黏 土	0.10~0.50	砾　石	50~150
黄　土	0.25~0.50	卵　石	100~500
粉　砂	0.50~1.00	漂　石	500~1 000

表 4—8　土层渗透系数经验值

土层名称	土层颗粒		K(m/d)
	粒径(mm)	所占重量(%)	
粉　砂	0.05~0.10	<70	1~5
细　砂	0.10~0.25	>70	5~10
中　砂	0.25~0.50	>50	10~25
粗　砂	0.50~1.00	>50	25~50
极粗砂	1.00~2.00	>50	50~100
砾石夹砂			75~150
带粗砂的砾石			100~200
清洁的砾石			>200

注:当含水层夹泥量多时取小值。

表 4—9　影响半径 *R* 值

土的种类	粒径(mm)	所占质量(%)	R(m)
极 细 砂	0.05~0.10	<70	25~50
细　砂	0.10~0.25	<70	50~100

续上表

土的种类	粒径(mm)	所占质量(%)	R(m)
中　砂	0.25 ~ 0.50	>50	100 ~ 200
粗　砂	0.50 ~ 1.00	>50	200 ~ 400
极粗砂	1.0 ~ 2.0	>50	400 ~ 500
小砾石	2.0 ~ 3.0	—	500 ~ 600
中砾石	3.0 ~ 5.0	—	600 ~ 1 500
大砾石	5.0 ~ 10.0	—	1 500 ~ 3 000

表 4—10　系数 *n* 取值

B/L	0	0.2	0.4	0.6	0.8	1.0
n	1.00	1.12	1.14	1.16	1.18	1.18

2. 当井底穿过潜水层到达不透水层时(图 4—11),其工作坑渗水量按以下公式计算:

$$Q = \frac{1.366K(H^2 - h^2)}{\lg R_0 - \lg r_0} \tag{4—10}$$

式中　h——降水后稳定水位至不透水层的深度(m)。

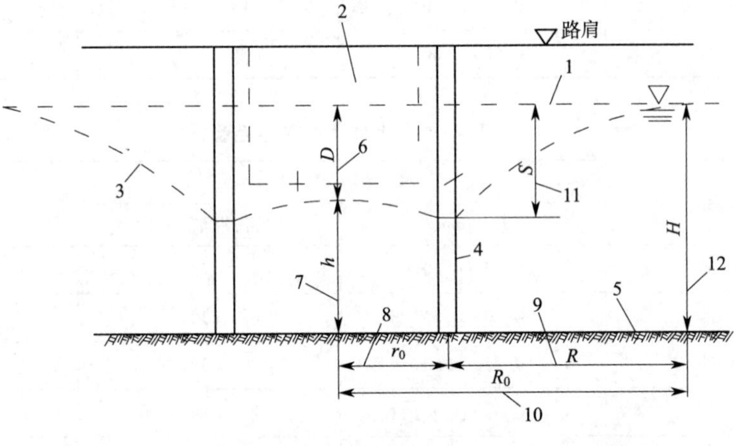

图 4—11　无压完整井

1—原地下水位线;2—工作坑;3—降水后稳定水位线;4—井点;5—不透水层;
6—工作坑降水深度;7—稳定水位至不透水层深度;8—引用基坑半径;9—影响半径;
10—从基坑中心算起的影响半径;11—地下水位深;12—含水层厚度

3. 当井底进入潜水层而未到达不透水层时(图 4—12),其工作坑渗水量按以下公式计算:

$$Q = \frac{1.366K(H_0^2 - h_0^2)}{\lg R_0 - \lg r_0} \tag{4—11}$$

式中　h_0——降水后稳定至有效带深度(m);

H_0——计算有效带厚度(m),由图 4—13 及式(4—12)得出。

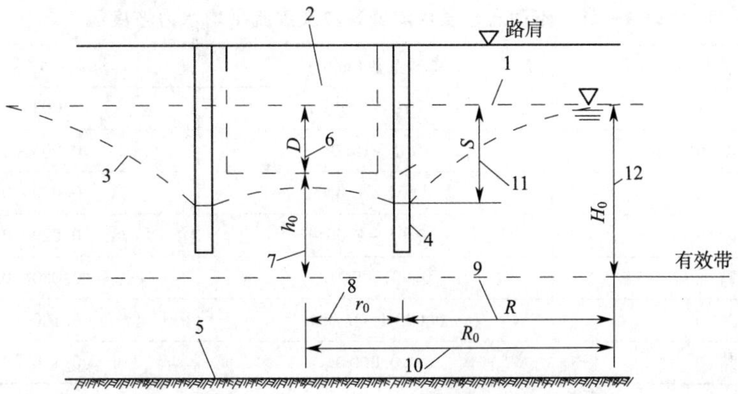

图 4—12　无压非完整井

1—原地下水位线;2—工作坑;3—降水后稳定水位线;4—井点;5—不透水层;
6—工作坑降水深度;7—稳定水位至有效带深度;8—引用基坑半径;9—影响半径;
10—从基坑中心算起的影响半径;11—地下水位降深;12—计算有效带厚度

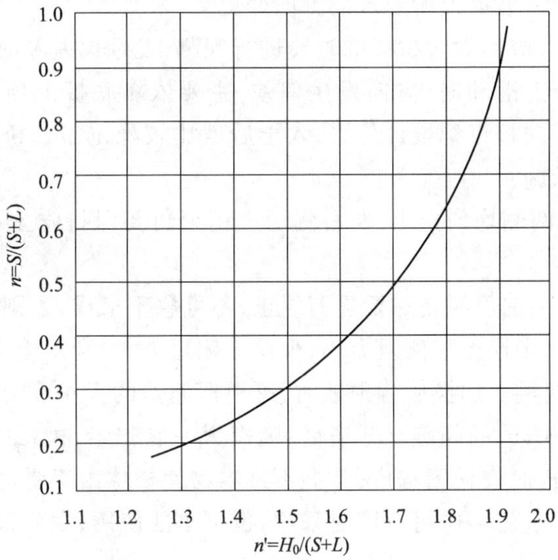

图 4—13　n—n'系

查图步骤:先求 $S = D + I \cdot \frac{B}{2}$,等算出 n,再在图 4—13 上查得相应的 n',即 H_0 可按下式计算:

$$H_0 = n'(S + L) \tag{4—12}$$

式中　S——地下水位的降深(m);

L——滤管长度(m);

D——要求工作坑中心的降水深度(m);

B——井点群宽度(m);

I——渗流平均水力坡度,宜按表 4—11 查取。

表 4—11　不同含水层中渗透系数及渗流平均水力坡度值

含水层土壤	渗透系数(m/d)	渗流平均水力坡度 I
粗　砂	10 ~ 100	0. 003 ~ 0. 006
砂类土	0. 1 ~ 10. 0	0. 006 ~ 0. 020
泥　炭	0. 1 ~ 1. 0	0. 020 ~ 0. 120
黏砂土	0. 01 ~ 1. 00	0. 020 ~ 0. 050
砂黏土	0. 001 ~ 0. 01	0. 050 ~ 0. 100
黏　土	0. 000 1 ~ 0. 001	0. 100 ~ 0. 150
重黏土	< 0. 000 1	0. 150 ~ 0. 200

第四节　顶进纠偏技术

在顶进过程中要严格控制方向，以便于一方面能校正在直线上、曲线上、坡道上的桥段偏差，另一方面保持曲线、坡道上所要求的方向变更。

在全部顶进过程中，应经常对桥段的轴线进行观测，发现偏差及时采取措施纠正。

桥体在工作坑底板上滑动时，方向发生偏差，主要依靠底板上预先设置的方向墩来纠正。桥体入土前要把方向校正到设计位置，入土后就比较稳定了。桥体入土后的顶进方向控制可采用以下几种措施：

1. 严格控制挖土，两侧均匀挖土，左右侧切土钢刃角要保持吃土 10 cm，正常情况下不允许超挖。

2. 发生偏差，可采用偏顶纠正。要逐渐纠正，不可急于求成，否则会造成忽左忽右。

3. 利用挖土纠偏。多挖土一侧阻力小，少挖土侧阻力大，利用土本身的阻力纠偏。

4. 利用后背顶铁调整。加换后背顶铁时，可根据偏差的大小和方向，将一侧顶铁楔紧，另侧顶铁楔松或留 1 ~ 3 cm 的间隙。开镐后，则楔紧一侧先走，楔松一侧不动，这种方法很有效，但要严格掌握顶进时楔松紧程度，掌握不好容易使桥体由于受力不均而出现裂缝。

以上这些措施在顶进施工中可以同时采用，也可单独使用，主要根据具体情况采取相应的措施。

第五节　顶进过程中“扎头”的处理

在全部顶进过程中，应经常对桥段的高程进行观测，发现偏差及时采取措施纠正。

顶进中的高程控制主要是防止和纠正“扎头”和“抬头”，而“扎头”与“抬头”是框架桥涵顶入施工的一个具有普遍性而又不易处理的问题。它严重影响顶进质量，甚至造成永久性缺陷。因此，要认真研究其产生的原因，并提出防止和纠正的办法。

一、原因分析

1. 受力分析

(1) 在滑板上空顶时，当顶力克服结构自重的静止摩阻力后即可启动，保持顶力大于摩阻力即能推动前进。

(2)当结构前端入土，结构重心离开滑板后，其受力状态如图 4—14 所示。

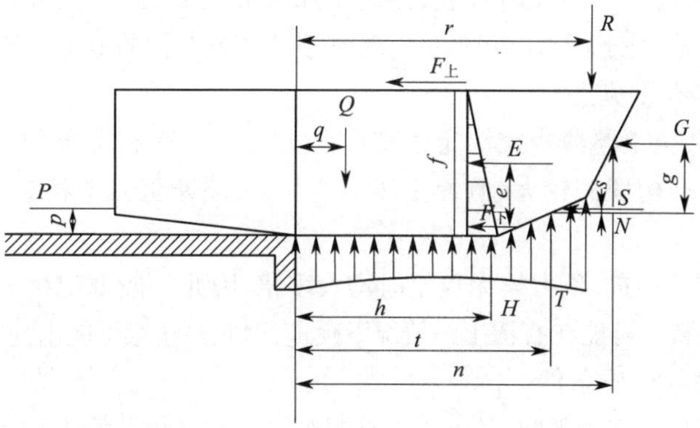

图 4—14　框架桥顶进受力状态

P—顶力；Q—结构自重；R—线路(包括加固)重及行车活载；

E—边墙摩阻力；$F_上$—顶板摩阻力；$F_下$—底板摩阻力；G—刃角正面阻力；

N—刃角竖直分力；S—船头坡水平分力；T—船头坡竖直分力；H—地基反力

滑板前缘 D 是力矩中心，p、q、r、e、f、g、n、s、t、h 为相应各力对“O”之力臂。底板摩阻力 $F_下$ 对“O”的力臂按“零”计。

顶进时框架结构由刚性滑板进入弹性地基，就会使结构产生“扎头”。当结构重心离开滑板后，按照弹性地基反力的分布规律，结构前缘地基反力的集度值最大，因而引起地基的压缩沉陷，导致结构前倾，此时滑板前缘变成了力矩中心，构成了相反的两种力矩，即

“扎头”力矩　　　$M_z = P \cdot p + Q \cdot q + R \cdot r$

“抬头”力矩　$M_t = F_上 f + E \cdot e + G \cdot g + N \cdot n + S \cdot s + T \cdot t + H \cdot h$

若 $M_z > M_t$，则会引起“扎头”；若 $M_z < M_t$，则会引起“抬头”。

随着顶进，力偶臂 q、r 在逐渐增大，则 Q、R 构成的力矩对结构的影响也在逐步增大。当“抬头”力矩不足以抵消这些影响时，就会引起“扎头”。

(3)当结构尾端离开滑板后，其受力状态如图 4—15所示。

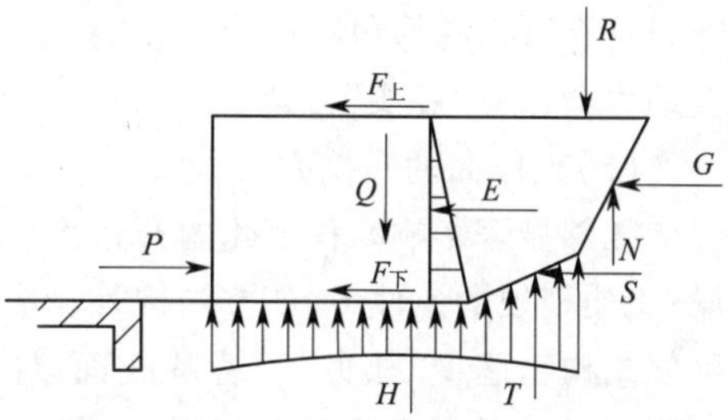

图 4—15　框架桥受力状态(离开滑板)

结构物离开滑板后，虽然构成 M_z、M_t 的基本因素没有变化，但由于力矩中心“O”移至框架桥结构尾端，因而会引起外力矩对结构作用发生相应的变化。

在分析了外力作用的情况之后，下面将进一步说明在各种具体条件下，由于构成 M_z 及 M_t 的基本因素的影响而引起各种外力矩的变化。

2. 引起高程变化的主要因素

(1)不同的施工方法

顶拉法施工按照分节原则，一般第一节长度短，入土才较顺利。由于节长短，前端又装有刃角，有的还设有悬臂人行道，致使前节框构离开滑板时由于偏重，端部基底应力集中而

出现“扎头”。随后各节虽无刃角及悬臂人行道，但脱离滑板后，由于自刚性滑板支承进入到弹性土壤地基，也会出现“扎头”现象。顶拉法施工，各节“扎头”的量值不会一样，这就出现前后起伏不平的情况。若不及时处理，则既增加顶进阻力，也给使用带来不便。

在用顶入法施工时，无分节要求，虽然也出现“扎头”，但在相同的地质情况下较顶拉法好得多。

(2)框架桥顶部有无覆土

顶部有无覆土和覆土厚薄直接决定顶部摩阻力大小。在有覆土的情况下，不仅顶部摩阻力增大，同时由于结构埋深较大，侧面土压力增加，边墙摩阻力也相应增大，在顶进中会出现“抬头”现象。

在有覆土的条件下顶进，顶力较无覆土时增大多倍，因此一般框架桥多在无覆土条件下顶进。但有的小型框架桥也可能在有覆土的情况下顶进，因此要注意可能出现“抬头”现象。

(3)框架桥基底的土质条件

不同的土质由于内摩擦角不同，其土压力对框架桥周边产生的摩阻力也不同，由侧面摩阻力形成对框架桥的夹持力也直接影响顶进中高程的变化。更为重要的是基底土壤由于地下水位的高低，影响基底土壤含水量的大小，进而直接影响到地基承载力的大小。如果基底土质较为干硬密实，则当框架桥脱离滑板后，出现的“扎头”现象较之基底土质松软、含水量大，要少得多。

(4)框架桥刃角的构造形式

框架桥刃角的构造形式基本上可分为两大类，一类为自身刃角，另一类为附加刃角。自身刃角是在结构前端与桥身混凝土同时预刃角成三角形这种形式使重心前移，易于出现“扎头”现象。如节段较长则重心前移的影响不大，如节段较短则“扎头”相对就要大一些。自身刃角的结构在顶进就位后一般要将三角形部分用钢筋混凝土包直。因此近来施工单位多采用附加刃角形式。附加刃角用钢板、角钢制成，安装在框架桥前端预埋的螺栓上。有封闭式(或带底刃)和侧式(无顶刃)两种。附加刃角安装的准确性对顶进中高程变化的影响也较大，如在有覆土的情况下顶刃稍带俯角则可能“扎头”。如在基底土壤较干硬的条件下底刃具有适当的仰角则可能造成“抬头”。当刃角进入铁路线路下时，火车通过时的冲击和振动力会促使“扎头”加剧。

(5)工作面的开挖方式

能够显著影响高程变化的开挖部位，主要为刃角正面和结构物底板的正面。在基底干燥、土质稍硬的条件下，如按结构外轮廓开挖则可减小正面阻力。若基底面以下略有超挖则可使结构物逐步“扎头”。若基底面以上适当的欠挖则可使结构物逐步“抬头”，特别是有“船头坡”时效果尤为显著。因为“船头坡”在正面被动土压力的作用下沿斜面的竖直分力可起到上抬作用，两侧刃角部位适当欠挖也可起到相同作用。

在含水量较大、基底土壤呈软塑状的条件下，如按外轮廓开挖，由于底部土壤受到扰动，顶进时势必引起“扎头”。如在设“船头坡”的情况下按内轮廓开挖，或进一步加大欠挖面积，就可以增大作用在船头坡上被动土压的竖直分力而增加“抬头”的趋势。当顶力有较大富余时，全断面不挖，采取强制顶进则“抬头”效果更为显著。

二、防止“扎头”及其纠正措施

1. 施工设计时的技术措施

(1)结构底板前端设“船头坡”。“船头坡”尺寸：水平长 60 cm，垂直高 2 cm。大的框构，也可取水平长 100 cm，垂直高为 10 cm。“船头坡”与强迫顶进相结合，对较密实的土壤能纠正“扎头”，但在软土内效果较差。

(2)采用顶拉法的框架桥分节，对刃角形式的选择应注意第一节重心位置不要太偏前，在相邻框架的接头处可做成咬口形，如图 4—16 所示。咬口处必须镶以钢板，并设润滑以保证活动自如。另外也有的在底板加钢搭榫防止前后两节上下错动，还有的在框架桥节间预埋钢插销，希望能起导向和预防沉降的作用，但不少施工实践证明钢插销作用不大，在框架产生“扎头”，方向偏离时，钢插销附近混凝土往往被挤坏。

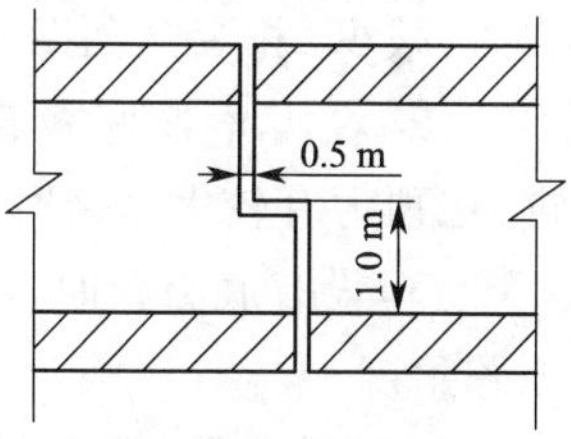

图 4—16　咬口形接头

(3)千斤顶位置选择适当。用顶拉法施工时，涵节间千斤顶一般设在框架底板处。这样给补填千斤顶混凝土施工带来困难，并且在千斤顶混凝土未达到一定强度前不能顶紧，使得节缝防水带无法施工，从而延长了施工时间。

千斤顶布置在什么地方适当，要根据阻力合力作用线及垂直力合力作用线的情况确定。当垂直力的合力通过涵节重心时，则千斤顶位置应布置在阻力合力线上，如图 4—17(a)所示。当垂直力的合力向前偏 x 时，千斤顶应布置在阻力合力线以下 Δh 处，如图 4—17(b)所示。

$$\Delta h=\frac{Q\cdot x}{R}$$

当垂直力的合力后偏 x 时，千斤顶应设在阻力合力线以上 Δh 处，如图 4—17(c)所示。

$$\Delta h=\frac{Q\cdot x}{R}$$

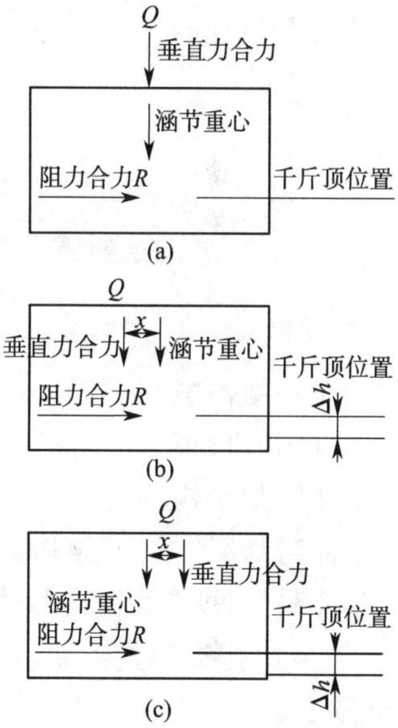

图 4—17　千斤顶布位

根据以上分析，千斤顶设于底板内则形成“抬头”力矩。若千斤顶置于底板面上，虽免除了千斤顶混凝土恢复工作，也避免因等待接缝防水处理而延长施工时间。但千斤顶置于底板面上则形成“扎头”力矩。因此应该考虑上述二者的适中位置，使顶力尽量接近阻力合力作用线，即千斤顶设于底板靠上部的位置。

(4)滑板预留仰坡。预留仰坡目的是设想在出现“扎头”时能落到预期位置。但如何确定合理的坡度大小，目前还没有计算办法，一般取 5‰左右。主要视土质情况而定，土质密实，开挖得当，则坡度可小些；土质松软，含水量大，则坡度应大一些。

(5)滑板预留横缝。在顶进中，随着框架桥逐渐被顶出滑板进入路基而产生“扎头”，使滑板前端形成框架桥支点，最后迫使滑板受挠拉裂。针对这种情况，有的施工单位在滑板前部 1/3 长度处，预留横缝一道(其办法为在滑板混凝土中隔一木条)。当框架桥重心超出滑板时，滑板即开裂，使滑板前部下沉，这样可减少框架桥前端“扎头”量。

2. 在顶进过程中的施工保证措施

桥涵顶进严禁带水作业，因此顶进前要求做好降水和排水工作，以增强基底土壤承载力。在土质松软地区可采取以下措施防止和纠正“扎头”。

(1)滑板前端设过渡段,换填砂卵石、泥结碎石,或打入挤实桩,以增强滑板前端土壤承载力,减少"扎头",如图 4—18 所示。

(2)在刃角或底板正面适当增加欠挖面积,强制顶进,在顶力有较大富余时,也可采取全断面强制顶进。

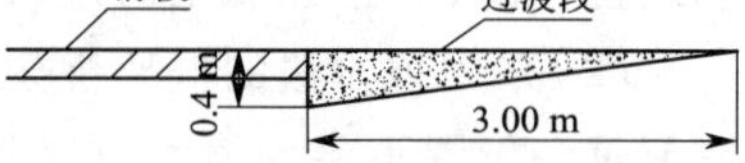

图 4—18　滑板前端设过渡段

(3)设有底刃角时,可采用增加垫圈办法调整底刃角上翘角度。

(4)"扎头"较严重时可在"船头坡"下铺垫混凝土预制板抬坡强顶,或将地基超挖 20 ~ 30 cm,然后回填碎石并铺砂取平,在砂面上铺垫混凝土预制板,预制板面要高出框架桥底 3 ~ 5 cm,作为仰坡顶进,如图 4—19 所示。

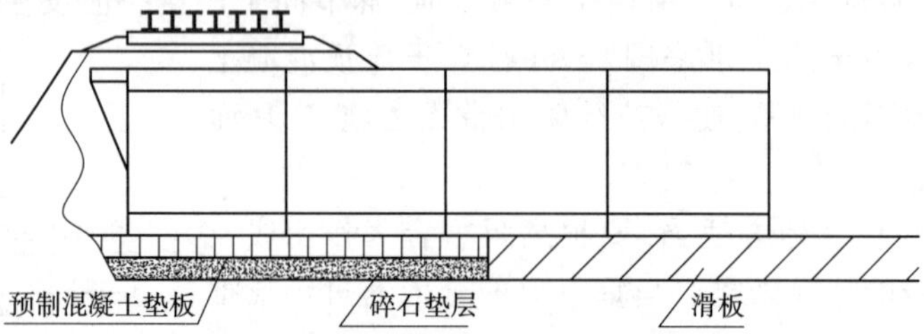

图 4—19　滑板前端设混凝土顶制板抬坡

(5)结构"抬头"时,可在基底以下适量超挖。

3. 顶进就位后,高程不符要求时的整治措施

(1)如结构沉陷量较大,可考虑在结构内穿梁,用千斤顶上抬。

(2)如因"抬头"结构高于设计要求,可采取掏空基底的办法,穿梁下压。

(3)"扎头"侧斜不大,如净空允许,可考虑调整纵坡或加筑部分垫层进行修整。

(4)"扎头"过大,调整困难,在迫不得已的情况下,只好将线路架空,凿除顶板接高重做。

第五章　拼装式盾构桥技术

第一节　拼装式盾构桥概念

一、概　　念

盾构桥的应用,极大地提高了下穿框架桥施工中作业人员和设备的安全性,保障了列车的运行速度不至于过低。在交通运输事业快速发展的今天,盾构桥发挥其优越的性能,得到了越来越广泛的应用。但是,由于目前的盾构桥体都是采用全焊接的结构体系,这样无疑造成了安装拆除极大的工作量,并且也不利于结构构件的重复使用,造成材料的极度浪费。如果能够对盾构体的连接形式进行改进,开发出一套拼装式的盾构体系,实现盾构体的随意拼装使用,以满足不同结构尺寸的框架桥拼装盾构的需要,将极大降低材料的浪费,减少安装拆除的作业量,推进桥式盾构施工工艺的进一步发展和应用。因此,本书提出这种构想。这种可拆装化方案从理论上讲是可行的,但仍需要在实际工程中进一步深化和完善。

二、拼装式盾构桥的实现方法

在土木工程施工领域,可拆装式器材的应用是十分广泛的,扣件式脚手架体系通过定型扣件来实现脚手架体系的连接拼装,门式脚手架体系则通过插入接头配销钉固定的形式来实现整体体系的形成,碗扣式脚手架体系则通过拼接碗扣的设计实现了任意安拆的功能,万能杆件通过螺栓连接可以拼装成任意的结构体系,军用墩也是采用螺栓连接的形式实现各杆件之间的连接,作为便桥使用的军用梁、贝类梁则是对端部设计专用的销子和销孔实现拼装的功能,他们都是通过标准杆件的设计和连接形式的设计实现了杆件的任意组拼和拆装,从而使各个部件可以重复使用,提高了经济效益。对于框架桥盾构也可以采用相似的思想,对盾构体的各个部件采用一定的方法进行标准化,将各构件之间的连接实现能随时拆卸的要求,达到构件能够在不同工程中重复使用的目的。

关于标准杆件的设计首先要确定一个基本的模数,作为各部件尺寸确定的依据。然后在此模数的基础上进行各个部件的设计,实现各部件之间的有效配合。

1. 关于间距模数的考虑

为了增加结构构件的互换性,对分肢和各种支撑之间的距离进行模数化设计,这样可以减少标准杆件的数量,提高杆件的使用效率并且利于现场施工作业。根据目前建筑模数的规定并结合盾构施工的实际,将分肢及支撑之间的间距模数按 600 mm 进行考虑,这样可以实现 600 mm、1 200 mm、1 800 mm 等间距的设置以满足现场施工的需要。

2. 关于杆件之间的连接形式

由于主梁、立柱等构件一般采用工字钢，为使其与盾壳钢板之间顺利有效连接，以采用拴接为宜，通过合理设计接头形式，实现杆件分肢之间的连接；通过合理设置翼缘栓孔位置实现杆件和盾壳钢板的连接。

第二节　盾构桥构件的标准设计技术

一、杆件通用接头的设计

在框架桥盾构体系中，杆件的连接主要是主梁或立柱分肢与横向的支撑之间的连接，其连接的支撑都受压力，起到减小分肢自由长度、传递分肢之间压力的作用，另外在一些情况下可能受到剪力，所以对于其端部拼接螺栓的设计按抗剪进行设计，并且按与杆件等强度抗剪进行设计。下面以工 28b 为例进行说明。

工 28b 抗剪承载力：$V=\frac{[\tau]Ib}{S}=125\times242.4\times10.5\times10^{-3}=318.15\ \text{kN}$

取 4 根 ϕ22 mm8.8 级普通螺栓计算，拼接板厚度考虑 12 mm。

则单螺栓受剪承载力：$N_v^b=\frac{\pi d^2}{4}f_v^b=\frac{\pi\times22^2}{4}\times320\times10^{-3}=121.6\ \text{kN}$

抗挤压承载力：$N_c^b=dtf_c^b=22\times12\times305\times10^{-3}=80.5\ \text{kN}$

按抗挤压确定最大抗剪承载力：$V=4N_c^b=4\times80.5=322\ \text{kN}>318.15\ \text{kN}$，满足要求。

杆件的连接主要是存在于分肢与横向支撑之间的连接，可以考虑设计节点如图 5—1 所示。

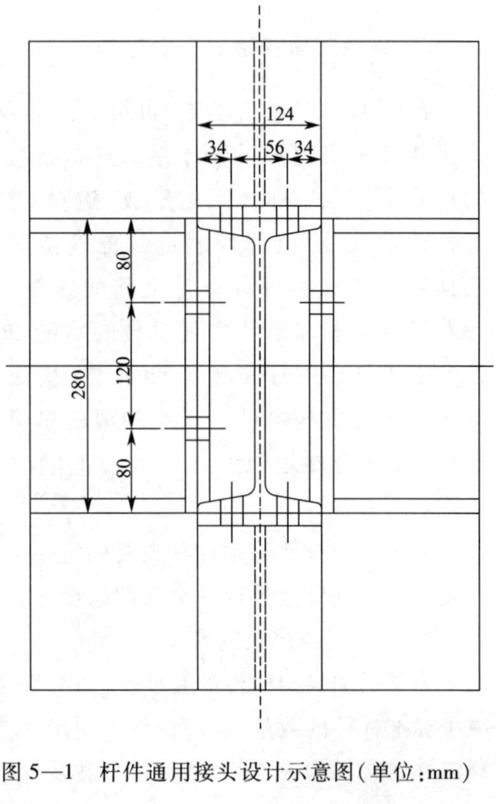

图 5—1　杆件通用接头设计示意图(单位：mm)

在该种节点形式下，螺栓的间距在四个方向都是 56 mm×120 mm，沿杆件长度方向的间距都是 600 mm，可以实现在四个方向进行支撑的连接，并且可以实现支撑的步距为 600 mm、1 200 mm 等 600 mm 的进级，与目前通用的建筑杆件器材相同。

二、主标准杆件的设计

按照 600 mm 模数进级的思路，可设计单根主标准杆件截面如图 5—2 所示，其长度可以根据实际的材料情况而定，在每 600 mm 的节间中点设置一排栓孔，主要是为了能够实现与盾壳的栓接连接。

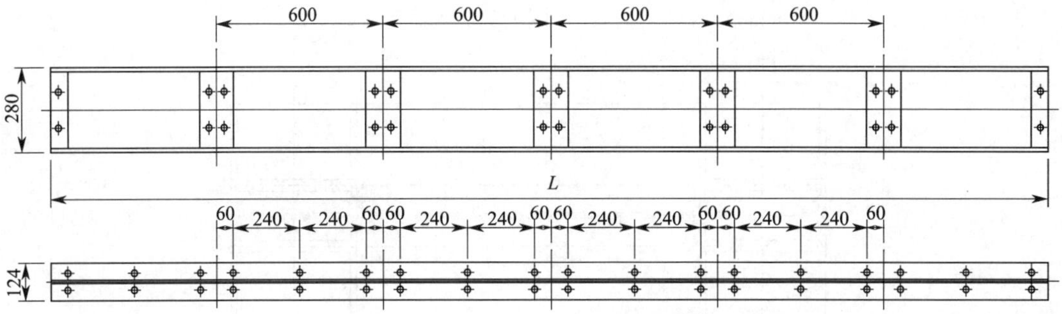

图 5—2　主标准杆件设计示意图(单位:mm)

三、支撑的标准设计

根据节点的大样,可以根据预订的节间长度加工标准支撑,支撑端部拼接如图 5—3 所示。

该端部拼接形式与主标准杆件的腹板拼接孔和翼缘拼接孔都是对应的,可以随意组拼。

四、标准立柱和主梁的拼装

在以上标准接头和基本模数的基础上,可以进行标准立柱的组拼如图 5—4 所示。分肢为标准主杆件,中间及两侧为支撑体系,可以根据实际情况进行加工,图中所示为单榀立柱分肢中距为 936 mm 的情况,此时支撑的净长度为 812 mm。

由于主标准杆件沿长度方向的模数为 600 mm,这样支撑的层高即步距可以实现 600 mm、1 200 mm、1 800 mm 等。

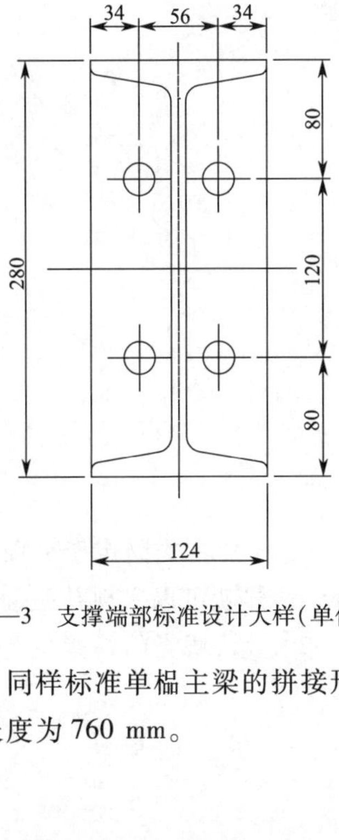

图 5—3　支撑端部标准设计大样(单位:mm)

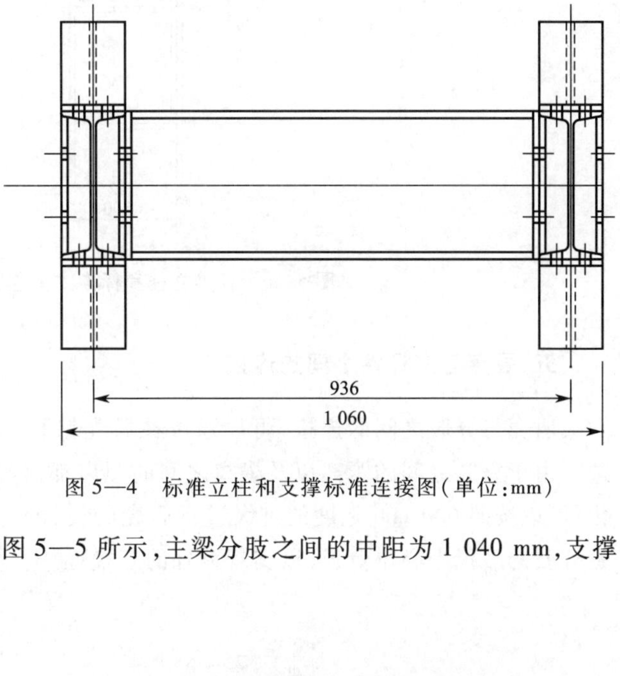

图 5—4　标准立柱和支撑标准连接图(单位:mm)

同样标准单榀主梁的拼接形式如图 5—5 所示,主梁分肢之间的中距为 1 040 mm,支撑净长度为 760 mm。

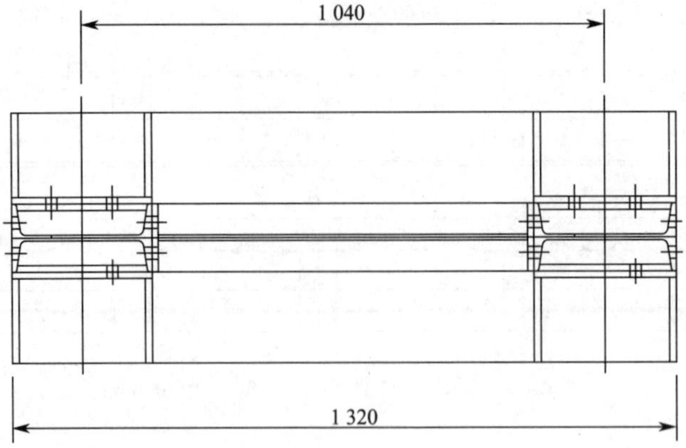

图 5—5 标准主梁和支撑标准连接图(单位:mm)

考虑到最大可能地扩大标准杆件的应用可互换性,如果主梁与立柱的分肢间距也参照标准模数的原则,可以将主梁与立柱的分肢间距按 1 200 mm 来考虑,则立柱与主梁之间的连接即可实现通用,减少立柱与主梁之间需要设计专用拼接板的问题,其连接图如图 5—6 所示。

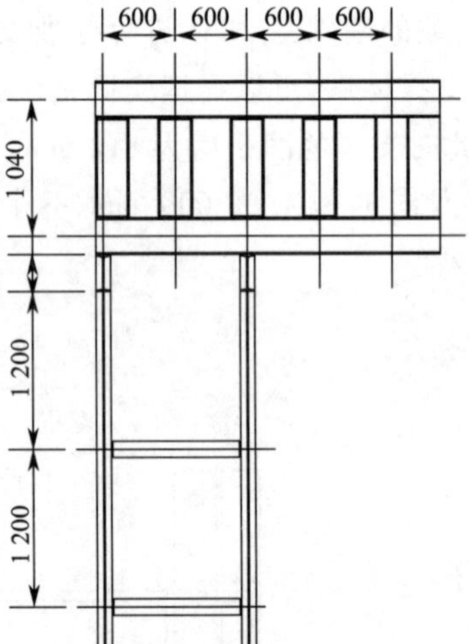

图 5—6 标准立柱和标准主梁连接图(单位:mm)

五、盾壳与主杆件之间的连接

盾壳与分肢之间的连接,可以通过在盾壳钻孔、采用沉头螺栓的方式固定于分肢的肢边。由于分肢之间的距离以及横撑之间的距离都已经模数化,这样就可以实现孔距的标准化,可以按照 600 mm 宽度的进级进行盾壳的设计。如图 5—7 所示,盾壳的拼接位置正好是分肢的腹板中心位置,可以实现良好的互换性。

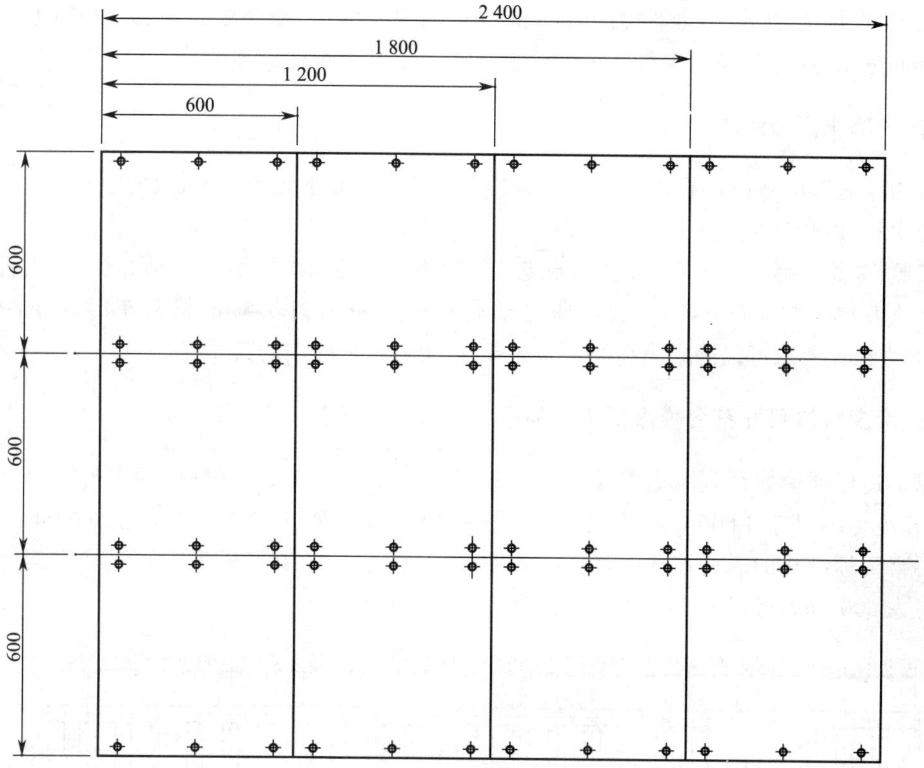

图 5—7　标准盾壳设计图(单位:mm)

第三节　盾构体总体尺寸标准化设计技术

盾构体各主要构件标准化之后,仍需要整体盾构体的长度、高度和宽度也要尽量符合模数的要求,以求更大程度地实现整体结构的标准化。框架桥盾构体的断面尺寸不能随便选取,它是根据框架桥的轮廓尺寸和施工要求来确定的。然而每个框架桥的外轮廓尺寸是不尽相同的。不同的地方、不同的用途以及不同的设计标准和不同地质、地形都是在框架桥轮廓设计时所应该考虑的因素。在不同的框架桥尺寸之间要尽可能地扩大标准化组件的使用比例,再配以小量的非标准杆件设计,即可以最大化实现杆件的重复使用,在多次使用后,同样能够产生很大的经济效益。

在确定总体尺寸的时候,盾构体外轮廓的尺寸主要根据所施工框架桥主体的外轮廓尺寸来确定,而其内部净空的高度以及立柱之间的横向宽度则主要应考虑在施工时进出的施工机械的外轮廓尺寸,应便于盾构体内部机械或人工作业的进行。

一、立柱与立柱之间横向宽度的问题

根据《公路桥涵设计通用规范》的相关规定,标准车辆的宽度按最宽 2.5 m 考虑,车道的宽度按车辆的行驶速度确定,在时速 20 km 的情况下,单车道宽度为 3.0 m。

在盾构体内部作业时,实际作业时机械运行的速度较低,考虑到可能存在的侧面堆物或者是必要的行人以及安全性能，结合模数的考虑，可以将两立柱分肢之间的距离按 3 600 mm考虑，这样其净距离为 3 476 mm，能够满足机械作业的需要。

二、内部净高的问题

盾构体内部的净高同样需要考虑机械作业的需要，此外尚要考虑侧面边立柱的自由高度不能太长，以免造成较大的侧向挠曲。

按照《公路桥涵设计通用规范》的规定，三、四级公路的净高不小于 4 m；在《城市人行天桥与人行地道技术规范》中规定，通过非机动车时最小净高为 3.5 m，机动车时最小净高为 4.0 m。根据此要求可以确定净高按 4.2 m 考虑，能够满足施工的需要。

三、考虑总体尺寸符合模数要求时的盾构体横断面布置

以上述标准模数系列考虑主梁立柱的分肢间距为 1 200 mm，立柱间净空尺寸符合模数要求，宽度标准尺寸 3 600 mm，高度标准尺寸 4 200 mm。总宽 14 524 mm，总高 6 080 mm 的框架桥得到标准化的盾构体横断面布置如图 5—8 所示。如果每榀主梁和立柱之间的间距同样考虑 600 mm，可以实现盾构主体的全部标准化设计。

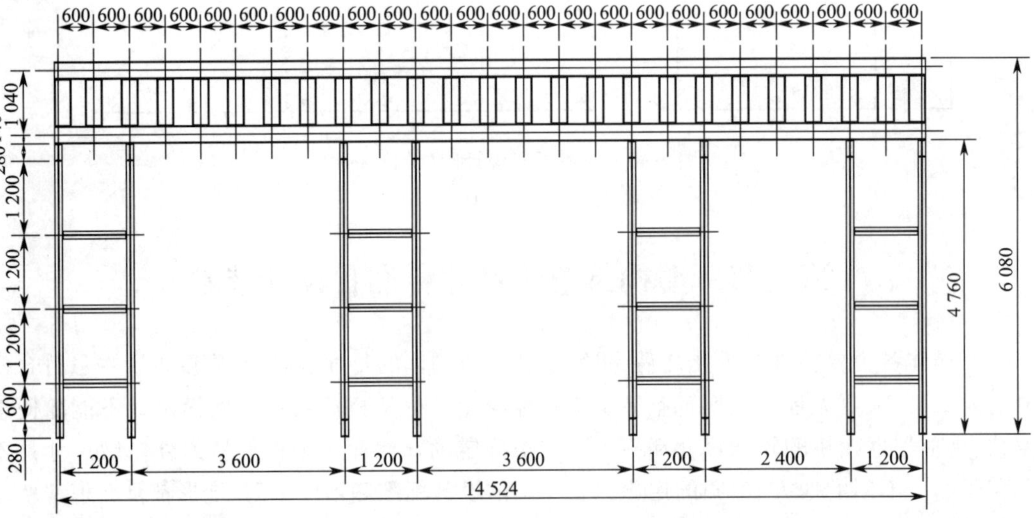

图 5—8　采用标准跨径时盾构体横断面布置图(单位:mm)

按此思路可以同样进行其他规格的盾构体设计，实现可拆装化的要求。在总体尺寸确定后，需要进行必要的设计计算，以确保结构的可靠性。

四、其　　他

由于各种框架桥的设计断面不同，所以在不同的工程中，所选定的基本杆件不一定能够正好满足某一特定框架桥拼装盾构的需要。此时，可以根据情况加工一些非标准的构件配合标准杆件的使用。在多个工程积累以后，慢慢需要特殊加工的杆件就会越来越少了，这样就达到了实现拼装式框架桥盾构体系的目的，实现了循环使用，从而推动国内框架桥盾构施工工艺的更大发展和在更广范围的应用。

第六章　框架桥盾构法施工监测与检测技术

第一节　概　　述

施工监测是桥梁施工控制的基础，这是因为桥梁施工过程复杂，影响其施工控制目标顺利实现的因素很多，如所用材料性能与设计取值之间的差异、先期形成结构（部件）的截面特性与分析取值之间的误差、施工荷载与计算取值之间的差异、结构模拟分析模型与实际情况之间的差别；施工测量存在的误差、施工条件与工艺非理想化的影响以及结构设计参数和实测状态参数存在的误差等。因此，在施工中必须对重要的结构设计参数和状态参数进行监测，以获取反映实际施工情况的数据和技术信息，不断根据实际情况修正原先确定的各施工阶段的理想状态，使施工状态始终处于控制范围之中。

另一方面，上述经修正后的理想状态只不过是施工中的期望实现目标，这是由于桥梁结构施工过程是一个复杂的动态系统，随着工程的推进，主体结构逐渐增加，边界条件和结构体系在不断改变，使表征结构特征的参数发生变化。同时，理想状态的修正也没有从根本上克服整个误差对后期结构的影响。所以，在施工过程中运用反馈控制分析方法得出优化调控措施，消除误差影响，是确保施工的结构状态最大限度地接近理想状态的重要手段。而反馈控制分析是建立在结构理想设计状态、实测结构状态和误差信息三大基础之上的。可见，进行施工过程的跟踪监测是施工控制中必不可少的。

一、监测目的

下穿铁路公路工程，都要在保证铁路公路顺利运行的前提下施工。因此，如何及时、准确地监测和预测推进过程中所发生的一切不利变形是工程中一个十分重要的技术课题。框架桥顶进过程中的“抬头”、“扎头”和方向的偏移主要与施工现场的地质、施工的挖掘质量有关，框架桥的顶力施加位置和顶进角度也是不可忽视的因素。当桥体发生方向和高程偏差时，需要采取技术措施纠偏，致使施工难度大大增加，而且造成框架桥结构的内力和位移变化，甚至引起框架桥开裂。由于框架桥对顶部路面的影响范围较大，如框架桥顶推过程中姿态控制不好，不仅会引起自身水平偏位和竖向偏位，而且会引起顶部路面的水平位移和沉降，导致路面移位、破裂、沉陷或坍塌。因此必须实时地监测两侧框架桥的左右偏位、竖向姿态以及铁路公路路面的水平位移和沉降，以便在施工过程中出现变形或姿态异常时，能够及时分析、及时预警，指导施工单位及时采取停工、整改、加固、纠偏、调整等措施，将影响和破坏控制在最小范围内。

二、监测原则

监测要遵循以下基本的原则：

(1)重点突出的原则。监测工作面大、量广,必须有针对性的进行,特别是要根据工程特点和监测要求综合考虑,力求目标明确、突出重点、少而精、适用性强,同时统筹安排、全面兼顾。设置的监测点应能充分体现整体结构的应力与变形特征,起到以点带面的效果。若不分主次盲目进行,会致使一些重要信息被遗漏,导致事倍功半。

(2)测点布置方便的原则。测点布置一方面应能有效地捕捉建筑结构的实时信息和满足监测资料分析的需要,另一方面,为减少监测与施工之间的相互干扰,监测系统的安装和测读应尽量做到方便实用。对工程安全起关键作用而实施人工监测获取监测数据较为困难,可借助自动化的传输系统进行监测。监测工作的主要内容是监测框架桥顶进过程中各阶段主要监测点位移和应力数据。监测点优化布设的原则是监测点:要有合理的密度;应能反映结构的几何形态和几何变形情况;应易于布设, 施测方便, 以满足施工监测精度高、速度快的要求。

(3)经济合理与可靠的原则。监测系统设计时,在满足监测安全可靠的前提下,应结合工程实际情况,尽可能采用直观、简单、有效的监测方法,仪器选择要求实用而价廉,以降低成本。在一些特别重要的测点上,为防止监测设备出现故障和便于测点的相互校核,可考虑布置两套不同的监测设备。监测频率应符合设计及规范要求,能及时、准确地提供数据,满足信息化施工的要求。

(4)及时性原则。监测工作是一个动态的过程,不同时点对应不同的监测数据。为客观全面掌握结构受力与变形情况必须及时准确记录。监测资料的整理和提交应能满足施工进度、施工工况的要求;同时要有利于及时发现问题,积极采取应对措施。

(5)多层次监测原则。监测过程是一个系统的过程,应进行多项目和多层次的监测。在监测仪器选择上以机械式仪器为主,电测式仪器为辅;在监测方法上以仪器监测为主,目测为辅;在监测对象上以构件应力应变及变形监测为主,以其他物理量监测为辅;以监测桁架关键部位及邻近受影响较大的部位为主,其他部位为辅。施工过程必须进行连续测试,确保数据的连续性;利用系统功效减少测试点布设,节约成本。

(6)与施工相协调的原则。结合施工实际使监测仪器的布设、数据的采集与施工进度相协调,确保监测数据真实可靠,记录真实;结合施工实际确定测试方法、测试组件的种类、测试点的保护措施;结合施工实际调整测试点布设位置,尽量减少测试组件的埋设对预压卸载施工质量的影响;结合工程进度实际确定测试频率。

三、评价指标

结构监测的评价指标进行归纳讨论如下:

(1)保证施工过程中材料有足够强度。强度指材料抵抗破坏的能力,即材料破坏时所需要的应力。结构应力监测中的最基本的指标,一般分为:①抗压强度——材料承受压力的能力;②抗拉强度——材料承受拉力的能力;③抗弯强度——材料对弯矩的承受能力;④抗剪强度——材料承受剪切力的能力。结构的材料不发生强度破坏是一个结构施工过程中最基本的要求之一。

(2)保证施工过程中结构有足够的刚度,指构件或结构抵抗变形的能力,即引起单位变形时所需要的应力。一般是针对构件或结构而言的。它的大小不仅与材料本身的性质有关,而且与构件或结构的截面和形状有关。保证施工中及成形后结构有足够的刚度,是对结构施工过程中变形的要求。

(3)保证施工过程中钢结构的稳定性。钢结构失稳就是稳定性失效,也就是受力构件丧失保持稳定平衡的能力,按照失稳分为:平衡分岔失稳、极值点失稳和跃越失稳。在钢结构中失稳问题是最为重要的问题之一,失稳成为制约钢结构安全的关键因素。因此对待钢结构工程监测,必须对失稳进行监测。

(4)满足结构设计规范和各个分部分项工程的施工验收规范。对结构施工的监测,目的是安全和准确地达到结构的目标设计位形。安全施工是前三条评价的主要目标,而满足对成形的要求则主要靠满足各个分部分项工程的施工验收规范。

(5)应对措施。随着施工的进行,依据复杂结构施工所得到的数据,对其结果进行分析处理后,当预测到施工的后续工序可能出现施工安全性问题或偏离设计位形时,经过核查无误后,施工过程的决策者应果断制定对策,确保结构安全准确地实现设计位形。

四、成果的整理与分析

对于观测数据,首先要审查数据是否有误或精度是否符合要求,对间接资料进行转换计算,对各种需要修正的资料进行计算修正等。然后再将审核过的数据资料分类填入成果统计表,绘制各种变形过程线、相关线等,按一定顺序进行编排。最后再编写整理成果说明,如工程或其他观测对象情况、观测成果说明等。观测资料分析是体现观测工作效果的重要环节,观测资料分析工作必须以准确可靠的观测资料为基础,在计算分析之前,必须对实测资料进行校核检验,对观测系统和原始资料进行考证,这样才能得到正确的分析成果,发挥应有的作用。资料分析主要采用作图分析。设计绘制框架桥轴线偏位曲线图、各监测点时间与沉降量曲线图、竖向姿态图;绘制各监测点时间与水平位移曲线图、时间与沉降量曲线图、各基准线不同周期水平位移关系图、各基准线不同周期沉降关系图等。通过观测各种过程线,分析其变化规律,并将其与其他过程线对比,研究相互影响关系,判断沉降趋势,提前预警、提出施工指导意见。

五、施工监测系统的建立

施工监测系统是桥梁施工控制系统中的一个重要部分,各种桥梁施工控制中都必须根据实际施工情况与控制目标建立完善的施工监测系统。不论何种类型的桥梁,其施工监测系统中一般都包括结构设计参数监测、几何状态参数监测、温度监测、应力监测等几个部分。如上所述,施工监测系统的建立不仅可以修正理论参数,保证施工控制预测的可靠性,同时又是一个安全警报系统,通过该警报系统可及时发现和避免桥梁结构在施工过程中出现超出设计范围的参数(如截面应力等)和结构的破坏;另外,该监测系统还可在桥梁使用中对其安全状况进行监测,为桥梁的科学管理与维护提供数据资料。

第二节　框架桥的监测

框架桥顶进是工程的主体,也是安全技术问题的关键。在全部顶进过程中,应经常对框架桥的轴线和高程进行观测,发现偏差及时采取措施纠正。

1. 框构桥的测量与控制

框架桥顶进施工时,应对桥体各部位、顶力体系和后背不断地进行观测、记录、分析和控制。发现变形和位移时,应立即调整,以确保顶进施工安全。

应测量监控桥体轴线、高程和桥体结构变形。每顶一镐 1 ~ 3 m 必须进行方向和高程测量,测出桥体前、后、左、右偏差数据,而测量数据决定纠偏。在桥体顶板四角设高程观测标志,桥体前后中轴线上设方向观测标志,内墙两侧设高低观测标志,选择适当位置搭设稳的观测平台。用水平仪、经纬仪或全站仪测量桥体在顶进过程中的位置偏差,提前放出桥体尾端就位线,做好桥体顶进记录。现场工程师应经常检查测量记录,并描绘出顶进长度与顶力的关系曲线和顶进长度与方向高差的关系曲线,利用控制图控制顶进质量。顶进动态图包括顶进日期、时间、每镐进尺,顶镐使用分布、油压、顶力、框架桥四角 4 条水平动态曲线,中线偏差曲线,顶力曲线。结构变形观测点除应按设计要求布置外,尚应观测桥体底板 1/4 跨和跨中的竖向变形和诸墙的变形。观测仪器应设在后背受力影响区以外,并应设置防雨照明设施。

在顶进过程中应观测顶柱轴线方向的变形和横向稳定情况。对连续横梁应观测着力点附近的变形,确保传力结构体系工作正常。

在顶进过程中应观测后背变形和受力影响区内土体的裂缝。

桥体启动时,各部位及观测点应设有专人观察情况。开泵后,每当油压升高 5 ~ 10 MPa 时,应停泵检查一次,发现异常应及时处理。

桥体在滑板上空顶时,应根据偏差及时调整轴线两侧顶力,使桥体沿设计轴线方向入土。

每次顶进后接换顶铁和顶柱时,应按轴线方向调直,并应与横梁及后背垂直,其接触面应用钢板楔紧。顶柱上方应及时压土,确保传力设备的稳定性。

顶进中,观测人员应对每一顶程的进尺、轴线的高程偏差、千斤顶开启数量、油泵压力、即时顶力等进行记录并应将顶进偏差用报表及时通知现场指挥人员采取措施矫正。顶进过程中停顶时间不宜超过 24 h,以免增大阻力。顶进施工记录表的格式应符合表 6—1 的规定。

表 6—1　框架桥顶进施工记录表

工程名称:　　　　　　　　　　　　　年　月　日　　　　　　　　　　　第　页

顶进顺序	时间(h、min)	本次进尺(m)	累计进尺(m)	油泵压力(MPa)	千斤顶台数	顶力(kN)	轴线偏差(mm)				高程偏差(mm)				结构变形(mm)	
							左边孔		右边孔		左边孔		右边孔		底板竖向位移(位移数值)	墙体横向位移(位移数值)
							前	后	前	后	前	后	前	后		

在顶进过程中,每顶一次或列车通过一次都应及时检查和校正铁路线路的水平位置、轨距、轨顶高程和行车动态下的挠度变化,并应在下一次列车到达前调整好。应有专人经常检查吊轨与枕木、吊轨与横梁、横梁与纵梁的连接螺栓和支承垫的稳固程度,发现松动应立即紧固。所有加固部件和料具不得侵限,确保行车安全。

桥体分节顶进时,应经常检查布镐槽、顶拉传力设备、钢护板、钢搭榫、剪力铰和导向设施等的工作状况,发现问题应及时处理。在桥体入土前应利用方向墩严格控制多节桥体轴线一致;入土后应及时调整桥体四周接缝的宽度,使其保持一致;运土车道处的接缝应采用钢板遮盖,防止桥体偏转或接缝进土增大阻力。

2. 纠正措施

可参见第四章第四节和第五节。

3. 框架桥就位后的允许偏差

桥体顶进就位允许偏差应符合表6—2的规定。

表6—2　桥体顶进就位允许偏差

<table>
<tr><th colspan="2" rowspan="2">项目</th><th rowspan="2">允许偏差
(mm)</th><th colspan="2">检验频率</th><th rowspan="2">检验方法</th></tr>
<tr><th>范围</th><th>点数</th></tr>
<tr><td rowspan="2">中线</td><td>一端顶进</td><td>200</td><td>每座或每节</td><td>2</td><td>测量检查</td></tr>
<tr><td>两端顶进</td><td>100</td><td>每座或每节</td><td>2</td><td>测量检查</td></tr>
<tr><td colspan="2">高程</td><td>1% 顶程并
偏高≤150
偏低≤200</td><td>每座或每节</td><td>2</td><td>测量检查</td></tr>
<tr><td colspan="2">相邻两节高差</td><td>50</td><td>每孔</td><td>1</td><td>用尺量每个接头计1点</td></tr>
</table>

第三节　墩柱与横梁应力监测

结构截面的应力监测是施工监测的主要内容之一,它是施工过程的安全预警系统。盾构体结构某指定点的应力也同其几何位置一样,随着顶进过程的推进,不仅其值是不断变化的,并且其应力属性(拉、压)也在不断变化。在某一时刻的应力值是否与分析值一样,是否处于安全范围是施工控制关心的问题,解决的办法就是进行监测。一旦监测发现异常情况,应立即停止顶进,查找原因并及时进行处理。

一、监测内容

1. 监测方法

应力的监控主要通过在结构的控制截面埋设应变传感器来实现,通常的做法是,将应变传感器按正确方向埋设于危险截面(控制截面) 测点位置的结构中,在不同的施工荷载下通过专门的仪器(综合测试仪) 采集传感器的读数,然后将该应变读数转换成应力数据,即为对应施工荷载工况下测点位置的应力。

2. 测点布置

为了随时了解施工过程中结构应力的变化,确保施工过程的安全,在多个控制断面布设应变测点。由于盾构体是一种临时结构,可以采用变阻片进行应力的监测。主梁应变观测截面可以选择在主跨支点断面、各跨跨中断面、1/4 跨断面。同时上下层主梁都应该布置。立柱观测点可选择在立柱外侧的竖向工字钢两端和跨中、立柱轴线上的支撑、立柱与立柱纵向支撑的交点处。支撑上也应有应变片,以监测其应力值大小。总之,要尽可能选择应力集中处、应力较大处、截面较小处,尽可能反映结构的受力特点。

3. 测试时间

每一阶段顶进施工时,都要对盾构体应力进行测试,以及时了解结构在各工况下各控制断面的应力变化情况,从而指导施工。

二、监测仪器

要实时、准确监测结构的应力状况,采用方便、可靠和耐用的传感组件是非常重要的。目前应力监测主要有直接法和间接法两种。直接法是利用应力传感器直接感知构件内部应力的一种测量方法,间接法是指首先利用各种应变传感器测量出构件的应变,再通过一定的换算方式转换为构件应力的一种测量方法。目前应力监测主要采用电阻应变片传感器、振弦式传感器、光纤光栅应变传感器等。电阻应变片只能测量构件表面的应变,对于现场复杂环境、持续时间较长且量测过程中始终要以初始零点作为起点的应力监测,目前基本上采用振弦式传感器,主要原因是振弦式传感器具有较好的稳定性、使用方便、自然具有应变累计功能、抗干扰能力强以及数据采集方便等。光纤应变传感器是一种更为方便、准确的结构应力监测仪器,已经从实验室走向了工程应用,随着技术的进一步发展成熟,今后光纤应变传感器必将成为结构应力监测的主要设备和手段。

1. 电阻应变片法

1856 年,英国物理学家开尔文勋爵发现了应变—电阻效应。1936 ~ 1938 年间,美国加利福尼亚理工学院教授西蒙斯和麻省理工学院教授鲁奇分别研制出电阻丝纸基应变片。至今,电阻应变片已经应用在土木、机械、航空等各个领域。电阻应变片的工作原理是基于电阻丝的应变效应,将电阻应变片粘贴在被测物体表面,当试件受到外荷载作用产生变形后,电阻应变片也产生相同的变形,从而引起应变片敏感栅的长度发生变化,引起金属丝电阻值的变化,通过测量电阻值的变化,得到被测试件的应变变化。

电阻应变片测试技术相对比较成熟,具有以下许多优点:输出线性好,监测数值准确,精度高;价格低廉;体积小、质量轻、使用方便,可适用于无损监测;不仅能测量静态应变,而且对动态和瞬态应变都有优良的响应。这些优点使得电阻应变片测试技术得到广泛的应用,可用于各种机械和工程结构强度及寿命的诊断与评估,用于多种物理量的监测与计量,实现生产过程或科学实验过程的测量与控制。但是应用到实际钢结构监测当中还有很多缺点,主要有:室外施工现场粘贴、布线复杂,工作量大,贴片技术要求高;使用仪器精密复杂,不易排除故障;粘贴剂不稳定且对周围环境敏感(尤其是冬季低温),寿命短,不适合长期监测;导线较长,受环境影响大,容易产生漂移。但只要熟练掌握了电阻应变片测试的基本技术,认真细致地考虑各种影响因素,则电阻应变片测试法仍不失为一种理想的测试方法,能得到满意的、合乎精度要求的结果。而且,近年来,随着高科技迅速发展,应变片电测技术得到了很大的发展,出现了很多新型的防高温、防水电阻应变片。

要想正确应用电阻应变片,需掌握下列一些电阻应变片应力监测的关键技术。

(1)合理确定应变片的具体位置。合理确定应变片的具体位置包括两个方面:①通过对结构施工过程的受力分析确定出结构需要监测的关键点,结合实际施工的条件合理地确定出应力监测最佳贴片点的位置。工地现场的条件复杂,有些位置很难达到或者随着施工过程的继续,变得很难达到。因此,理论分析所选择确定的测点应该尽量选择在易于达到且方便操作的应力关键点。②在浇筑混凝土后,如何才能准确找到被混凝土包裹起来的型钢应变片位置呢?型钢应变片位置如果判断不准,盲目乱凿不仅费时费力而且有可能损坏应变片。通过对测点位置的坐标定位并结合实际经验来定位应变片取得了良好的效果。

(2)在实际工程监测中正确贴片。应变片的粘贴工艺包括:①构件测点部位的表面处理;②应变片的粘贴、固化;③导线的焊接;④应变片和引线的防护以及贴片质量检查等。这是电测技术中的一个关键环节,其中任何一道工序的质量未能保证,都将直接影响测试结果。在实验室中应变片的贴设非常简单,但是,实际监测实施中,发现大规模贴设应变片也存在着很多的问题。首先,工地的环境条件比较差,按照实验室的操作流程经常无法清除干净残留在结构表面的污垢。其次,随着结构监测的高度增加,结构对风的响应就越来越大。尤其是在结构的外表面贴设应变片时,当应变片抹上胶的时候,很容易被风吹动,碰到手或者测点以外的结构上,应变片就会瞬间粘住,导致应变片难以就位。因此,应变片的贴法一定要讲究,务必要考虑到贴片受风的影响。第三,通过实验室的研究发现,在使用应变片的过程中,涂抹应变片胶的厚度也对应变最终的测试值有一定影响,为了最大程度地减小这种不同人的习惯差异,贴设应变片必须由专人负责。

(3)应变片的现场保护。施工现场情况复杂多变,应变片的现场保护,尤其是型钢柱应变片的保护是一个非常严峻的问题。应变计受潮会降低绝缘电阻和粘结强度,严重时会使敏感栅锈蚀;酸、碱及油类浸入甚至会改变基底和粘结剂的物理性能。为了防止大气中游离水分和雨水、露水的浸入,在特殊环境下防止酸、碱、油等杂质侵入,对已充分干燥、固化,并已焊好导线的应变计,应立即涂上防护层。常用室温防护剂有凡士林、蜂蜡、石蜡、炮油和松香混合物、环氧树脂等。钢结构应变片破坏主要是后续施工工序对其影响引起的,应该采取一定的防范措施,使应变片不要脱落和损坏。

(4)合理的应力测试方案。施工现场是一个复杂而多变的场所,其温度、湿度、荷载以及电磁波都不停变化,要通过应力测试的手段获取真实结构的应力时,必须要尽可能多地避免以上因素对应变监测的影响。首先,选择测量的时间尽可能选择在每天同样的时间段内,尽可能降低温度和湿度对应变测量的干扰。其次,在测量数值时,必要时需要施工中的有些工序短暂停顿,例如,在施工监测的同时,不宜有大的冲击荷载施加在所测构件上,也不宜在焊接的地方进行应力测试,因为焊接所产生的电磁波对应变的检测值具有一定的影响。第三,要排除由于个人视觉等其他偶然因素所引起的误差,在监测中要求在相同的时间段内,重复多次测量,以便排除偏离真实较大的数值,使结果更为真实准确。

(5)科学的应力测试频次。应力监测的频次要根据施工的需求不断调整,当施工关键部位关键工序时,应力测试的频率就要很高。为了满足这种情况,需要采取多人多台仪器同时同步进行测量才能保证及时获取施工过程的关键步骤关键构件应力状态。

2. 钢弦式应变传感器

钢弦式应变传感器有结构简单、制作安装方便、稳定性好、抗干扰能力强及远距离输送误差小、数据采集方便等优点,在桥梁结构的长期检测中得到广泛应用,但其体积较大。

钢弦式应变传感器又分为钢弦式表面应变传感器、钢弦式钢筋应力传感器和钢弦式内部应变传感器。钢弦式钢筋应力传感器主要由传力应变管、钢弦夹紧部件、电磁激励线圈等组成，常用于量测钢筋混凝土结构中的钢筋应力。钢弦式内部应变传感器多埋于混凝土、钢筋混凝土等结构物中，主要用于结构物内部应变的长期观测。钢弦式表面应变传感器主要用于结构物表面应变的量测。该传感器结构简单，不需要专门设计。

图 6—1 所示为常用的钢弦式传感器，其中(a)为钢筋应力传感器；(b)钢弦式内部应变传感器；(c)为表面应变传感器。

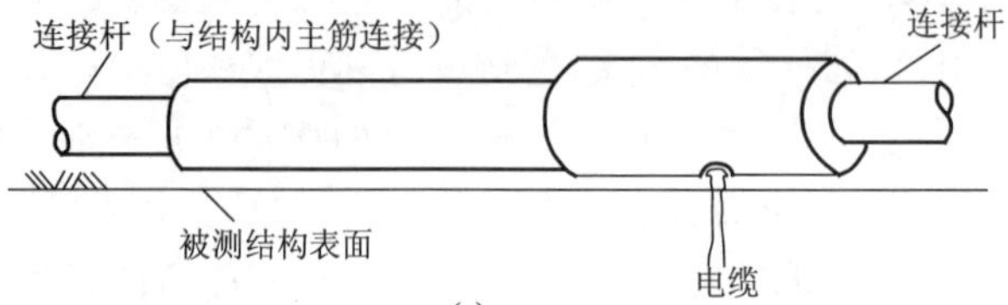

(a)

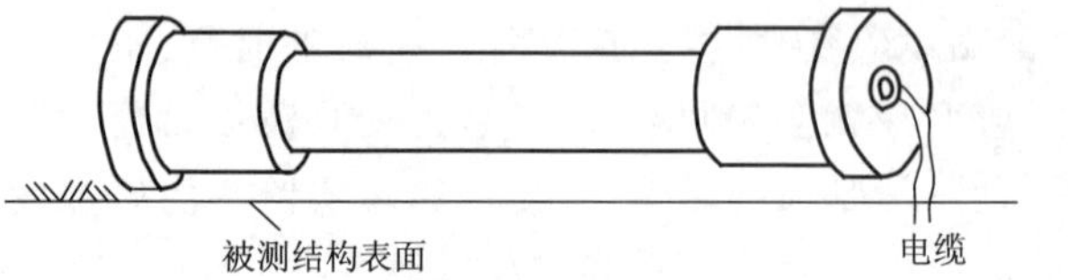

(b)

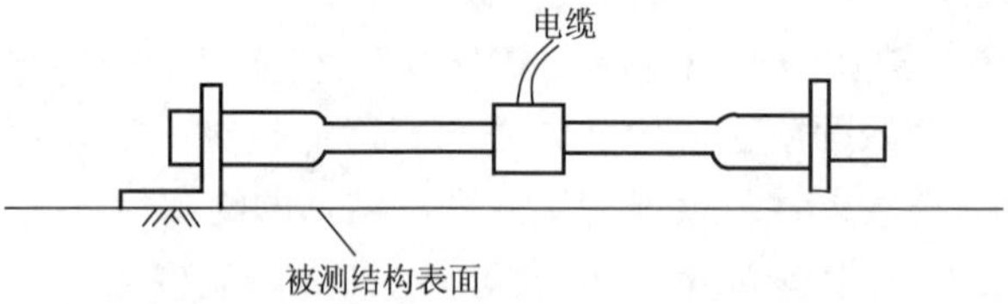

(c)

图 6—1　钢弦式传感器

在传感器工作之前，钢弦具有的固有频率为 f_0，结构物受力之后，传感器的两支架间发生相对位移，钢弦的长度改变了 ΔL，光纤拉紧的程度发生了变化。因为钢弦的固有频率 f_0 已成了 f_1，则相应钢弦的应变也变成了 ε_L。根据预先标定的 f—ε 关系曲线，即可确定结构受力后产生的表面应变值。有了结构表面应变值就可以得到结构的实际受力状态。

钢弦式表面应变传感器的安装是将应变计固定在配套的底座上，底座与结构物之间可用胶粘结、螺栓连接或焊接，生产厂家可根据不同安装方式提供相应的底座。安装时，首先在结构物表面预定位置固定应变计的两块底座。为确保两底座之间的距离与应变计的标距一致，并在同一轴线上，需用与底座配套的定位标准杆定位。应变计安装完成后，应使其初始频率与出厂标定的初始频率值一致。具体方法是先将应变计的一端固定在调底板上，调整另一端的微调螺母，使应变计的初频值与原出厂标定的初频值一致，然后扭紧固定螺钉。为保护表面应变传感元件的稳定性，应变计应避免受到较大冲击。

3. 光纤监测技术在框架桥施工监测中的应用

光纤监测技术是 20 世纪 70 年代末发展起来的一门新技术，它的基本原理是当光纤传感器埋入材料或者结构物中时，外界待测量的压力、温度等作用于光纤，引起光纤几何参量或物理参量变化，对在光纤中传播的光波的特征参量（如强度、频率、相位、偏振等）产生调制，通过对调制光的监测，便能感知外界的信息，从而实现对各物理量的测量。

光纤传感器用光而不是电作为敏感信息的载体，用光纤而不用金属导线作为传递敏感信息的媒介，具有径细、柔韧、体积小、质量小、灵敏度高、响应速度快、抗电磁干扰能力强、超高电绝缘、能耗小、造价低廉、便于实现分布式和准分布式监测、集信息传输和传感于一体等特点，还有宽频带和高数据传输率及耐高温、抗腐蚀等优良特性。可应用于压力、温度、位移、应变、加速度、电压、电流、磁场、流量、浓度、pH 值等量的测量，因而光纤传感与监测技术在地下工程上也具有广泛的应用前途。

在实际工程中，将光纤安置在框架桥的合适位置，监测其应力、应变。由于其原理是通过光而并非电作为敏感信息的载体，增加了工程效益。特别是对于较敏感部位，以往工程中都是布点较密的部位，必须增加监测力度及监测范围，也就是要求测点多，实时测量，测量数据真实、准确，数据采集速度快，数据处理方便快捷。在光纤监测技术中，可利用多路复用技术及分布式传感技术，将各测点用单芯光缆联至一大光缆（这些都埋于地下），延伸至监测中心的一台微机上，这样就实现了数据信息的实时收集。然后在电脑中用相关程序对数据进行及时处理，当处理结果超过预设的报警值时就及时发出报警信号。从而可以及时修改设计，增加或减少相关测点数量或及时采取其他应急措施，保证工程在尽可能节约造价的同时达到安全的要求。另外，施工中光纤的埋设问题也是工程的难题，尤其是光纤传感器的埋设，还需要不断的摸索和改进，更好地提高其精度。

第四节　墩柱与横梁变形监测

施工过程几何变形监测是对被监测对象或物体（简称变形体）的目标点进行测量，以确定其变形体的空间位置以及内部形态随时间的变化特征。变形监测主要是通过测量仪器对建立基准数据的测量变形体在空间三维几何形态上的变化情况进行监测，常见的常规测量仪器有水准仪、经纬仪、激光测距仪、全站仪和摄影测量设备等，这些常规的地面测量方法技术比较成熟，通用性好，精度也能满足常规监测需求，能够监测变形体的变形信息和趋势。

一、变形因素分析

导致盾构体变形的因素有很多，在施工过程中，主要的因素有：所受的一般荷载、温度荷载、地基变形等。

1. 所受一般荷载

所受一般荷载包括自身恒重和外加荷载。自身恒重即盾构体的主梁、立柱、支撑、盾壳等的重量。外加荷载包括列车荷载和土压力等。相对于其他因素，这些荷载是引起盾构体变形的主要原因。设计中要注意，特别是受力较大处，要充分考虑变形对顶进工作的影响。因此，较大受力处或截面发生变化处，都要进行应力监测和变形监测。

2. 温度荷载

温度变化导致结构构件膨胀或收缩，从而产生变形。按照温度荷载的作用时段和成因，将其分为 3 种类型：季节温差荷载、日照温差荷载、骤降温差荷载。季节温度荷载影响过程缓慢，温度场分布均匀且改变较为平稳。日照温度变化复杂，主要的影响因素是太阳辐射强度和大气温度变化，还和天气状况、框架桥的位置、照射方向、太阳高度角相关，因此，日照温差荷载引起的变形较为复杂。骤降温差荷载主要是强冷空气作用导致的建筑内高外低的温度差。对于盾构体，主要考虑日照温度变化的影响。为减少其对变形监测的影响，应尽量在固定时间段内进行测量。

3. 地基变形

在荷载不均匀分布的作用下，地基会产生不均匀沉降。随着各种荷载不断的增加，地基会不断沉降。特别是在软弱地基上顶进桥涵时，要对地基进行处理，以满足要求。

二、挠度变形监测方法

1. 观测点布设

挠度变形观测的主要基准点应尽可能布设于稳定、相互通视且便于监测之处。同时，要能反应变形的特点。对于可能出现较大变形的部位，要加强测点的密度。

主梁观测截面在跨度较小时，可以选择在主跨支点断面、跨中断面、1/4 跨断面，跨度较大时，要缩短监测断面距离。同时上下层主梁都应该布置。立柱观测点可选择在立柱外侧的竖向工字钢两端和跨中、立柱轴线上的支撑、立柱与立柱纵向支撑的交点处。支撑上也应设观测点。总之要尽可能选择应力集中处、应力较大处、截面较小处，密度要合适，尽可能反应结构的变形形态。

2. 基准控制网测量

每次挠度变形观测前，先对基准点进行精密水准测量，再用高精度全站仪测量各基准点的坐标和两点之间的距离、高差，经平差后得出各点的高程和距离，确定基准点的基本参数后，再进行挠度变形观测点的观测。每次用全站仪观测基准点高差变化后，可再用精密水准仪进行校核测量，检验全站仪精度的变化及气象条件的改变对全站仪高差测量精度的影响，求出可能的修正值，确保全站仪高差测量的精度要求。

3. 观测的方法

首次观测时，在变形点上精确安置反射镜，在基准点上用全站仪测定每一变形观测点与基准点之间的高差和水平距离，经平差解算出各点的高程和相对于各基准点的水平距离，作为以后每次变形观测比较的依据，以后要定期进行监测。这种观测精度要求较高，连续进行两次观测，互差小于限差时取其平均值作为最后结果。

挠度变形观测时，在一基准点上安置全站仪，精确对中，严格整平；在另一基准点上安置带有对中杆的三脚架和反射棱镜，精确对中和整平。首先观测测站点（基准点）到镜站点 i（基准点）的斜距 S_i 及竖直角 α_i（图 6—2），可按（6—1）式计算出镜站水平视线相对于镜站点地面标志的高差。

$$\Delta h_i = D_i \tan\alpha_i + (1 - K) D_i^2 / (2R) + b \qquad (6—1)$$

式中　α_i ——视线 i 与水平线之间的竖直角；

b ——反射镜高；

K ——大气折光系数；

R ——地球的平均曲率半径；

D_i ——测站、镜站两点间的水平距离，$D_i = S_i \cos\alpha_i$。

然后，在测站（基准点）上观测变形监测点 j 的竖直角，测定其相对于水平视线的竖直角

α_j（图6—2）。由于其相对于测站点的水平距离 D_j 已知，则可计算出变形点 j 相对于测站点水平视线的高差为：

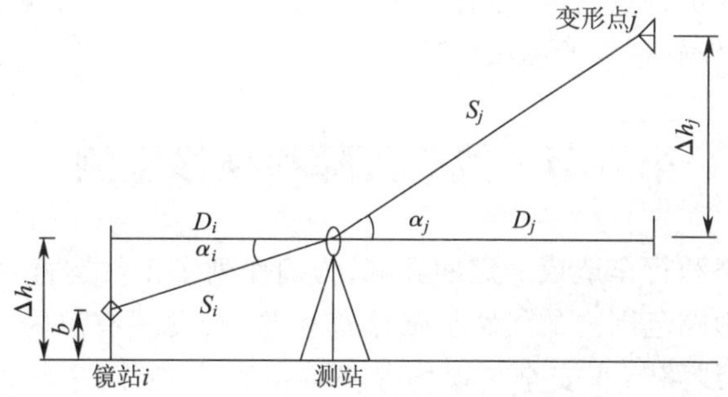

图6—2　挠度变形观测方法示意图

$$\Delta h_j = D_j\tan\alpha_j + (1-K)D_j^2/(2R) \tag{6—2}$$

（6—2）式中 α_j 为测站点到变形点 j 的视线与水平线之间的竖直角，其他符号与（6—1）式含义相同。此时，变形点相对于镜站点的高差为：

$$\Delta h_{ij} = \Delta h_j - \Delta h_i = D_j\tan\alpha_j - D_i\tan\alpha_i + (1-K)(D_j^2 - D_i^2)/(2R) + b \tag{6—3}$$

观测时，在每个测站分别观测每个变形标志（如 j）三角形三个顶点的竖直角，计算三角形三个顶点（a、b、c）相对于测站点水平视线的高差 Δh_{ja}、Δh_{jb}、Δh_{jc} 和这三个高差的两两之差（垂直距离之差），即 $\Delta h_{ja}-\Delta h_{jb}$ 和 $\Delta h_{jb}-\Delta h_{jc}$，计算出的目标标志3个三角形顶点之间实际垂直距离与理论值之差，若小于1 mm（理论值事先测定出来），取其平均值 $\Delta h_j=(\Delta h_{ja}+\Delta h_{jb}+\Delta h_{jc})/3$ 作为观测点相对于测站点水平视线的高差。为了保证监测精度，对每一个变形点都要在两个基准点上进行观测，以便进行检核，在两测站上测得同一点的高程差互差小于 ±1.4 mm 时，取均值为最后结果。

对于挠度变形观测来说，由于观测目标固定，反射镜镜高固定，测站固定，目标的挠度变形是上下垂直位移，所以测站至目标的水平距离是不变的。每次观测时水平距离的变化主要是仪器对中误差的影响。大气折光对观测点测量高差值的影响，在变形量比较时可以互相抵消。因此，在进行变形量比较的每次测量高差计算时，（6—3）式的后两项可以不参加计算，即

$$\Delta h_{ij} = \Delta h_j - \Delta h_i = D_j\tan\alpha_j - D_i\tan\alpha_i \tag{6—4}$$

而某次观测点 j 的高程为：

$$h_j = h_i + \Delta h_{ij} \tag{6—5}$$

其挠度变形量为：

$$\Delta H_{j(\text{变形量})} = h_{j(\text{初次})} - h_{j(\text{本次})} \tag{6—6}$$

根据理论分析和实际应用经验，建议如下：

（1）在使用全站仪监测时，应根据不同距离及仪器的精度指标进行精度估算，确定测距、测角的测回数，仪器的测角精度应大于2″。

（2）基准点的选择尽可能的靠近观测点，且仰角不宜过大，以小于25°为宜。基准点间最好用精密水准观测，提高观测效率。

（3）观测目标点的制作应能较长时间保存，不易损坏，尤其结构物在使用过程中要进行

观测目标点的保护。

全站仪用于结构测试具有作业简单、能够全面反映出结构变形情况的优点，若测前能根据结构的受力状况和变形特点，合理布置测点位置，优化施测方案，测后对成果进行合理的处理和分析，则能取得较好精度的测试成果。

第五节　线路沉降和横移监测

由于施工会给线路和行车造成一定的影响，为确保列车正常运行，要会同所属工务段等对桥体中线两侧顶进影响范围内的线路加强检查和监测，发现有沉降横移等问题时立即组织人员进行整修，保证线路行车安全。现场除坚持检查线路外，还必须配备足量的道砟材料、人工及机具设备，以便随时对线路进行垫砟整修。

路面变形主要是由在顶进过程中对土的扰动引起的。根据试验，框架桥的推进速率对路面变形有较大的影响。速率越大，地表变形波动越大；对不同工程，顶进速率的范围也不一样。所以要进行全面跟踪监测，合理布置监测点。在顶进前后时刻对路面沉降进行监测，以确定顶进的速率。

路基监测点用来实时监测路基的沉降，进而了解铁路运行的安全性。随着桥体的向前推进，路基沉降也越来越剧烈，当框架推出滑板后，扰动达到最大量。框架顶着前端土体顶进，千斤顶顶力也逐渐增大，由于强大的挤土效应，使路基上各个测点的隆起量达到最大，在顶出滑板到顶进就位这短短几个小时内，产生了整个过程中最大的沉降量。而随着框架顶进就位，整个施工过程结束，这种扰动很快就减缓，直至停止。由于事先需要对地基土进行旋喷桩加固、基坑降水等处理，保证了在此过程中框架平稳、快速地进行，这在很大程度上保证了施工安全。

在顶进过程中，线路如果发生较大横向位移，将使线路扭曲，影响列车的安全运行。

1. 测点布置

施工过程中必须加强对公路路面、路基边坡和铁路线路轨顶高程的监测，需要在顶进影响范围内布置观测点。

2. 路基、路面变形监测

在框架桥施工影响范围以外，设置几个水准基点。在施工影响范围内的线路上布置观测点，并进行编号。对于路面测点，沿道路纵向布置几排测点，每排若干个，沿框架桥中轴线对称布置。对于路基测点，钻出一定大小的孔，在孔内土路基顶设置测点。

3. 钢轨（轨枕）横向水平位移和垂直位移监测

在铁路线两侧布置固定观测点，进行沉降及坡顶水平位移监测，测点采用长钢钉打入路基下埋设或沉降桩。每个观测点用红色油漆做好标志，并编上顺序号码。

4. 道砟和基床土的位移监测

在铁路每条线路的两侧分别埋设位移观测桩。位移观测桩可参照无缝线路位移观测桩制作方式。

5. 测点类型

测点有两种类型，一种是在路面钻取内径为 100 mm 的孔，然后用钢筋打入路堤填土中，用少量水泥固定，孔顶设钢板盖保护，钢板盖与路面平齐，置尺读数时揭开。这种测点用于监控路面下路基的填土沉降和脱空。另一种是直接将钢钉钉入路面，上端与路面平齐，用于监控路面和桥涵的沉降变形。

6. 观测时间

施工开始后，每顶进一定距离观测一次，若沉降量达到限值时，则停止施工，马上进行线路整修；若沉降量较小趋于稳定，则可延长监测时间。每次观测都要形成记录。当列车通过后要加强监测。

7. 仪器选用及观测方法

钢弦式土压力传感器，用于观测基床土的土压力；全站仪一套，用于测量有关观测点的水平位移和垂直位移；水准仪和塔尺三把，用于测量有关观测点的高程并计算垂直位移；经纬仪一套，用于测量有关观测点的距离。依据设计部门和建设方的建议，顶推施工前，对各观测点进行一次全面测量，利用施工方提供的水准点的绝对高程，联测计算得出各测点的初始高程，以后施工每次进尺 30 ~ 40 cm，待稳定一定时间后进行测量，计算得出各观测点的高程，在以后的各次观测中将本次算得的高程与上次及首次各点高程相比较，计算求得各点的本次沉降量和累计沉降量。在以后的测量工作中不定时的对设置的基准点进行联测，以便随时得知基准点高程有无变化。顶进初期或其他特殊情况，减少进尺量，加大监测频率，在观测中若发现异常情况及时通知相关单位，以便相关单位及时做出相应调整以保证路面通车安全和整个工程的顺利进行。

8. 报警值确定

在线路沉降和横移的监测过程中，监测项目预警指标的确定是关键问题。在工程监测中，每个测试项目都事先确定相应的警戒值，判断位移或受力状况是否已超过允许的范围，判断工程施工是否安全可靠。监测项目的报警值是十分重要的，一般应根据结构设计计算时的设计允许值和周围环境的情况来确定相应监测项目的报警值。当路面、路基变形监测的位移、变形情况以及周围环境沉降在预警值范围内，则认为路面、路基及周围环境是安全的，工程施工可照常进行，否则应调整施工，采取相应的加固处理防范措施来确保工程的安全。铁路线路水平方向每镐偏差超过 10 mm，顶进方向偏移每镐偏差超过 5 mm，应立即调整。

9. 监测结果分析

随着监测的进行，绘制出观测点沉降曲线图。根据监测数据，研究各点的沉降情况，预测今后的情况，总结经验。

第六节　铁路路基边坡

框架桥顶进施工首先要开挖工作坑，根据地质情况决定工作坑距离线路的距离即开挖放坡尺寸。必要时要进行钻孔桩、深层搅拌桩或打入钢板桩路基边坡加固防护。因为路基边坡的稳定直接影响行车安全，所以必须进行监测，尤其在软土地基中格外重要。

一、监测方案的编制

(一)工程概况

简要说明和介绍工程概况：

(1)工程地点、地下管线、水文地质情况；

(2)工作坑靠线路侧开挖距离、放坡尺寸、开挖深度等；

(3)路基加固、坡面防护、降水处理等。

(二)监测目的及项目

监测目的有两个：

(1)保证工作坑开挖过程中路基加固措施有效,边坡处于稳定状态；

(2)保证预制桥身及顶进前后路基边坡稳定,从而确保行车安全。

监测项目有两项：

(1)路基下沉；

(2)路基位移。

(三)测点布置及埋设

(1)沿线路方向埋设一排观测桩,可设在路肩道床坡脚处,线路作业和路肩行人不易损坏的地方。

(2)在框架桥轴线、两侧边墙外以及离工作坑两边各 30 m 以外路肩,至少设 5 个以上的桩,并保持一直线。

(3)方桩宜用 4 ~ 5 cm 边长(圆桩顶面直径 4 ~ 5 cm),桩长不小于 50 cm,打入路肩外露不超过 2 m,并在顶面设小铁钉。

(4)如桩不够稳固时,应挖 0.3 m 坑再用混凝土固定。

(5)水准基点应选择附近不易变动的永久性固定标志。

(四)监测实施

(1)所用的经纬仪和水准仪经检验并有合格证。

(2)安排人员和组织落实措施。

(3)监测频率：

①工作坑开挖前进行放线和高程测量,测得各桩初始值。

②工作坑开挖过程中,每 8 h 测一次,有变化时还应适当增加次数。

③开挖完成后,一周内每天测一次,如没有变动可 2 ~ 3 天监测一次。但汛期、雨后要增加监测次数。

(4)监测记录。把每次测得的数据记录在测量记录本上,并计算各次变形值。为了明确责任,便于数据分析,每次监测应记录日期、使用器具编号、天气温度、测量记录人员姓名等。

二、监测项目的报价值

软土路基下沉和水平位移一般是同步发生的,以总变形量来确定报警值。在设计没有规定的情况下,每天变形超过 10 mm,或总变形量超过 50 mm 时应报警,组织分析原因,并采取相应的加固措施。

第七节　工作坑围护结构

工作坑围护工程是一个系统工程,它涉及地质、水文和气象条件以及土力学、结构、施工组织管理等各个方面，在工作坑开挖过程中，土体和支护结构受力情况在不断变化，为确保施工顺利进行，对工作坑围护结构的监测显得非常重要。

一、监测方案的编制

（一）围护工程概况

（1）围护工程设计、施工、监理及监测单位；

（2）工程地点、水文地质、基坑尺寸、面积和开挖深度等；

（3）工作坑支护结构形式、尺寸、插入深度以及支撑形式、截面尺寸和高程等；

（4）周围环境情况，主要包括周围建筑物、市政道路及地下管线情况；

（5）工作坑围护施工方案及进度情况等。

（二）监测目的及监测项目

工作坑围护工程监测目的有两个：

（1）保证工作坑正常施工，确保支护结构的稳定和安全；

（2）保证工作坑周围环境，包括确保工作坑周围建筑物、构筑物、道路及地下管线的安全与正常使用。

工作坑围护结构监测项目可根据基坑工程的等级和现场条件，由监测单位会同业主、设计、施工与市政管理单位等参考表6—3选择确定。

表6—3 基坑工程监测项目选择表

序号	监测项目	基坑工程等级			序号	监测项目	基坑工程等级		
		一级	二级	三级			一级	二级	三级
1	墙顶水平位移	√	√	√	9	支撑轴力	√	○	
2	墙顶沉降	√	√	√	10	坑底隆起	○	○	
3	孔隙水压力	√	○		11	地下水位	√	○	○
4	土体竖向变形	√	○		12	锚杆拉力	√	○	
5	土体侧向变形	√	○		13	立柱沉降	√	√	○
6	墙体侧向变形	√	○		14	周围建筑物沉降和倾斜	√	√	√
7	墙体内力	○	○		15	周围地下管线沉降和水平位移	√	√	√
8	墙体土压力	○	○						

注：表中√为必测项目，○为选测项目。

（三）测点布置和埋设

根据理论预估因工作坑开挖引起的应力和位移情况及施工经验，分轻重缓急，抓住关键部位布点，使监测数据能综合反映结构受力变形情况及对周面环境的影响程度。

量测支护结构应力、应变的传感器应在支持结构施工的同时进行，其他变形监测点可在基坑开挖前及时埋设，使其能测到可靠的初始值。

没有专业监测单位的工作坑围护，施工单位也应自行进行监测，监测点一般在围护结构的圈梁或桩顶围檩上。每5～10 m设一个监测点，同方向的应尽可能设在一条直线上，以便观测。

（四）监测实施

（1）使用的经纬仪、水准仪经检验有合格证；

（2）人员安排和组织落实措施；

（3）监测频率。监测频率应根据不同的施工阶段、不同的工况和监测项目确定。对基坑的稳定和安全起控制的监测项目及主要的地下管线和建筑物，在基坑开挖阶段一般应每天监测一次。如工况不变，监测数据较稳定时，可适当降低监测频率，如每周3次左右；当监测值达到报警值或变化速率加快出现危险事故征兆时，应增加监测频率。

二、监测项目的报警值

根据支护结构计算时的设计允许值和周围环境情况，应事先确定相应的监测项目报警值。一般情况下，报警值的确定原则如下：

（1）根据支护结构设计计算，使报警值小于设计值。

（2）对需保护的地下管线等市政设施，应满足保护对象的主管部门提出的要求。

（3）对需要保护的建筑物应根据各类建筑物对变形的承受能力确定其控制标准。

（4）满足现行规范、规程的相应要求。

（5）对围护结构与地下管线等报警参考经验值如下：

①围护结构变形：如只是为了确保工作坑自身安全，围护结构的最大水平位移可达80 mm，位移速率可达10 mm/d；

②煤气管变形：沉降或水平位移不得超过10 mm，位移速率不超过2 mm/d；

③自来水管道变形：沉降或水平位移不得超过30 mm，位移速率不超过5 mm/d；

④基坑外水位：坑内降水或基坑开挖引起坑外地下水位下降不得超过1 000 mm，下降速率不得超过500 mm/d；

⑤主柱桩差异沉降：基坑开挖所引起的立柱隆起或沉降不得超过10 mm，变化速率不得超过2 mm/d；

⑥弯矩及轴力：根据设计确定，一般将报警值控制在80%的设计允许最大值内。一旦达到报警值应及时上报，组织分析原因并采取相应的措施。

第七章　框架桥盾构法施工应用案例

第一节　郑州市文化北路下穿连霍高速公路立交桥(下穿公路)

一、前　　言

近10年来,随着城市建设不断扩大,许多城市道路必须穿过既有高速公路。“盾构顶进”为下穿高速公路施工的顶进桥提供了一种新的施工技术,该技术可以在不断道的条件下施工,保证了高速公路安全畅通,对国家公路建设有着重要的参考借鉴作用。

二、工程概况

郑州市文化北路下穿连霍高速公路立交桥位于文化北路K4+310 m处,夹角73°37′,采用两孔净宽18 m、净高6 m的框架桥,结构混凝土厚1.3 m,单孔桥长35.5 m,上、下行框架桥间净距9.6 m,其中车道宽12 m,非机动车道宽4 m,人行道宽2 m。桥内横坡按1%单向坡设计。框架立交桥中心框架上部覆土厚平均2.67 m,具体的结构尺寸如图7—1、图7—2所示。

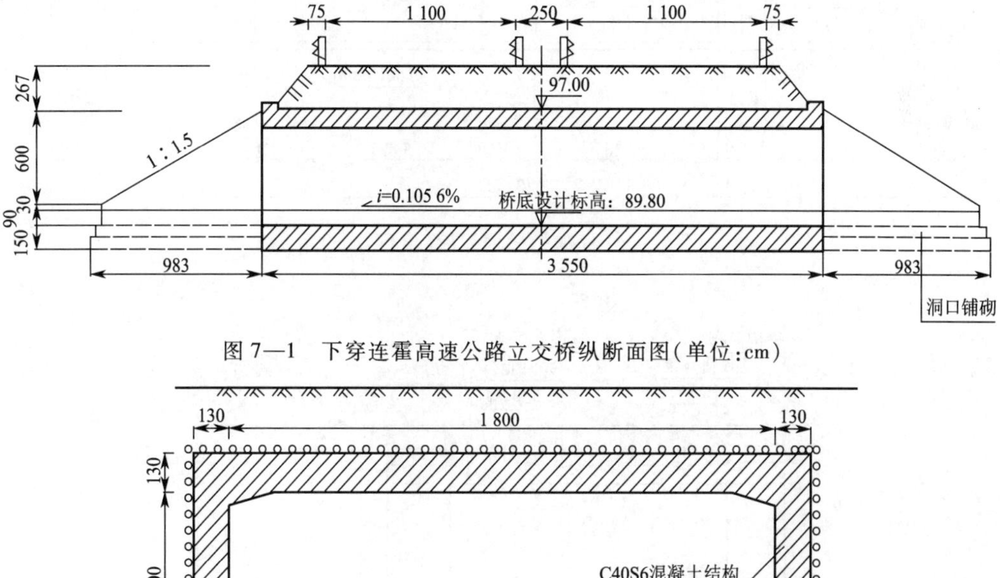

图7—1　下穿连霍高速公路立交桥纵断面图(单位:cm)

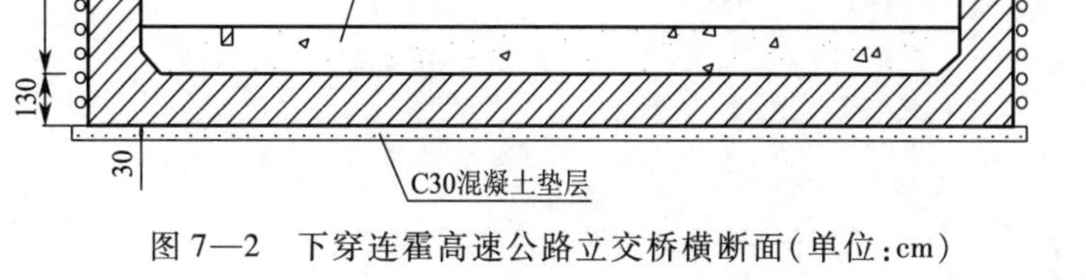

图7—2　下穿连霍高速公路立交桥横断面(单位:cm)

三、"盾构顶进"设计与施工

1. 盾构设计

框架桥盾构的立面图、子盾构装配示意图、盾构剖面图如图 7—3、图 7—4、图 7—5 所示。

"盾构顶进"采用网格式的原理,化整为零,具有如下作用:

(1)对掘进面的支护作用

在第一节框架桥前装配盾构,作为框架桥带土顶进时掘进面与路基的支护。掘进面开挖分为三个部分:

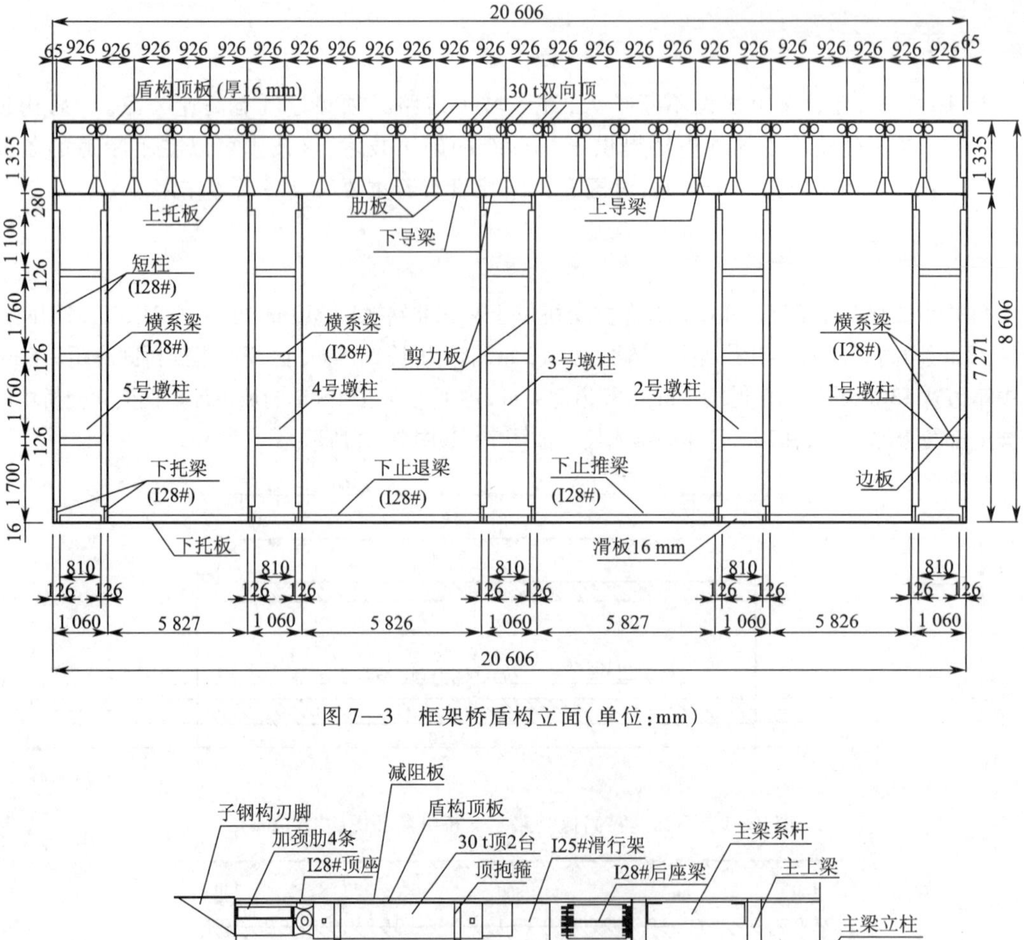

图 7—3　框架桥盾构立面(单位:mm)

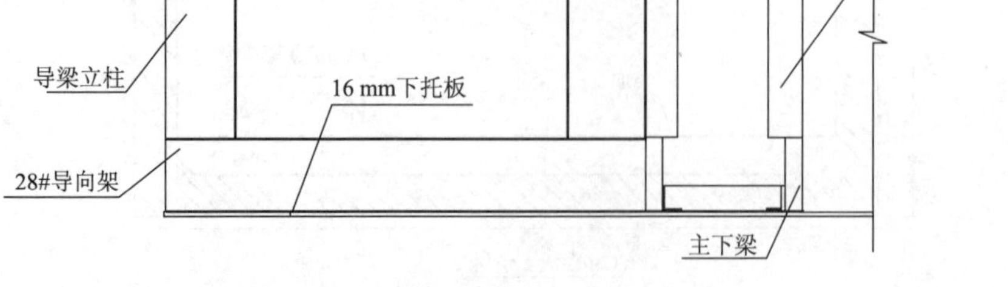

图 7—4　子盾构装配示意图(单位:mm)

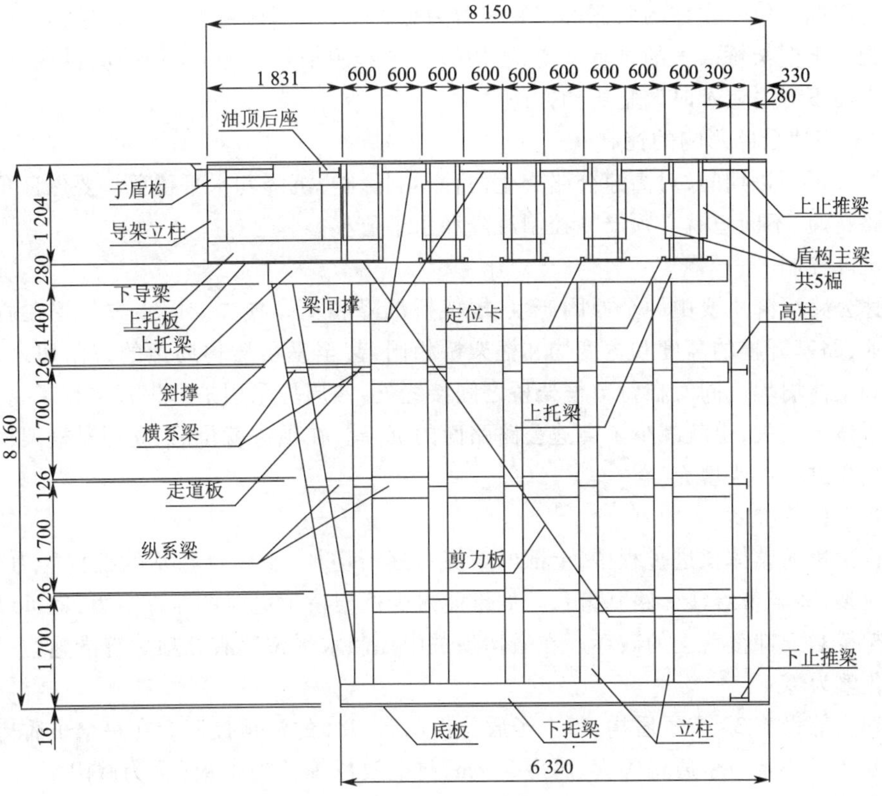

图 7—5　桥式盾构剖面(单位:mm)

①子盾构内开挖

盾构上部设有 23 个子盾构,将上部开挖面分成了 23 等份。当子盾构向前顶进时,其上部土方由前端锯齿刃角切割下落,子盾构承担了上部荷载。视挖掘面土的自稳能力,子盾构作业分先顶后挖、边顶边挖和先挖后顶三种方式。上部子盾构由液压系统控制,单台组错开推进,插入土体中以托住上方,至下一掘进面止。盾构母体随第一节框架桥推进时,子盾构推出部分被掘进面土体阻挡而与盾构母体作相对运动,套回子盾构箱内,完成一个工作循环。

②墩柱开挖

每个墩柱宽为 1.1 m,分为 4 层,每层下部有一块支垫钢板,可将每层封闭成独立箱室。每次仅向前开挖 35 ~40 cm,正立面设有 1∶0.2 的坡。一旦发现有坍塌现象,可对这个独立箱室进行单独封闭,不会造成大面积塌方。

③中心土开挖

中心土采用机械开挖,按墩柱上的 1∶0.5 剪力板线开挖,一般情况下中心土滞后子盾构掘进面 5 m 左右。若中心土自稳能力不强时,可放缓开挖坡度。

(2)顶进过程中的导向作用

顶进时盾构的墩柱底部设有 0.25% 的仰坡,对通过的土体进行了预压,盾构在前方走出一道轨迹,框架桥沿着这条轨迹前行,并在节与节之间设置 8 组 2 扣 1 的 50 轨束,作为导向墩,可防止节间错台。盾构的走向完全取决于人工超挖的方向,可高可低,可左可右。导向的关键在中心上。当上托板的角度增大时，在中心土强大的反力作用下，盾构被迫抬升。反之盾构降低。每个立柱的两侧都安装了剪力板，中心土西侧超挖，东侧欠挖时，盾构向西偏转。相对于框架桥巨大的自重来说，盾构的引导作用毕竟有限，应加强测量观测，当发现框架桥走向不对时应及时调整盾构方向。

(3)对高速公路影响的控制

在框架桥顶进期间，对高速公路产生两种不利影响：沉降和水平位移。要保证顶进期间高速公路畅通、不断道就必须严格控制沉降和水平位移。

①沉降控制

高速公路沉降主要由两个原因产生：框架桥沉降和土体损失。因土方开挖在盾构的支护下作业，路基开挖的高度和宽度均和框架桥相同，甚至是由盾构周边的刃角切入，不会造成超挖和土体坍塌。同时在每节框架桥之间接缝处，四周均采用护套钢板进行了封闭，减少了上部土体的损失，也就减少了高速公路路面的沉降。在顶进就位后，立即对框架桥顶部和两侧的缝隙进行注浆填充。

②水平位移控制

在框架桥的整体顶进过程中，上部的摩擦力逐渐增加，当超过路基的抵抗能力时，高速公路被拉裂，甚至带着整个路基偏移。如果能减少框架桥顶进时的摩擦阻力，就可以减轻摩擦时框架桥对上部覆盖土的破坏。在盾构顶进中控制水平位移有几项关键措施：

a. 化整为零

盾构上部设有23个子盾构，每个子盾构由两台30 t的油顶控制。在每个子盾构的刃角尾部均安装了一条与子盾构等宽、厚度3 mm、与框架桥等长的钢板(称为减阻板)。当单个子盾构向前顶进时，减阻板因子盾构牵引向前运动，将大面积摩擦造成的破坏性剪切力以大化小，变成1/23，使覆盖土处于稳定状态。

b. 多层隔离

在框架桥顶部，除了减阻板之外，沿顶进轴线方向通长设置50 mm×4 mm的扁铁，其扁铁横向中心间距为100 mm。扁铁前端与盾壳尾端焊接，后端摆放于框架桥顶板上。框架桥顶部与土层被扁铁与减阻板隔开，当子盾构牵引减阻板就位后，减阻板不动，第一节框架桥与盾构带着扁铁在减阻板下运动，第二、三节框架桥顶进也在扁铁下运动。摩擦系数由混凝土与土的0.5~0.7下降到了钢与钢的0.1~0.2，摩擦力减小了3倍以上。顶进前，在减阻板与扁铁间涂抹黄油、板面及框架桥外侧壁涂工业废油，降低周边土体的摩擦力。

c. 双层减阻板

通过计算，60 t的油顶只能将925 mm宽的减阻板拖动22 m，而框架桥需穿过高速公路34 m。这样我们可将减阻板分为两层，上层长12 m，下层长22 m。当框架桥顶进高速公路12 m后将上层减阻板甩掉，尾部用工字钢焊接上，上层减阻板不再向前移动，这12 m范围内的上层土体不再受框架桥摩擦扰动，相对稳定。子盾构继续牵引下层减阻板向前移动。

d. 挡土梁

在公路对面，各框架桥出口边坡上部设置钢筋挡土梁一条，两端与抗滑桩相连，上部用袋装土反压，用以抵抗子盾构及减阻板上部土出洞时的轴向推力，以保护路基边坡。

2. 顶力设计

框架桥的预制在连霍高速公路南侧滑板上进行。为便于顶进，每孔35.5 m框架共分成

3 节预制，第 1 节长 8 m，第 2 节长 11.9 m，最后一节长 14.5 m，每节之间设 55 cm 待浇带，后一节作为前一节顶进的后背。先预制第 1 节和第 3 节，最后预制第 2 节，均在设计中心线上进行预制。

这样分配可以后一节作为前一节的后背，利用中继间顶进，可大大减少顶进后背的受力需求。

顶力计算参考《公路桥涵设计通用规则》、《铁路桥涵地基和基础设计规范》。

(1)第一节顶力计算结果

框架桥顶力：$P = 42\ 862$ kN；

配置：24 台 320 t 穿心式卧式千斤顶。

(2)第二节顶力结果

框架桥顶力：$P = 42\ 251$ kN；

配置：24 台 320 t 穿心式卧式千斤顶。

(3)第三节顶力设计

框架桥顶力：$P = 47\ 931$ kN；

配置：20 台 400 t 穿心式卧式千斤顶。

3. 施工

(1)施工工艺流程

框架桥预制→试顶→框架桥几何尺寸修整→搭设作业平台与跑道→盾构基底处理→盾构墩柱安装→盾构主梁安装→子盾构箱制作安装→盾构外壳制作安装→盾构内辅助系统安装→子盾构、立柱前土方人工开挖→中心土机械开挖→第 1 节盾构顶进→2、3 节顶进。

(2)施工事项

①试顶

启动时因增加了盾构阻力，在盾构安装前必须预先将框架推动，以确认滑板无粘连。

②框架桥几何尺寸修整

框架桥前端面为盾构止推梁、柱推力传递面，前端面的不平整会造成受力不均衡并可能引起盾构变形与偏行，影响安全和顶推质量。因此在盾构安装前必须对框架桥前端面跑模较严重部分进行必要的修整。

③盾构基底处理

确认底板无粘连后，在路基边坡下按框架桥轴线放出盾构墩柱滑板线，并进行硬化处理。盾构滑板伸入路基边坡，采用开槽方式进行硬化前作业。当基土承载力达 150 kPa 以上时滑板下可不做硬化处理。

④盾构墩柱安装

将盾构墩柱吊入基槽中与预先埋设于框架桥前端托板平整焊接，焊缝为 30°坡口。焊接后复测滑板坡度。五座墩柱同步平行作业。

下托梁按滑板轴线平行等分安装，下托梁与滑板连接焊缝以受压为主，剪力不大，采用每 50 mm 距焊接 10 cm 的间断焊，采用两侧同步焊接。

⑤子盾构箱制作安装

子盾构箱从母盾构体两侧向中间进行制作。子盾构箱下托板在临时设置的托架上调校，与第一榀盾构主梁下托板进行对接。

子盾构导向架 23 组件均在平台上靠模中统一标准制作，安装时采用定位装置定位焊接，导梁滑道与子盾构配合间隙设计为 4 mm，正负误差允许 1 mm。子盾构箱制作完成后，进行试配，要求子盾构装入箱后既不松动又无卡滞现象，空载时以人力可推动。装配完成后进行编号与滑道注油。

⑥盾构外壳制作安装

盾构外壳安装后其总宽值大于框架桥总宽约 32 mm，由此间隙来降低顶推过程中框架桥两侧与土体产生的摩擦阻力。超宽造成的土损失在框架桥顶推到位时进行压浆补充。

顶板敷设后对整体平面进行检测，高差小于 5 mm。

⑦盾构内辅助系统之监控系统安装

在后座的两侧各装激光发射器一枚，光束对准框架桥内壁上设置的轴线光靶，可全程监测顶进轴线微量变化。做好初始与中途监测记录，以此作为盾构纠偏前的依据。

在公路上施工影响范围内和框架桥内不同角度位置装有 6 ~ 8 枚带音频可视探头，并用导线接到现场监控房，对施工现场进行全过程、全方位电视监控。

在第 5 榀盾构主梁上，安设红、黄、蓝色信号灯各 1 盏，由掘进检查人员使用遥控器控制，各作业面挖土检查合格后，由检查人逐一开放与关闭子盾构截止阀并向液压泵站发出开顶、回油、停止等视觉信号，泵站按信号指示操纵系统以确保挖土与顶推安全。

⑧顶进作业

掘进时，23 组子盾构由 23 名工人配合挖土、修整、出土，在盾构母体推进时对子盾构套入桥体状态监视，如果出现意外能及时通报控制台而中断事故发展，子盾构单次推进行程 35 ~ 40 cm。

盾构墩柱设计为 4 层，每层土体由 1 名工人完成掘进，5 组墩柱由 20 人担负挖土、出土、顶推监视工作。挖掘标准为墩柱的外廓尺寸与前进方向 35 ~ 40 cm。

大断面中心土采用 1 台 PC100 挖掘机掘进与装车，2 台 5 t 自卸汽车外运弃土。作业人员采用 8 h 三班倒制，机械 24 h 连续作业，人停机不停。

人工掘进的同时，挖土机械将框架桥前滞后约 5 m 的四孔中心土挖去长 1 m 距离，并采用接力方式推进各节框架桥，同一距离为一顶进工作循环。

传力柱的转运、更换、铺压土由两名工人配合挖机来完成，液压主站工作时，传力柱更换人员负责协助监视传力柱受力后的变化情况。传力柱更换后，挖掘机进入框架桥前挖土，工人上桥面作涂油润滑工作。

(3)施工效果

框架桥于 2004 年 12 月 15 日右幅框架桥预制完成。2004 年 12 月 28 日盾构拼装完成开始试顶进。2005 年 1 月 3 日开始正式顶进，1 月 26 日顶进就位，总顶程 51.76 m，日平均进度为 2.17 m。为确保高速公路行车安全，顶进期间，在高速公路上按公安部要求设置防护栏和指示牌，车辆速度均控制在 40 km/h 以下。在顶进过程中，没有发生路基坍塌和中断行车。这说明“盾构顶进”在该工程施工中是可行的、安全的、成功的。

具体情况如下：

①框架桥沉降

经过现场监测，框架桥顶进每 5 m 累计沉降量如表 7—1 所示。其中框架桥的点号如图 7—6所示。

表 7—1　框架桥顶进每 5 m 累计沉降记录统计表(单位：mm)

点号＼顶程	0	5	10	15	20	25	30	35	40	45	50
1	0	13	4	0	-23	-52	-68	-101	-162	-250	-297
2	0	0	1	-18	-39	-53	-83	-117	-194	-307	-363
3	0	15	11	2	-34	-65	-86	-112	-167	-226	-238
4	0	-4	-4	-21	-52	-69	-102	-133	-199	-275	-303
5	0	-5	-3	-19	-46	-61	-89	-126	-178	-250	-275
6	0	-19	-26	-24	-23	-63	-100	-157	-215	-271	-394
7	0	-4	4	-9	-40	-57	-94	-137	-195	-271	-282
8	0	-16	-17	-16	-16	-59	-102	-162	-234	-287	-399
9	0	-20	-29	-32	-29	-58	-100	-165	-215	-257	-265
10	0	5	4	0	4	1	-16	-46	-94	-167	-236
11	0	-14	-15	-12	-7	-38	-80	-141	-204	-257	-273
12	0	13	24	22	38	26	9	-20	-73	-166	-237

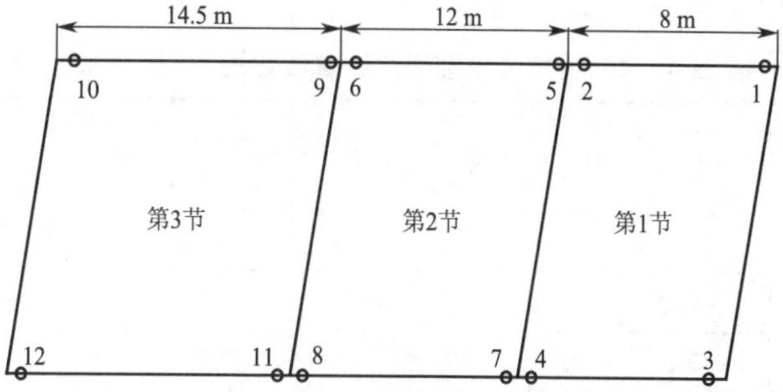

图 7—6　框架桥点位示意图

从数据表中我们可以看出，第 1 节前端比后端沉降量小，并不是扎头，说明在顶进时盾构对框架桥还是有一定的牵引作用，但因地基过分软弱，框架桥整体下沉。因框架桥自重非常大，盾构不可能完全托起它，只能跟着下沉。

以 5 号点为例，不难看出框架桥沉降过程基本呈抛物线形。前 10 m 因在滑板上移动沉降量不大，甚至 2 ~ 3 点还是上升的；出滑板之后，随顶程的增加，沉降速率也进一步加大。其他各点也是类似情况。因此，可以得出如下结论：在滑板上设仰坡可以减少框架桥部分沉降，但减少沉降量的关键还是缩短顶程。

②高速公路沉降

对高速公路的沉降、位移观测如图 7—7 所示。观测结果如表 7—2 所示。

从数据表中我们可以看出，每排 5 个点均是中间 3 个点出大量沉降，沉降量相差不大，走势跟框架桥沉降相似，说明是高速公路因框架桥沉降而产生的整体沉降。南半幅高速公路因框架桥顶进的影响时间长下沉量也更大。

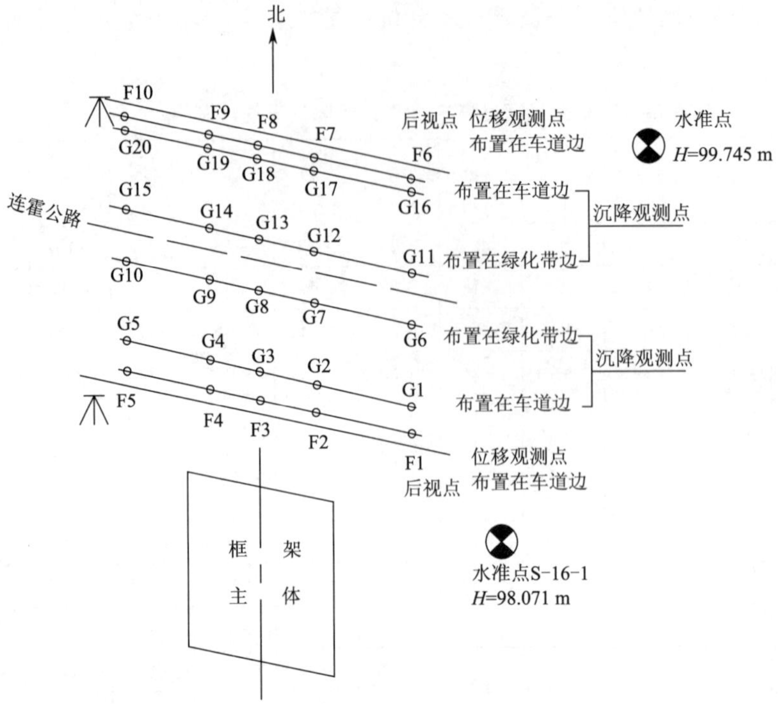

图 7—7　连霍公路沉降、位移观测图

表 7—2　高速公路累计沉降量统计表(单位:mm)

顶程 点号	5	10	15	20	25	30	35	40	45	50
1	0	-1	-2	0	-3	-7	-9	-9	-10	-11
2	0	-1	-29	-47	-84	-169	-214	-241	-263	-284
3	0	-2	-70	-89	-145	-202	-251	-275	-282	-294
4	0	-1	-34	-62	-98	-156	-201	-224	-229	-236
5	0	0	1	-1	-3	-9	-12	-17	-16	-15
6	0	0	0	3	1	-4	-6	-7	-5	-3
7	0	0	0	1	-16	-37	-56	-59	-72	-90
8	0	0	0	1	-29	-77	-115	-143	-178	-199
9	0	0	0	3	-14	-57	-94	-124	-164	-185
10	0	0	0	4	3	-5	-9	-14	-12	-10
11	0	0	0	0	1	0	-3	-4	-52	-99
12	0	0	0	0	0	-24	-49	-80	-135	-205
13	0	0	0	0	-1	-48	-90	-128	-183	-248
14	0	0	0	0	-1	-38	-85	-129	-201	-280
15	0	0	0	0	-1	-1	-5	-6	-8	-20

续上表

点号＼顶程	5	10	15	20	25	30	35	40	45	50
16	0	0	0	0	0	2	1	2	2	3
17	0	0	0	0	0	4	2	2	2	-102
18	0	0	0	0	0	5	2	2	2	-94
19	0	0	0	0	0	3	0	0	0	-107
20	0	0	0	0	0	5	2	3	3	4

在顶进过程中,为防止因高速公路沉降影响汽车通行,每沉降超过 15 cm 进行一次高速公路修补,我们对南半幅修补了两次,对北半幅修补了一次。最后,在顶进结束框架桥稳定后进行了一次全面修补,高速公路恢复正常通行。

四、总　　结

在右幅框架桥顶进过程中框架桥和高速公路出现较大的沉降,主要是因为:地基非常软弱,持力层为低液限粉质黏土,饱和状态,层厚在 50 ~ 100 cm,承载力在 130 ~ 280 kPa;下卧层为流塑状态,层厚在 10 m 以上,承载力直线下降。右侧框架桥在顶进过程中对持力层产生连续扰动,各节框架桥沉降量不一致,泥浆从框架桥分节的中间挤入、挤压在前节拖板与后节底板之间,分节间的错台随着顶进逐渐增大,导致最后将预埋的钢轨导向墩截断。所以,我们在今后的顶进桥施工前必须根据地基土质情况制定相应的预加固措施,如地基土固化、压入桩等,减少框架桥的沉降。

第二节　长沙市人民东路延长线下穿京珠高速公路盾构法施工(下穿公路)

一、工程概况

人民路东延长线一期是长沙市东西干道人民路的一段,全长 4.2 km,宽 80 m。本段从长沙圭塘河西的高岭路至红旗路交叉口,2004 年底已建成通车。

本段道路有两座水桥(圭塘河桥、浏阳河大桥)、一座高架桥、几条引桥以及下穿京珠高速公路的框架桥。该框架桥四跨(8 m + 12 m + 12 m + 8 m),与高速公路斜交成 72°。高速公路交通量 40 000 ~ 50 000 辆/昼夜。桥位处地下水位高,流砂层较厚,地质条件较差,工程复杂艰苦。框架桥顶距高速路面仅 0.8 ~ 1.5 m,框架下层原先是一条大渠。工程要求:框架桥只准顶进,不能明挖,不能中断高速公路交通。桥底板距专用缆仅 0.8 m,施工不能扰动专用缆。因此,本工程规模虽不算太大,但情况复杂,具有很大的技术难度。

开始采用传统施工方法,即管棚加固和中继间顶推法。虽对地基进行了加固,但由于地道较长,管棚施工时误差大,结果还是出现了框架桥桥体"抬头"、"扎头"的情况,造成高速公路路面隆起破坏。经实地考察后,改用框架桥盾构法进行施工。

二、施工工艺

顶进前在第一节桥框前装备“钢盾构”作为桥框带土顶进时掘进面与路基的施工支护。“钢盾构法”的关键安装，在盾壳中的钢构排列成“门”字形或门形组合。其门形组合的外轮廓尺寸与框架桥桥框外轮廓尺寸基本相同。施工中每组钢构都是独立体，使用时钢构相继错开推进，使原框架桥桥框前掘进面化成若干个小断面掘进，待桥框推进时，只需清除钢盾构底板前方部分中心土体即可。

钢盾构平面示意图如图 7—8 所示。

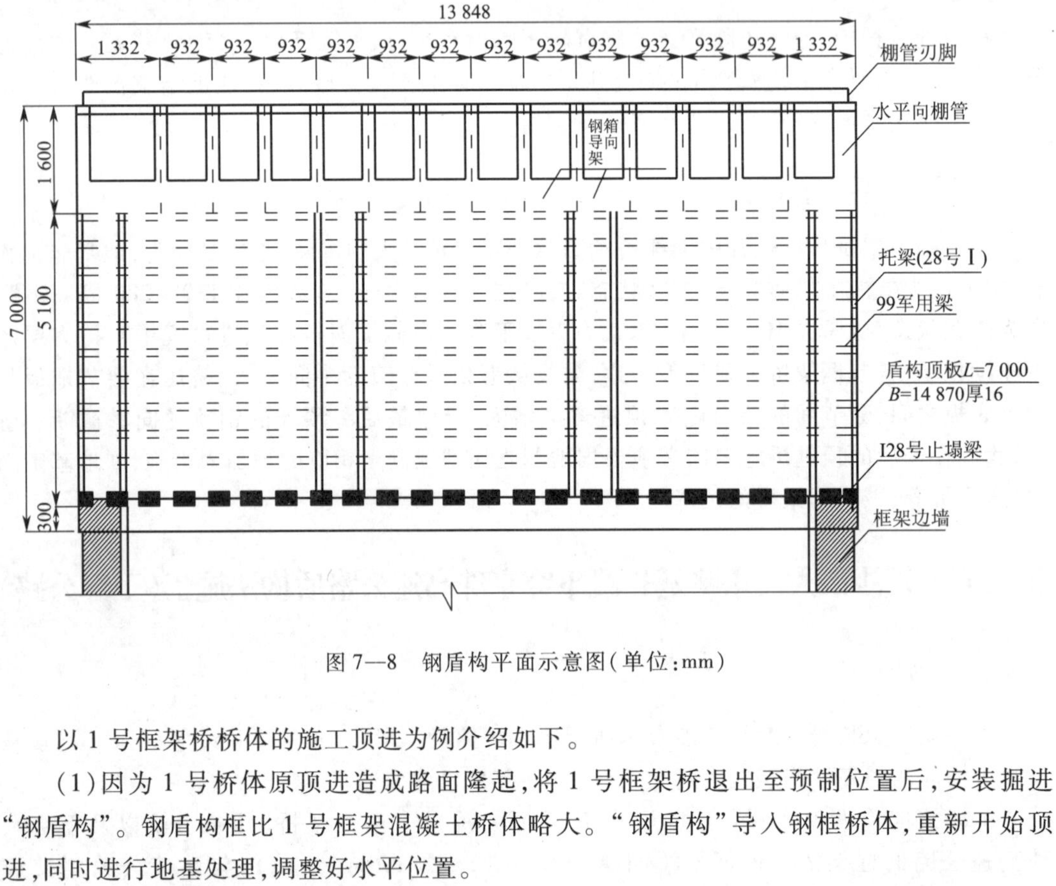

图 7—8　钢盾构平面示意图(单位:mm)

以 1 号框架桥桥体的施工顶进为例介绍如下。

(1)因为 1 号桥体原顶进造成路面隆起，将 1 号框架桥退出至预制位置后，安装掘进“钢盾构”。钢盾构框比 1 号框架混凝土桥体略大。“钢盾构”导入钢框桥体，重新开始顶进，同时进行地基处理，调整好水平位置。

(2)钢盾构工作坑设置于京珠高速公路的西面，工作坑两边设排水沟渠水井，保证工作坑内呈无水状态。

(3)桥后背的制作：在工作坑以外挖 6 根 100 cm 的挖孔桩作后背桩基，桩顶面设一根 10 m 长的钢筋混凝土地段，与桩连成一整体，再在桩后填土分层夯实。

(4)框架桥基础采用砂砾石 20 cm，C20 混凝土 20 cm 处理。

(5)对钢盾构套底板要进行预埋，在框构前端、下端底板上进行凿除，先在滑板上凿除掏空，再凿除底板，凿除框构底板宽 50 cm、厚 2 cm，再安装钢盾构钢套板。

(6)棚管千斤顶的布置：棚管是钢盾构中对掘进面支护的主体部分。12 m 跨的框架桥，每孔的上棚管水平布置 14 组小棚管，高度 1.3 m，垂直方向立 4 根立柱；在上棚管的下部每根主柱布置3组小棚管，共12组小管棚，每一小棚管中布置安装30 t双向作用千斤顶2台，安装双向作用千斤顶用于推管切土前进，利用上棚管还可以调节顶进过程中的“抬头”、“扎头”。每孔框架在顶进过程中，所有小棚管中的千斤顶，由一套经改装后的液压操纵台来控制。

(7)框构千斤顶的布置：钢盾构壳体与框构套连成一个整体，可共用一套液压系统。20台200 t千斤顶布置于顶进框架的末端来推动整个框架桥的前进。

(8)中继间千斤顶的布置和施工：开始顶进入土的过程中，顶推力较小，中继间可暂不设千斤顶。随着顶进深入、摩阻力加大，可考虑中继间布置千斤顶，利用后节框箱作后背来推动前节框箱前进。中继间的千斤顶分别由一套液压操纵台来控制，还可以随时调节中继间的千斤顶数量。

(9)钢构件的运载、安装：由于用钢量大，一般钢箱制作在现场进行并安装钢盾构。盾构安装顺序从左至右，从下至上，先内后外，安装完成后，应对超宽开槽进行土体回填以保证路基稳定。

(10)减阻与防水层保护：为防止防水层磨损，减少阻力，防止顶进带动路基在箱框顶部沿顶进轴线上过长，采用在间隔设置扁铁、前端与盾壳相焊接、后端悬挂于箱框顶板尾端，以减少摩阻的方法。在管棚顶部拖挂5 mm厚钢板与管棚等宽，使钢盾构与箱框上部的防水层不与土层接触，钢盾构在拖板下推进，顶进时即可减小阻力。

(11)顶进基础的检查处理：基地清出整平后，确定地基承载力能满足要求后，才可开顶，否则要基础补强；若基底有水，则应作好排水措施，严禁带水顶进。

(12)框架顶进：钢盾构法顶进属于地下暗挖施工，带土顶进。掘进时，各棚管组推进20～30 cm后，将框架桥桥体底板前滞后的中心土挖去相同长的距离。这样，挖运土方与顶进工作循环交替反复进行，为确保掘进面土壤不损失，棚管作业采用先顶后挖或边顶边挖。

(13)顶进挖土：小管棚内挖土采用人工挖掘，棚管采取液压推进。每一小管棚中有1～2人，洞内核心土方由人工或小机械挖土，人工运输。为保证作业人员的安全，框构前的挖土应根据土层的性质适当放坡，框架顶进应紧跟取土掌子面。开顶前最好试顶一次，以确定启动力，了解路基变化情况。要设立观测仪器，以防止顶进时路面“起拱”、“顶弯”。顶进时要随时接长传力柱。

(14)顶进纠偏：对左右纠偏可利用千斤顶非均匀布置完成；降坡可由管棚钢盾构底板下超挖控制；爬坡时利用钢盾构及框架底板，用压混凝土块或木桩来进行控制。

(15)施工监测：在基坑两侧各装激光发射器一只，光束对准框架内壁上设置的水平线全程控制，轴线监测也采用弧光与框架内顶板轴线重合法进行，并做好初始与中途检测记录，作为钢盾构纠偏的依据。同时在高速公路上设观测桩，随时监测公路路基变形情况。

(16)施工注浆：在管棚的盾构前端入土1 m后开始注浆，浆材为触变泥浆。注浆部位为顶部及两侧。注浆、补浆与顶进同步进行，框架两侧注浆在盾构板浆孔进行，顶板注浆采用注浆枪进行。施工顶进完成后，在框架桥的顶部、边墙、底部进行补注水泥浆加固路基。

三、总　　结

人民路东延长线一期框架桥采用钢盾构顶进施工方法后，按期顺利完工，质量优秀、造价不高。可见，此施工方法适宜于高速公路下顶进框架工程，值得推广。

第三节　新余市人民北路下穿沪昆铁路盾构法施工（下穿铁路）

一、工程概况

江西省新余市人民北路是新余市南北走向的一条重要道路，位于新余市火车站东面约 500 m，双向四车道，全宽 24 m。因为沪昆铁路的原因使得人民北路在这里成了断头路，严重影响了城市的发展和人民的生活。打通人民北路需要下穿沪昆上、下行线和货物线等 12 股道，但此处铁路为道岔区且线路需要加固长度为 40 m 左右，采用传统的线路加固方法加固长度只能达到 22 m 左右，这显然无法满足要求，只能采用框架桥盾构法进行施工。本工程 2007 年 7 月建成通车。

本框架桥中间连续跨框架外径达 27.2 m，结构形式为 1—5.0 m + 1—14.0 m + 1—5.0 m，整个框架桥全长 66.56 m（包括两条沉降缝 0.06 m），高 7.4 m，采用中继间分为 3 节顶进，分别为 17.5 m、22 m、27 m，穿越包括沪昆上、下行铁路在内的 12 股道（其中 4 组道岔）。框架与线路交角较大，近似正交。盾构立面图如图 7—9 所示。

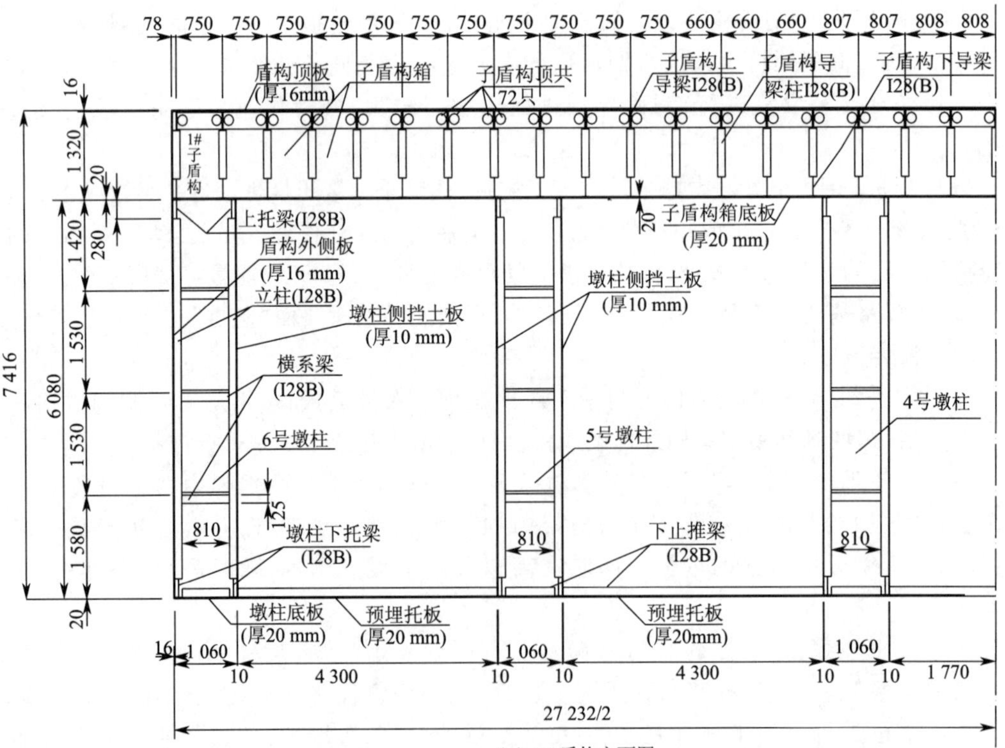

(a) 1/2盾构立面图

图　7—9

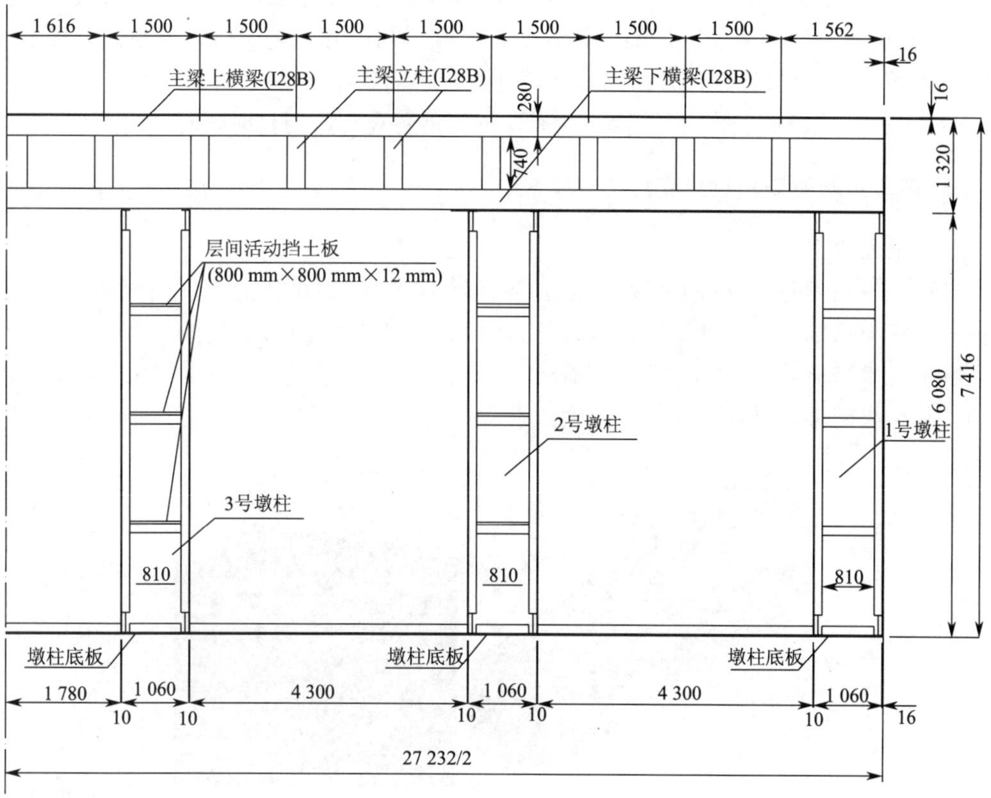

(b) 1/2梁柱立面图

图 7—9　盾构立面图(单位:mm)

二、施工过程

沪昆线为我国一条主要的钢铁大动脉,为了保证施工的安全进行,确保万无一失。要把施工前的准备工作做好,母盾构和子盾构安装就位后,顶进时必须注意子盾构每次顶程不能超 40 cm,以免子盾构伸出母盾构过长,承载过重,导致线路沉降过大,危害铁路安全。因顶进时框架和路基土的摩擦系数较大,故在顶进时很容易发生将线路顶歪的现象,这也同样会危害铁路的行车安全。为了减小这种摩擦力,需要在框架顶部设置减阻板,即在框架顶部焊一层 2 mm 厚的钢板,钢板为 5 cm 宽,与框架顶板等长,同时在每个子盾构的尾部焊接一块减阻板,减阻板平铺在钢板上,尺寸与框架顶板大小相同。每次子盾构向前顶进时就带动减阻板向前运动,子盾构顶进就位后,然后再顶进整个框架,这样路基土与框架的摩擦就变成了钢板之间的摩擦,而钢板之间的摩擦系数只有 0.04,就大大的减小了框架顶进时对线路的水平力,当然还应派专人定时检查线路的状况,以做到万无一失。在框架顶进施工时要注意以下几点:

(1)每次顶进时,相邻的子盾构不能同时顶进切土,应间隔顶进,这样做的目的是为了尽量的减小施工时对线路的水平力,以免影响线路的平面线型。

(2)在线路上设置反拉装置,它作用力的方向与顶进方向相反,反拉装置一头与钢轨相连，一头与锚固在地上的混凝土地基相连，目的同样是为了防止线路横向位移太大。

(3)在施工中要随时注意框架的轴线是否偏移，如有超限，随时进行调整。并随时测量线路的沉降，如沉降量过大，随时补充道砟，并进行捣固密实。

(4)为保证线路的安全，子盾构和框架顶进应避免在列车通过时进行。

三、施工中既有铁路线路变形的规律

1. 有限元模型

选取一段顶程是17 m的区段，上方有2条铁路线路（沪昆线的上、下行线），来模拟框架桥盾构正交铁路线路顶推施工过程，进而分析上方线路的变形规律。

有限元模型尺寸长80 m，宽17 m，高19 m，如图7—10所示，共有4 196个单元。按正交的计算结果能够较好地吻合实际监测数据反映的规律。

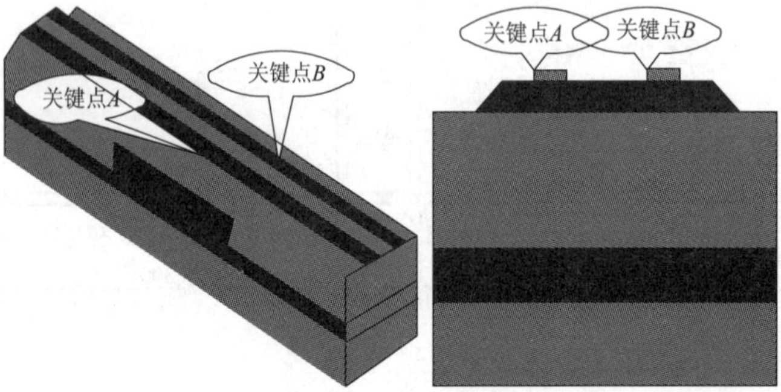

图7—10　三维有限元模型

2. 计算参数

土层物理力学参数如表7—3所示，其他施工参数按施工单位提供的施工参数如表7—4所示。

表7—3　土层计算参数表

土　层	γ(kN · m^{-3})	H(m)	E(MPa)	μ	土　层	γ(kN · m^{-3})	H(m)	E(MPa)	μ
路基填土	20	1.75	60	0.15	中粗砂	20	0.5	20	0.33
素填土	18	7.4	15	0.4	泥质砂层	21	7.1	14 000	0.3
粉质黏土	19.5	2.0	12	0.38	框架桥	24	7.4	30 000	0.2

表7—4　顶推施工中的主要计算参数

顶推力(t)	框架桥与土间的摩擦系数	反拉力(t)	单次顶进距离(m)
4 000	0.5	400	1.5

3. 计算结果分析

通过计算得出，沿上方线路纵向，施工对线路竖向变形的影响范围约是框架桥宽度的2倍；沿线路横断面方向，对线路沿顶进方向水平变形的影响范围约是框架桥长度的0.5倍。

(1)单步顶进距离的影响

在框架桥头到达关键点A再通过B后1～2 m的范围内，将单步顶推的距离由开始模拟的 1.5 m 缩短为实际施工的 0.5 m。如图 7—11、图 7—12 所示。

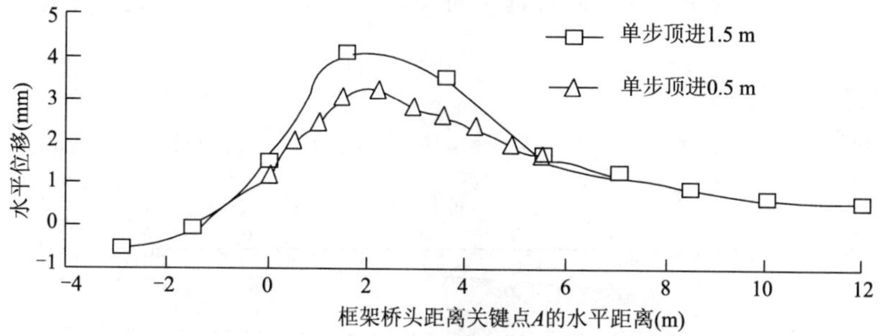

图 7—11　关键点 A 单步顶进引起水平位移随施工变化曲线

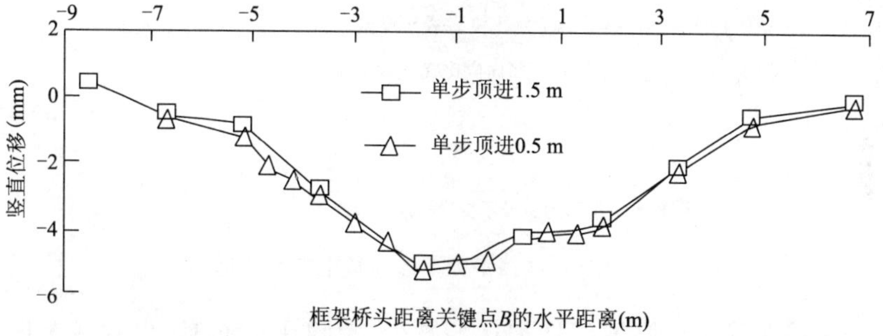

图 7—12　关键点 B 竖向位移随施工变化曲线

单步顶推引起的沿顶进方向最大水平位移发生在框架桥头刚经过线路的时刻,之后过线路 5 ~ 6 m 时会有收敛趋势,再之后框架桥顶推对线路水平位移的影响就可以忽略不计;最大竖向位移发生在框架桥头距线路 2 ~ 3 m 的范围内,之后有收敛趋势,当框架桥头过线路 4 ~ 5 m 以后,可认为顶推施工对线路竖向位移几乎没有影响。

顶推速率减慢对控制线路的水平变形是有利的;对线路竖向变形的影响较小,可忽略不计。

(2)框架桥顶面摩阻力的影响

通过改变框架桥顶部与土体间摩擦系数,以关键点 A 为例,对比不同框架桥顶面摩阻力情况下顶推施工引起关键点 A 的水平位移随顶推步的变化曲线,如图 7—13 所示。

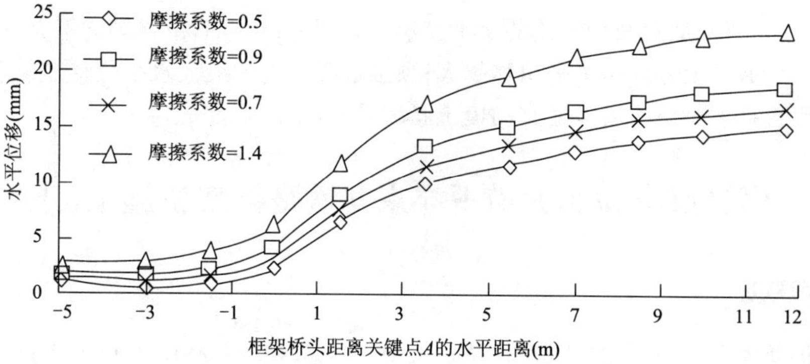

图 7—13　关键点 A 沿顶进方向水平位移

当框架桥头通过线路正下方后，点 A 的水平位移有个“跳跃式”的增长，1 ~ 2 m 后水平位移的增加又开始有收敛的趋势，而且框架桥摩阻力越大，通过时引起水平位移的突增就越明显。

(3)覆土厚度的影响

选择不同覆土厚度情况，对比上方线路最大变形，计算结果如图 7—14 所示。

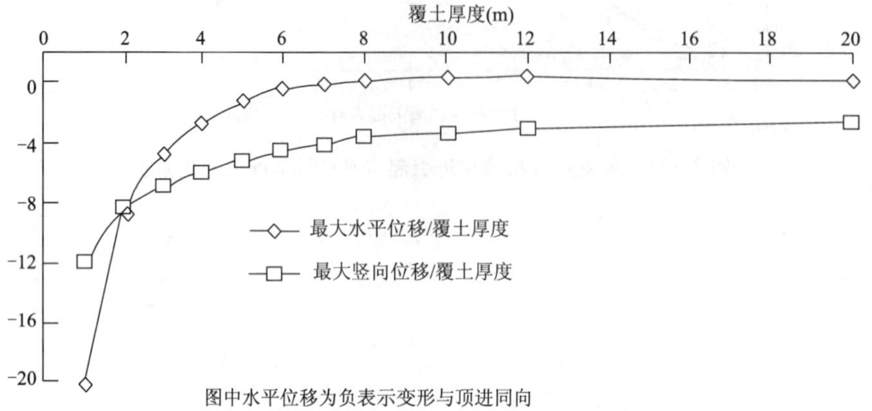

图 7—14　线路最大变形随覆土厚度变化

最大水平位移随着覆土厚度的增加逐渐减少，大约在 4 m 时，出现较为明显的“反弯点”，此时上方线路累计水平位移小于《铁路线路维修规则》中规定的最大允许值 8 mm，同时竖向位移也小于最大允许值 20 mm，因此，在不考虑养护周期等因素的情况下，建议框架桥盾构施工适宜的覆土厚度是 4 m。

四、结　　语

新余市人民北路经过 8 个月左右的施工，终于在 2006 年竣工通车了，施工期间，沪昆线依然保持了通车，并且限速仅为 80 km/h，与传统的线路加固方法相比速度大大提高，减小了对既有线路的影响。可以说，在城市建设高速发展的今天，道路与铁路的相交越来越需要由平交改为立交。而在一些特殊的条件下，如铁路道岔区、道路宽度较大的情况下，盾构法施工成为最佳的选择。它所具有的安全、经济、施工工期短的特点使得它得到了广泛的应用。

顶推速率适当降低对减少线路的水平变形是有利的；对竖向位移影响不大；框架桥顶面摩阻力越大，引起的上方线路水平位移越大；顶推过程产生的最大水平位移随覆土厚度增加逐渐减少，建议框架桥盾构施工适宜的覆土厚度是 4 m。

第四节　南昌市丰和北大道下穿京九铁路框架桥施工(下穿铁路)

一、工程概况

南昌市市政道路丰和北大道下穿京九铁路(K1435 + 000.30)的 1—5.0 m + 2—12.75 m + 1—5.0 m 框架桥工程，总顶程为 36 m。其中主体为 2—12.75 m 框架桥，轮廓高 8.0 m，中心轴线全长 17.0 m，顶板厚 0.8 m，底板厚 1.0 m，边墙均为 1.0 m，板顶覆土 1.099 ~ 1.53 m。1—5.0 m 框架桥高为 8.8 m，全长 17.0 m，顶板厚 0.45 m，底板厚 0.5 m，墙厚均为 0.5 m，板顶覆土为 1.09 ~ 1.53 m，土质为黏性土夹杂砂砾土，因路堤较高，其上填土均匀性较差，为提高框架桥基地承载力，施工时采用钻孔压浆对粉细砂、细砂进行加固。

二、施工措施

为了降低顶进框架桥时限速对铁路线路造成的影响，2—12.75 m 框架桥工程采用框架桥盾构顶进施工，设计的盾构立面、侧面和平面如图 7—15、图 7—16、图 7—17 所示。1—5.0 m框架桥在主体 2—12.75 m 框架桥盾构施工完成后，采用 D16 梁加固线路，顶进施工。

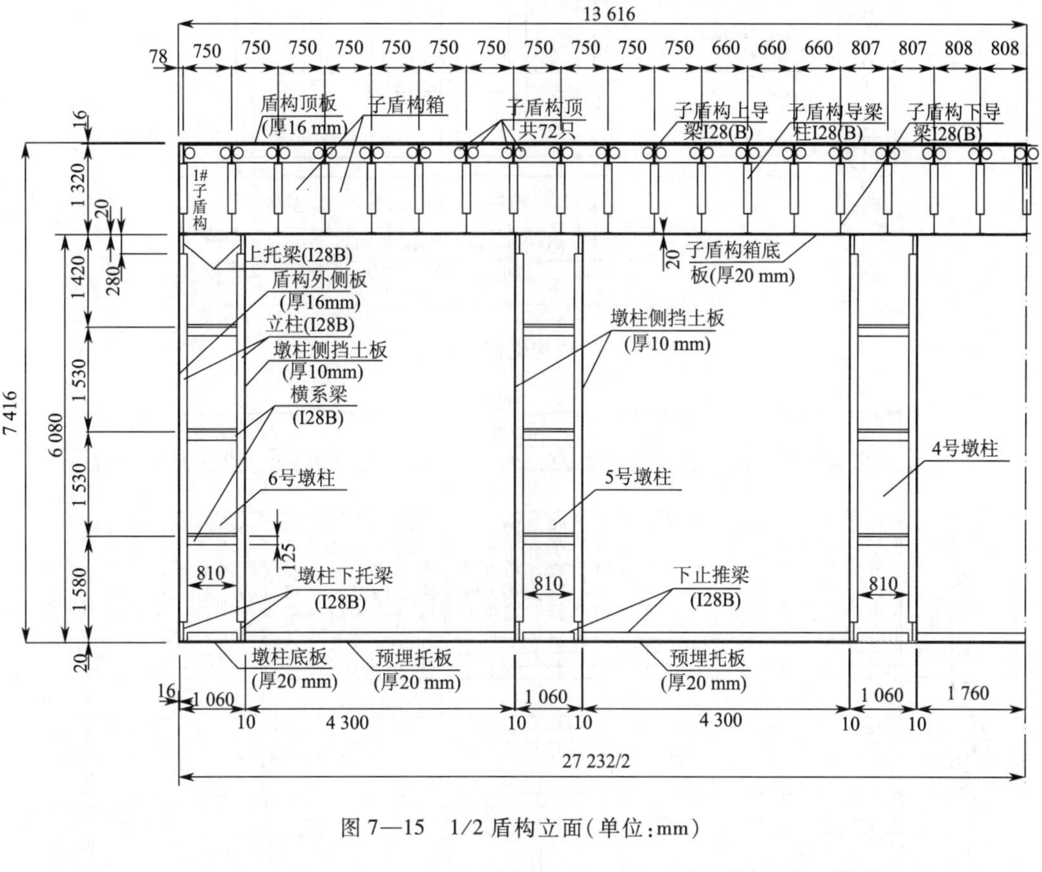

图 7—15　1/2 盾构立面（单位：mm）

为防止在盾构框架桥顶进施工过程中路基土体的松动坍塌，采用三面管棚支护路基土体。主体框架桥顶为 45 根 $\phi250\times12$ mm 无缝热轧钢管，净距 40 cm，钢管布置压浆孔，管内注水灰比 0.8∶1素水泥浆；主体框架桥两侧分别为 13 根 $\phi160\times9.5$ mm 无缝热钢管，净距 50 cm，管内注水泥浆。

为控制框架桥顶进精度，框架底设计 4 条顶进滑轨，由 $\phi970\times14$ mmQ235 钢管组成，内灌注 C15 混凝土。

为防止框架桥顶进过程中，框架桥顶侧管棚的下沉、位移，影响正常顶进，在框架桥两侧设置马头门固定管棚。

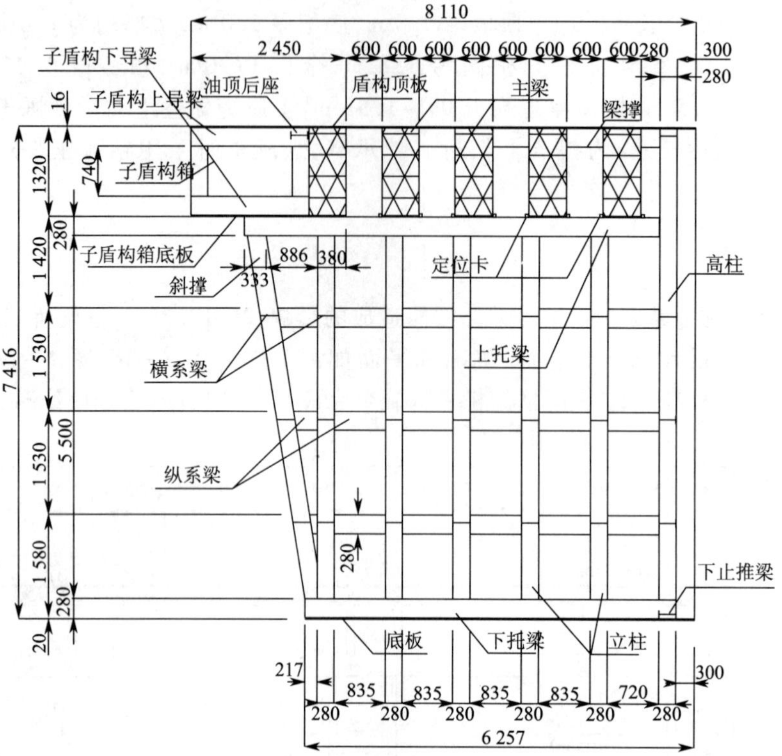

图 7—16　盾构侧面(单位:mm)

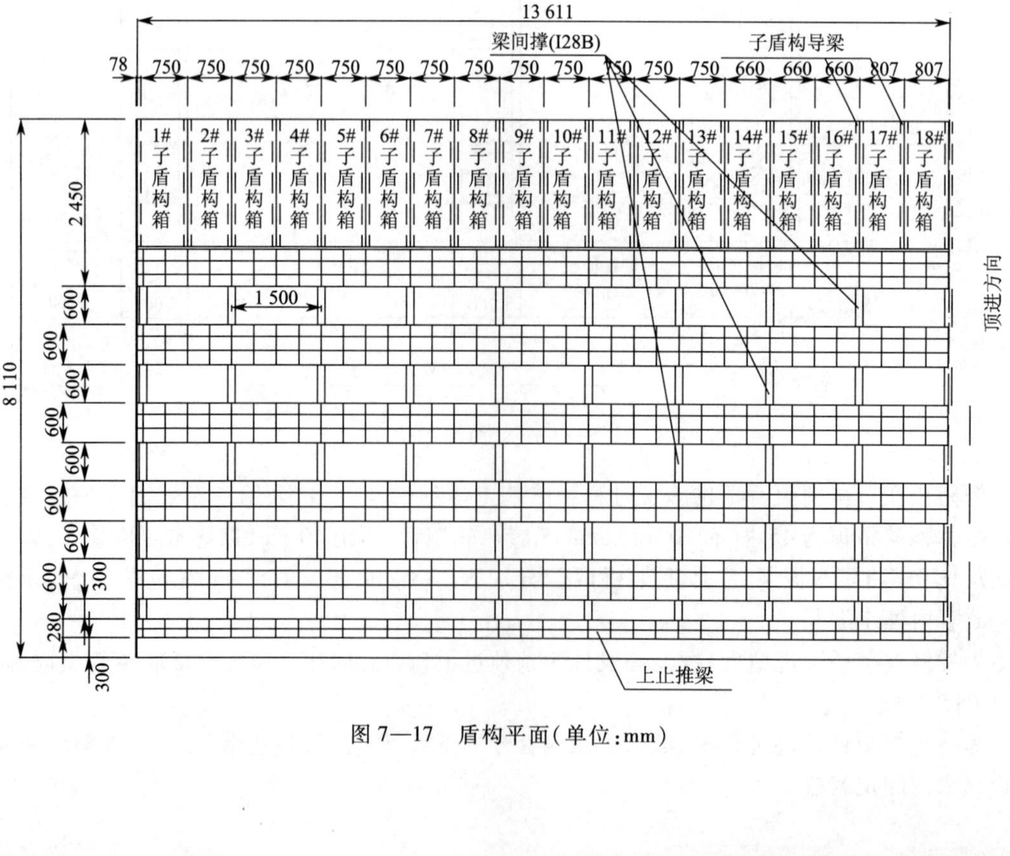

图 7—17　盾构平面(单位:mm)

框架桥设计基底土应力为 300 kPa。桥位处路堤高 9 m，填方基底土层为填筑土，承载力仅 120 kPa，其下粉细砂层、细砂层 2.7 ~ 3.1 m，承载力 120 kPa，为框架桥基础下软卧层。因路堤较高，其上填土均匀性较差，为提高框架桥基底承载力，设计采用钻孔压浆对粉细砂、细砂进行加固。

压浆孔采用梅花形布置，间距 1.5 m，路基面宽度以下范围施钻斜孔压浆，压浆孔深入地面以下 3.0 ~ 4.0 m，压浆孔直径 110 ~ 130 mm，采用直径 108 mm 的无缝钢管，并在其深入灌浆的区域每隔 50 cm 钻一环射浆孔。浆液采用 M30 水泥浆。灌浆压力 0.6 ~ 0.8 MPa。灌浆时，为防止浆液从孔口冒出和限定在灌浆段灌入地层，灌浆前宜先灌低强度的黏土水泥浆填料。

三、监测情况

本次研究在顶进施工不受影响的线路道床上，且框架桥设计顶进到位，两侧边的两端各 7 m 外分别埋植一个直径 22 mm、长 1.2 m 的钢筋控制桩，外露高于水泥枕上平面 10 cm，然后在这两个桩之间分别均设 4 个观测桩，并涂上红油漆，观测点布置示意图如图 7—18 所示：

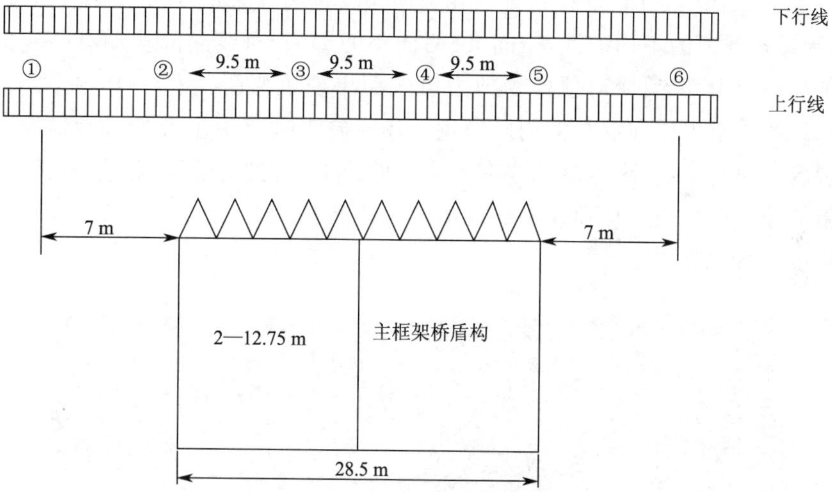

图 7—18　观测点布置图

说明：土质为粉质黏土，含砂率较高，桥顶以上覆土 1.63 m，观测桩长为 ϕ18 钢筋，长度均为 1.2 m，入土 80 ~ 100 cm。

经过对该工程大跨度的框架桥盾构法顶进工作，进行线路偏移及沉降的监测与监控，得到监测与监控情况总结如下：

1. 截止 2009 年 1 月 29 日，南昌市丰和北大道下穿京九线框架桥主体已经顶进基本到位。沿顶进方向土体的水平位移发生的变化：每一顶程的变化规律不明显，总体看中间的 3、4 号观测点从子盾构入土到顶进结束时沿顶进方向偏移了近 240 cm，两边的 2、5 号观测点偏移了 55 cm 左右。分析原因：一是反拉系统的回行速度与主体框架桥的顶进速度不协调而产生的，其主要在于主体框架桥在顶进时，反拉系统没有能够达到紧密配合所致，其反拉系统的反拉速度滞后于主体框架桥顶进的速度；二是顶力与反拉力严重不符所致，造成框架桥顶面覆土层位移和铁道线路位移；三是路堤土体为砂土，土体之间均匀性很差，覆土厚度较薄，道床土体抗扰动较差；四是设计的路堤加固（钻孔压浆）处理不到位，土体之间的黏聚力和抗扰动较低等所致。从每次的观测来看观测桩的竖向变化还是较小的，到 2009 年 1 月 29 日顶进结束时观测点最大的总沉降只有7.2 cm。

2. 顶进到子盾构即将出土及出土之后一段时间对路基土体扰动很大。在此时间段，由于反拉系统的拉力与主体框架桥的顶力严重不符，反拉系统牵制的减阻板回行速度跟不上框架桥顶进的速度，导致顶进时框架桥顶部的减阻板与线路的覆土层摩阻力超过线路的覆土层结构的黏聚力，最终使得整个土体沿顶进方向发生大量偏移，严重的扰动了线路的覆土层和道床的稳定性。为此，施工单位针对上述屡次出现的多种情况采取了一系列的应急措施，如：线路工 24 h 轮班值守，顶进期间随时调整线路铁轨的位置，及时回填和补充道砟加固、振捣等；在下行线一侧加设工字型便梁防止道床沿顶进方向产生大量偏移；发现反拉力量不够时，及时增加反拉系统的千斤顶数量等，确保了春运期间的线路安全。

3. 在子盾构快出土之前，反拉系统中相邻两条反拉扁铁采取完全焊死的做法来搭配一个千斤顶，受反拉受力的不均匀性、中间大、两侧小的影响，对线路的扰动有一定的影响，且因相邻两条扁铁受力不等，使得顶杆受剪力影响而出现了弯曲（图 7—19 画圈部分），这样不利于千斤顶的正常工作和重复使用。通过上述在施工过程中出现的各种情况，及时召开施工工艺现场研讨分析会，决定对其原有不合理的施工工艺进行调整和改变；采取一个子盾构上的减阻板用一个液压千斤顶作为反拉的方法进行控制，并对主体框架桥顶进速度与反拉系统的速度进行测算。

图 7—19　顶杆弯曲

4. 顶进速度不宜过快，顶程不宜过长，顶进过程应连续进行。过快过长都会对路基土体扰动较大，本工程框架桥顶进时，每一个顶程均控制在 30 ~ 40 cm 范围内，反拉系统的反拉速度和反拉油顶的收缩量要和顶进速度同步，这就需要各个施工环节的相互配合、协调。其主要表现在：(1)顶进工作必须步调一致，服从统一指挥；(2)施工中各个环节必须有专人具体负责；(3)顶进前必须组织参建人员对框架桥的施工方案进行熟练掌握，并与各个相关配合部门紧密配合，要熟练掌握其设备的性能、操作程序和相关要求等；(4)要求施工参与者有严格的组织纪律性。施工现场如图7—20所示。

图7—20　施工现场

5. 建议以后在无缝钢轨下进行顶进作业时，多从行车安全角度考虑，要对铁轨在顶进前进行应力放散处理。

四、结　　论

从这项工程中可以得到如下结论：

(1)对于限速在40 km/h以下的下穿框架桥结构，可以采用普通的顶进法进行框架桥的设计与施工，用便梁或工字钢对线路进行加固。

(2)对于限速在40～80 km/h的下穿框架桥结构，设计中要根据地质资料情况确定是否要对地基进行处理，地基承载力较低(如小于120kPa时)时，需要对地基和路基进行加固处理，要对线路进行加固；对于跨度较大的框架桥(如用便梁对线路进行加固困难时)，在顶进时要用框架桥盾构法进行顶进施工。

(3)对于限速在80 km/h以上的下穿框架桥结构，除了要对路基和地基进行加固处理，用框架桥盾构法进行施工外，还要考虑在框架桥顶板上方的路基内和框架桥边墙两侧的路基内采用管棚进行支护，以防路基土在顶进过程中下沉。同时在框架底板底设计2～4条顶进滑轨，以便控制顶进的精度，防止“扎头”或“栽头”现象的发生。

(4)对施工过程中出现的问题，应该及时研究，积极采取相应措施，防止扩大化，并从中获得一些经验，为以后的工程提供可参考资料。

第五节　九江市周访路下穿京九铁路盾构法施工(下穿铁路)

一、工程概况

根据九江市总体规划以及可行性研究审查会议精神，在既有1—7.0 m框架桥的九龙侧依次新建1—15.0 m＋1—7.0 m框架桥，组成(7.0＋15.0＋7.0)m三孔独立的城市道路框架桥。九江市周访路道路中心线与京九线路正交，交点里程为京九下行线 K1315 +617.44。新建框架桥采用 C40 钢筋混凝土框架结构，其桥长为 19.0 延米，全宽 34.4 延米（含既有框架桥），全高 8.3 m，框架桥内分为机动车道、非机动车道和人行道，非机动车道和人行道路面以下预留各种管线的位置。

新建 1—15 m 框架桥净宽为 15.0 m，其顶板厚 0.9 m，底板厚 1.2 m，边墙厚 1.2 m，框架桥内设置 4.0 ×3.5 m 机动车道，净高大于 5.0 m。

新建 1—7.0 m 框架桥底板厚 0.8 m，顶板厚 0.6 m，边墙厚 0.7 m，框架桥内分别设置 4.0 m 非机动车道和 3.0 m 人行道，净高大于 3.5 m。

二、主要施工方法和技术措施

1. 工作坑开挖

工作坑放样：根据桥身中心线测设工作坑基桩，按拟定的尺寸大小放出边桩，并在工作坑附近测设临时水准点。

工作坑开挖以挖掘机为主，人工整修为辅的原则进行。挖掘机采用边退边挖的方式进行，当挖至离设计高程还有 0.3 m 时，采用人工挖土，以免挖掘机扰动原状土，降低地基承载力。

工作坑的尺寸除根据桥涵结构尺寸确定外，在桥身底板前留适当的空顶长度，以备启动后，调整顶桥方向及设备出现的问题，在桥身底板后部留适当的空地，以布置后背梁及其他顶进设施。桥身两侧要预留适当宽度以便模板支立及排水。

工作坑周边按 1∶1.5 坡度放坡开挖。

工作坑开挖要与修筑后背一并考虑，其基底应平整，并有足够的承载力，如在 160 kPa 以下需做加固处理。

开挖过程中，做好排水工作，在基坑边缘设置排水沟和汇水井。

工作坑开挖要防止出现超挖现象，临近线路一侧边坡开挖时要有专人防护，观察边坡稳定情况，一旦出现坍塌预兆，立即停止挖基施工，采取线路加固措施，确保既有线行车安全。

工作坑应密实平整、承载力符合设计要求，坑底高程允许偏差为 ±30 mm。

2. 滑板施工

工作坑底板是为桥身预制和顶进而修筑的临时构造物，它应具有足够的强度和稳定性。滑板中线应与桥涵设计中线一致，底板长度其前端比桥身长 1.0 m，后端与后背梁混凝土连接，两侧比桥身各宽 1.0 m 以便支立模板及排水。

滑板采用 C20 混凝土，滑板下铺设 10 cm 厚碎石垫层；滑板与后背梁混凝土连为整体；滑板底横向宽度每 3 m 设置 50 cm（高）×40 cm（宽）地锚梁。

灌筑滑板混凝土做好抹面工作，使顶面平整，一般 2 m 长度范围内凹凸差不超过 5 mm。

当工作坑滑板混凝土达到一定强度，且顶面干燥后，可施工润滑隔离层。在底板上涂抹黄油一层，然后在黄油层上铺薄膜，再铺沥青油毡一层，接头处应粘贴牢固。

施工滑板及后背时要派专人负责排水，以防基坑被水浸泡。

3.后背施工

后背是桥身顶进时抗衡顶进反力的临时建筑物，是重要的设施，设计制作前先对框架最大顶力进行计算，并加上一定保险系数，确保有足够的强度、刚度和稳定性，本工程全部采用钢筋混凝土顶进后背。

顶进过程中，在不断接长的传力柱上反压重物及分段设置分配梁，使其与后座共同承担油顶推力，也对传力柱横向分力起抑制作用。

4.钢筋制作、绑扎

钢筋加工尺寸必须准确，确保立模标准。加工好的材料在摆放、搬运及绑扎过程中均应规范化作业，防止因变形造成绑扎困难，如遇因钢筋影响立模，必须对不规则筋进行修整或更换，否则将造成刚架桥轮廓尺寸偏差过大而对施工不利。

钢筋排架在安装过程中应设临时支架及增设斜撑，以防被扎钢筋重心偏移而倾倒，造成严重事故。

钢筋绑扎时尤其注意箍筋及挂钩筋等抗剪力钢筋，应严格按设计数量与位置绑扎，以免框架出现剪力裂缝。

5.盾构下托板预埋

下托板插入框架桥底板前端 30 cm。宽为框架桥理论宽度加两侧各外露 3 cm。其所有外露部分在盾构安装时均与盾构主体相焊接，盾构与框架桥为铰接，故下托板不设锚固筋，上铺沥青油毡一层，以便撤除时较易与框架分离。下托板在钢筋绑扎前就位。

6.结构混凝土浇筑

框架桥身采用 C40 防裂抗渗商品混凝土。

施工前应与商品混凝土搅拌站签订好相关协议，及时提供混凝土采购计划，桥身混凝土配合比在满足强度要求的前提下尽量控制水泥用量，防止因水泥用量较大引起水化热较大而产生裂缝。

底板混凝土浇灌时注意震动器插入不能过深，以防止润滑层破坏，导致底板粘连而无法启动。为有效控制跑模，每节刚架桥可分底板、边墙、顶板 3 次浇灌完成，施工缝设置在上下倒角混凝土边墙相接处，顶板混凝土浇完后，即按滑板面制作要求标准对顶板进行原浆抹面找平。

桥身混凝土浇筑完毕后应派专人及时养护，采取草袋覆盖保水养护的方法，保证混凝土表面湿润，养护期应不少于 14 天。

7.管棚、管幕及底部导轨施工

框架桥顶面管棚采用 78 根 $\phi 273 \times 10$ mm 无缝热轧钢管，间距为 350 mm，每根平均打设长度为 20 m，且同时在管幕两端用 3 根 I50a 工字钢与管棚焊接。

顶面管棚距离框架桥顶板顶为 20 cm，采用水平钻机跟管钻进施工，无缝钢管丝口连接，管棚顶进就位后及时注入 M30 水泥浆，确保管内密实。小导管采用挖掘机压入土中。

底部导轨及侧面管幕均采用 $\phi 970 \times 14$ mm 无缝钢管，其长度均为 34 m，施工时必须精确定位，并采用坡口焊接，加内衬砌，同时顶进到位后及时泵入 C20 混凝土，确保管内密实。

长管棚采用钻孔施工，及时施作导向墙及导向孔口钢管，确保管棚钻眼精度，做到管棚管距、倾角及钢管施工误差达到设计要求。

管棚施工时，为保证施工精度，利用全站仪进行精确定位，严格控制好管棚的方向，并做好每个钻孔的地质记录；检查时若发现有个别长管棚侵入框架桥顶进位置内或相邻长管棚孔相交于一处时，必须进行注浆处理，待注浆强度达到后再重新钻孔；塌孔后也按此方法进行压浆处理。

管棚打设时，需注意线路的平顺及各种缆线等设备，列车通过时严禁作业。

8. 顶进

采用框架桥盾构法施工，掘进时，由工人配合修整掘进面、出土以及盾构母体推进时对子盾构套入桥体状态的监视。如果出现意外能及时通报控制台而中断事故发展。子盾构允许单次推进行程 30 ~ 40 cm。

子盾构作业为人力配合机械，视挖掘面土体的自稳能力而定，有先顶后挖、边顶边挖和先挖后顶三种掘进方式。采用何种形式，由工程技术人员决定，液压操纵班按令执行。子盾构推进时，其上部土方由前端锯齿刃角切割下落。作业基本线路板结层，工人可视情况申请采用气动风镐掘土。

盾构墩柱设计为 4 层，每层土体由 1 名工人完成掘进。挖掘标准为墩柱的外廓尺寸宽与前进方向 30 ~ 40 cm 长。

大断面中心土采用挖机掘进与装车，运土采用自卸车，出土通道设于框架轴线上，两侧框架通过搭设便道与出土通道连接。为缩短顶进期，作业人员采用 12 h 两班倒制，机械 24 h连续作业，人停机不停。

掘进时，严格按 1∶0.75 坡度挖去相同长 30 ~ 40 cm 距离，采用接力方式推进各节框架桥，同一距离为一顶进工作循环。

顶进过程中传力柱严格按每 5 m 设一横向分配梁，顶程到一定长度采取传力柱上反压重物等方法保持其平衡。

顶进时，顶柱和后背严禁站人，防止顶柱弓起崩出或后背意外伤人。

顶进时方向、高程及时测量，随时掌握。每次顶进长度控制在 0.5 m 以内，严禁超挖。每顶进一次，用全站仪控制中线方向，用水平仪控制高程，发现偏差，及时纠正。

列车通过前，停止顶进作业，严禁继续挖土，迅速清除线路上放置的工具等物件。工作人员避让至安全位置，确保行车及人身安全。

9. 盾构梁布置

框架桥底部及两侧管棚和顶部管幕施工完毕后方可进行顶进施工。在框架前端顶部设 14 组子盾构，同时在桥身边墙两侧各设置 4 组子盾构，形成三面切土顶进。这样可强化盾构切土作用，加快顶进速度，同时可尽量保留管幕与桥身之间土体，减少空隙。盾构顶板采用钢筋混凝土结构，在墙身位置设支撑墩，顶板梁前端预留顶部子盾构箱位置。盾构两侧板采用钢结构制作，通过预埋铁板与桥身连接。

第六节　乌鲁木齐市中亚北路下穿乌准铁路盾构法施工(下穿铁路)

一、概　　述

根据乌鲁木齐市城市总体规划,重点发展城北新区,但由于乌准铁路横穿城北新区,将建成区和城北新区进行了分割,对铁路两侧地区交通影响较大。既有线标准低,平交道口数量多,公路与铁路干扰严重,制约着区域经济发展,同时制约了既有铁路输送能力的提高,威胁铁路运输安全。

乌准线乌北至小黄山段平交道口改立交工程,是为解决制约城市发展、铁路运输安全和提高运输效率等问题而实施的。本工点为乌准线平改立工程中一处,平交道口位于乌鲁木齐市中亚北路68路车站终点站,为无人看守道口,道路与铁路夹角55°,横跨两股道,道口宽8 m。中亚北路为城市道路,起自喀什西路路口,终止于既有小黄山铁路,铁路道口段道路路宽9 m(沥青混凝土),道路两侧为居民区,工点里程乌准铁路K9 +881.7,新建1—16 m框架桥,与公铁中心线成55°夹角,桥净高6.5 m。受各种条件限制,最终方案确定采用框架桥盾构超前支护顶进施工,如图7—21所示。

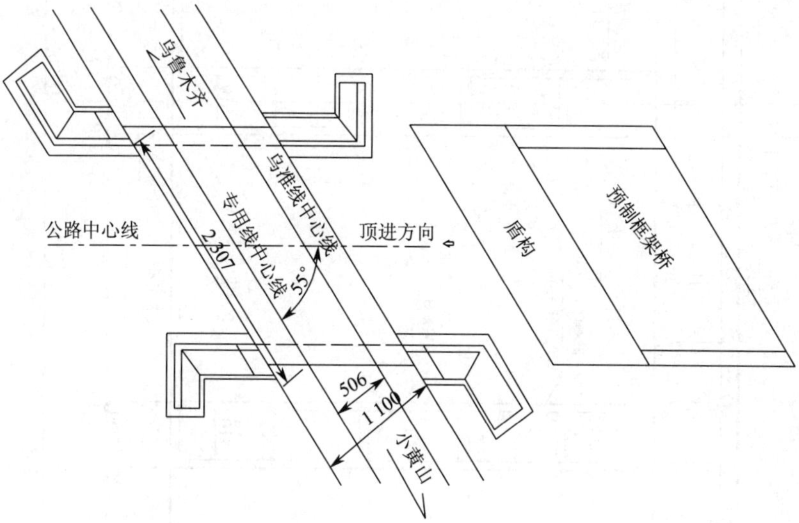

图7—21　平改立工程平面示意(单位:cm)

二、盾构设计

盾构立面图、剖面图、超前支护结构示意图如图7—22、图7—23、图7—24所示。

上刃角顶进到位后,按1∶0.75坡比挖除框架桥底板前方“桥形”梁跨中土体,主体随后进行顶进。一般掘进长度控制在20～30 cm,正立面所设1∶0.2的坡刃角随框架桥同步推进时,上刃角伸出部分被掘进面土体反推并缩回去,完成一次超前支护掘进工作循环。每个墩柱分为4层,每层下部有一块支垫钢板,可将每层封闭成独立箱室。

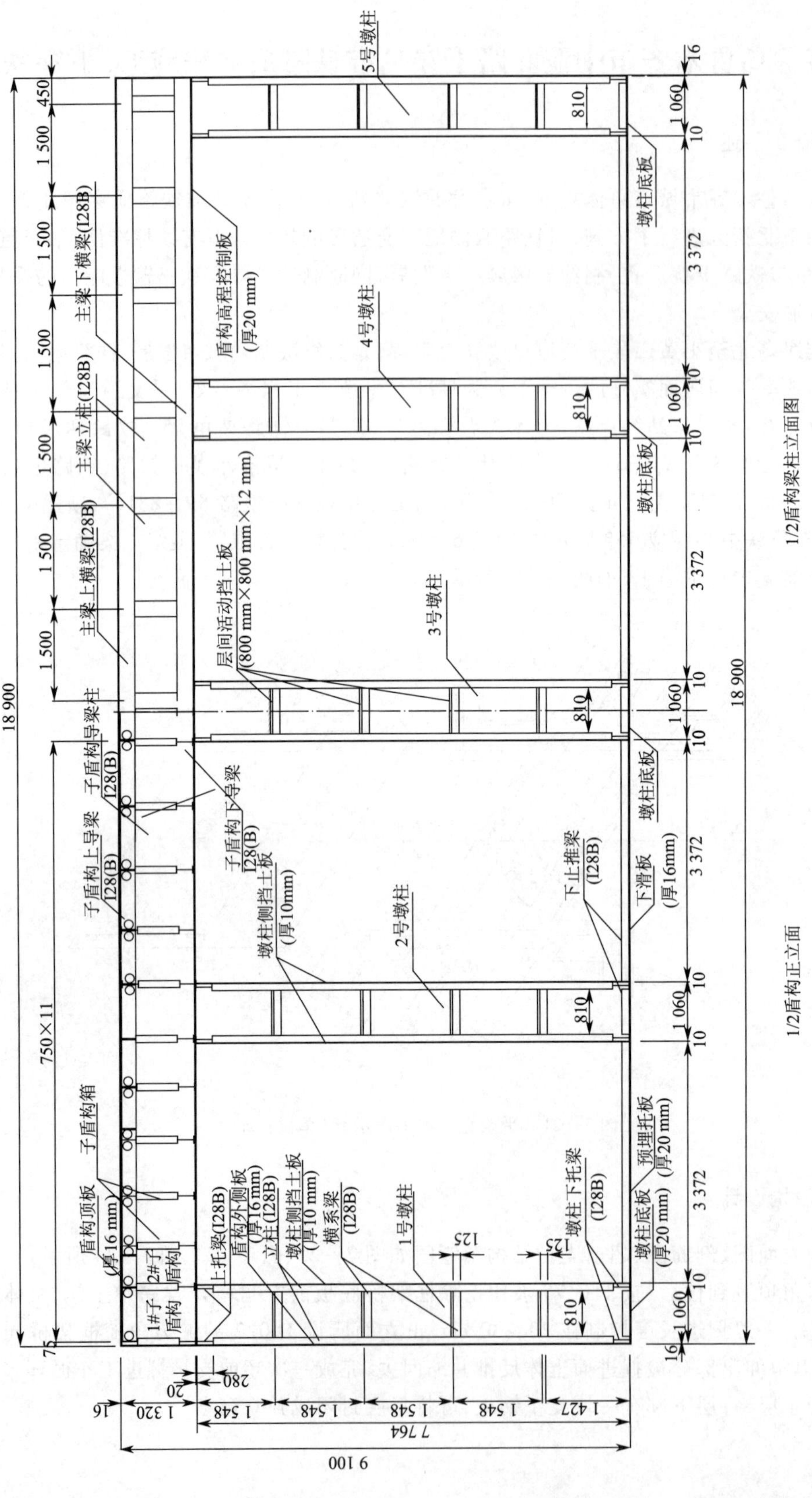

图7—22　盾构立面图(单位：mm)

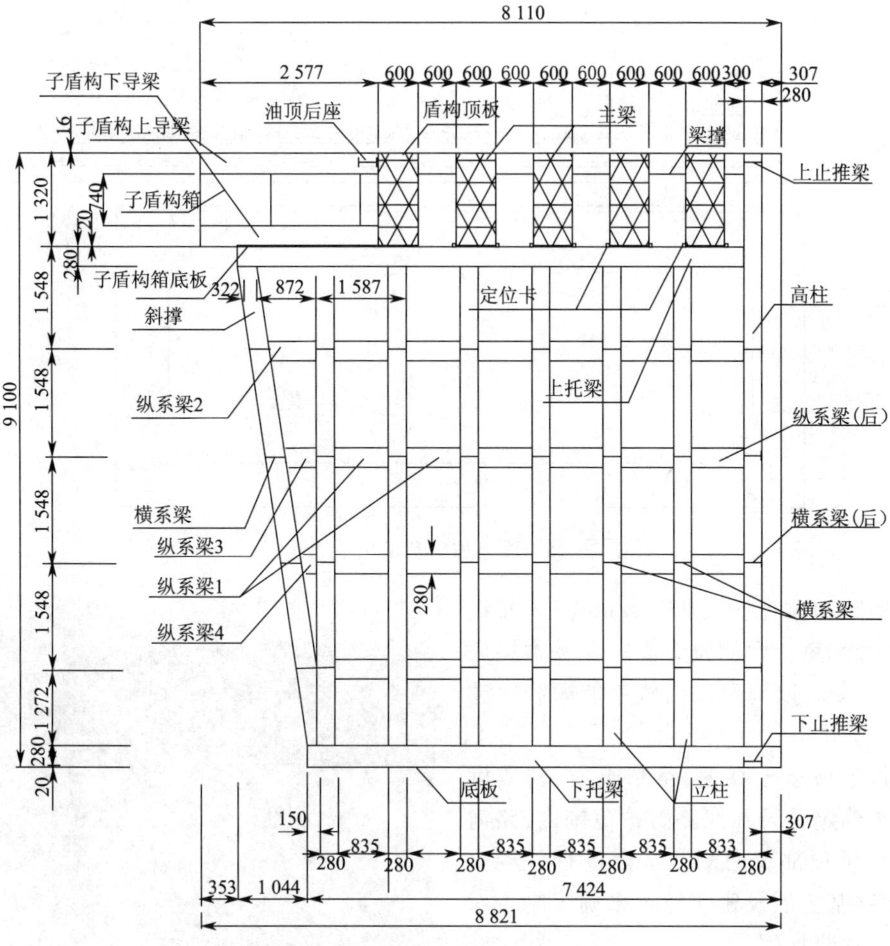

图 7—23　盾构墩柱剖面图(单位:mm)

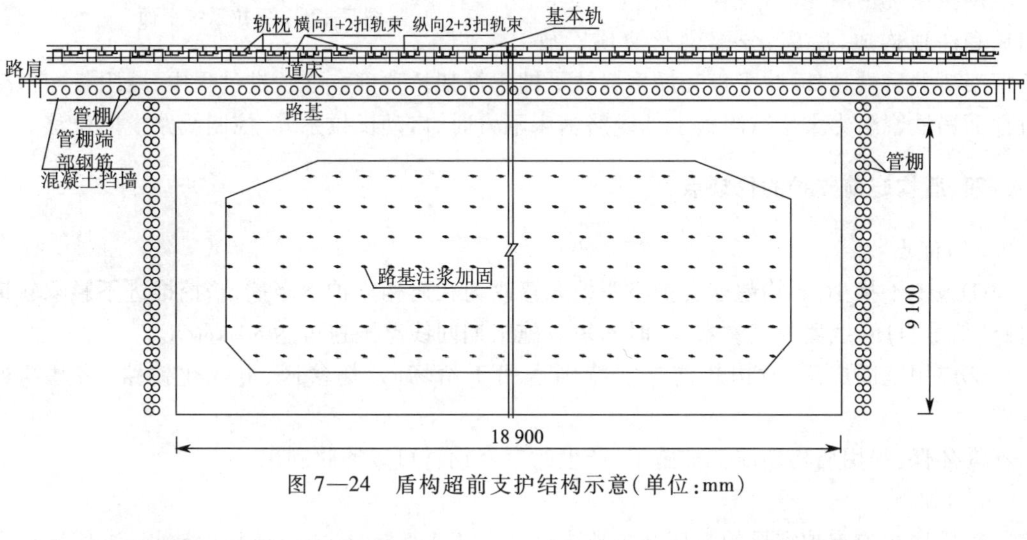

图 7—24　盾构超前支护结构示意(单位:mm)

三、线路简易加固及反拉系统设置

盾构超前支护顶进前对线路进行轨束梁加固并在框架桥上设置反拉系统,如图 7—25、

图 7—26 所示。

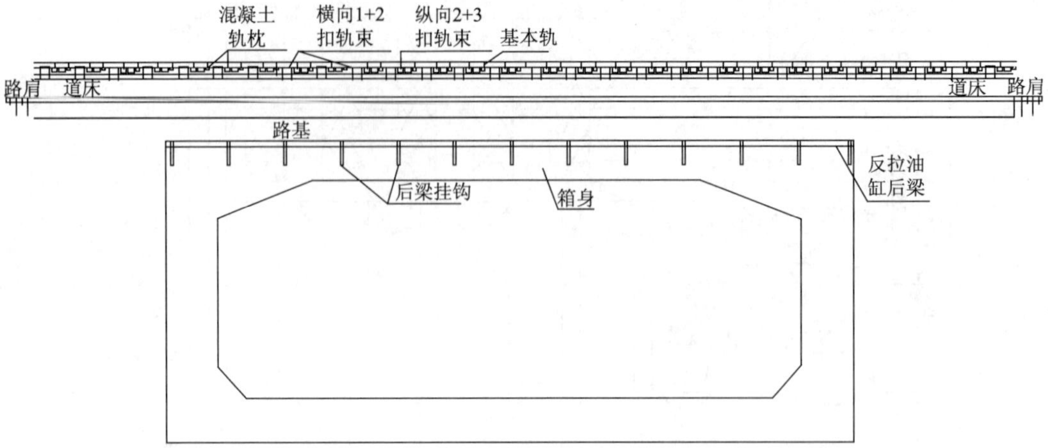

图 7—25　线路加固及反拉系统立面

在线路两侧先安装 43 kg/m 2 + 3 扣纵向轨束,共 2 束。两侧轨束面应在基本轨底面以下 20 cm,以确保横向轨束能顺利穿越基本轨底为准。

根据板顶填土高度、路基土质、密实度等情况来确定是否在线路防护范围内,路肩以下框架桥顶部及两侧路基内进行管棚支护;根据路基土质及密实情况来确定是否对路基进行注浆加固。

图 7—26　反拉系统平面

反拉系统由后座、分配梁、减阻板、反拉扁铁和油顶构成,后座、分配梁及油顶安放于框架桥的后端顶部,减阻板和反拉扁铁平铺于框架桥顶部。在顶进过程中,减阻板与框架桥顶面扁铁摩阻力大于减阻板上部线路基床阻力时,启动反拉系统,控制线路横向位移。

四、盾构超前支护的优缺点

(1)优点

①施工干扰小:盾构超前支护将明挖开槽改为在盾构支护下暗挖,暗挖推进不影响轨道电路、信号自闭、线路封闭次数少、时间短。施工期间线路限速可达 80 km/h。

②应用范围广泛:盾构超前支护特别适用于站场、站场岔区、电气化铁路、路基高的铁路。

③环保:采用盾构超前支护施工,产生的废弃钢材可以回收利用。

(2)缺点

①盾构超前支护需要的轨底至桥顶高度值大于 1.5 m,造成引道长度较长,工作坑挖方量较多,所需投资也比纵横抬梁法防护方案大。

②盾构为刚性焊接体,工艺精密,焊接工作量大。

③在有地下水、地基承载力不足的情况下应用盾构超前支护顶进施工技术还有待进一步探索。

五、盾构超前支护的稳定性计算

控制变形是盾构超前支护顶进施工的关键。经工程实践验证并参考相关资料确定，影响线路变形的主要因素为顶进施工时引起的竖、横向变形。

(1)线路竖向变形

①盾构超前支护中主梁在承受列车、线路等荷载时产生的挠度影响，按简支梁均布荷载作用下计算。

$$f_e = \frac{5ql_p^4}{384EI} = 0.54\ \text{mm} < [f_e] = 3\ \text{mm}$$

式中　f_e——跨中计算挠度；

q——均布荷载(活载+恒载)，148.5 kN/m；

l_p——计算跨径，按单孔简支计算，4.452 m；

E——钢材弹性模量，2.1×10^5 MPa；

I——惯性矩，665 084 cm^4。

主梁强度满足行车要求，轨面不会出现三角坑现象。

②盾构超前支护中立柱按双孔连续梁计算垂直轴力，检算立柱稳定性。

$$N = 2\times\frac{5}{8}\times ql_p = 826.4\ \text{kN}$$

式中　N——计算轴力；

q——均布荷载(活载+恒载)，148.5 kN/m；

l_p——计算跨径，4.452 m。

立柱压杆总体稳定临界值：

$$F_{cr} = \frac{\pi^2 EI}{l^2} = 92\ 118\ \text{kN}$$

式中　F_{cr}——压杆稳定临界值；

E——钢材弹性模量，2.1×10^5 MPa；

I——惯性矩，268 187 cm^4；

l——立柱计算长度，取值 7.764 m。

$N < F_{cr}$，总体稳定。

③盾构超前支护中立柱基底压应力：

$$\sigma = \frac{N}{A} = 105\ \text{kPa} < [\sigma] = 180\ \text{kPa}$$

式中　A——立柱底面积，取 $1.06\times7.424 = 7.87\ \text{m}^2$；

N——底板上的垂直力，826.4 kN。

因此，盾构超前支护体系不会下沉。

(2)线路横向变形

框架桥顶进时(框架桥盾构超前支护体系随框架桥顶进)，通过设置减阻板将盾构、框架桥顶面与线路基床相隔离。当减阻板与盾构顶面、框架桥顶面扁铁摩阻力小于减阻板上部线路基床阻力时，减阻板、线路相对静止不动；当减阻板与钢刃角顶面、框架桥顶面扁铁摩阻力大于减阻板上部线路基床阻力时，可通过框架桥上设置的反拉系统稳定线路。根据本次施工过程记录数据以及以往内地大跨度立交桥施工资料可知，通过反拉系统调整，可以将线路横向位移控制在 3 mm 以内。

(3)线路加固

线路采用轨束梁进行简易加固。假设路基局部塌空跨度 1.5 m 考虑，计算 43 kg/m (2+3)轨束梁的挠度，按简支梁集中荷载作用下计算：

$$f_e = \frac{Pl_p^3}{48EI} = 0.49\ \text{mm} < [f_e] = 3\ \text{mm}$$

式中　f_e——跨中计算挠度；

P——集中荷载，110 kN；

l_p——计算跨径，1.5 m；

E——钢材弹性模量，2.1×10^5 MPa；

I——惯性矩，$5 \times 1\,489 = 7\,445\ \text{cm}^4$。

即使路基局部小塌方，轨面也不会出现三角坑。

综上所述，顶进过程中，线路在动荷载作用下，竖向及横向变形极小，不会影响列车按 45 km/h 速度运行。

第七节　萍乡市滨河路下穿沪昆铁路盾构法施工（下穿铁路）

本桥为 1—15.0 m 钢筋混凝土框架桥，为萍乡市滨河路向北延伸下穿沪昆铁路而设立，框架桥与既有沪昆线正交，中心里程对应沪昆下行线里程 K1024+534.1，设计单位为南昌铁路勘测设计院，施工单位为南昌天河建设股份有限公司。萍乡市滨河路框架桥主体轴线长 33.06 m，预制分为两节：即前端为 16 m 和后端 17 m；顶进方式采用中继间法进行顶进，总顶程为 50.7 m；该框架桥设计覆土厚度为 2.53 m，桥位处路堤高 11 m，填方基地土质为素填土，均匀性较差，故设计时对其素填土层及细砂层进行钻孔压浆加固处理，使其地基承载力 $\sigma \geq 185$ kPa。图 7—27 为现场情况。

图 7—27　现场情况

本次监测自2008年11月20日正式顶进开始(前期主要工作是对主体框架桥制作的监督与控制),在框架桥顶进开始前,对此线路的几何状况进行测量,并绘制相关表格、平面图和相关观测点坐标等资料;在施工不受影响条件下,框架桥设计顶进到位的跨度两端各7 m外分别埋植一个直径22 mm、长1.2 m的钢筋桩,然后在这两个桩之间埋植4个桩,并涂上红油漆,观测点布置示意图如图7—28所示:

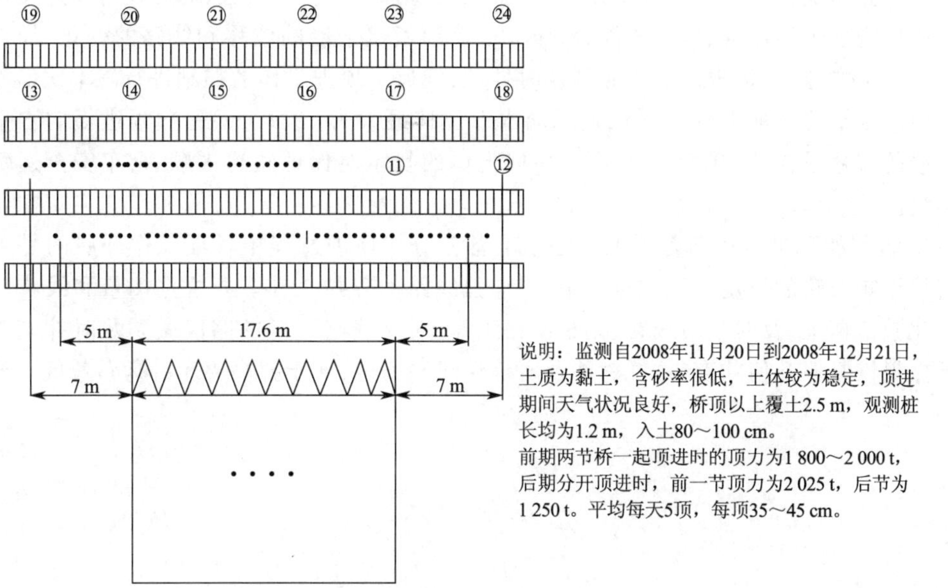

图7—28　观测点布置示意图

本次监测从2008年11月20日开始,由路局工务处、北京交通大学、天河建设股份有限公司等几家单位共同对该工程进行线路位移及沉降监测。监测情况总结如下:

1. 截止2008年12月21日,滨河路框架涵主体顶进基本到位。顶进之前路基土体扰动较大。在顶进之初,由于路肩土体的坍塌,严重地扰动了路基和道床的稳定性,对观测有一定的影响。由于路肩外土体坍塌,严重地影响了线路稳定,经观测有的点下沉约10 cm。线路检修人员及时对其进行抢修,实施补砟,纠正线路原几何形状。

2. 在顶进过程中,通过对线路钢轨的预应力放散和在设置好的反拉系统作用下,框架桥上方覆土层和道床在施工顶进过程中只受到较小的扰动,其成功的表现在框架桥顶进前,对线路顶进部位进行钻孔压浆处理,加固了线路密实度,使顶进部位的土体颗粒之间密实均匀,结构稳定。所以,在顶进过程中其压力变化呈现规律性。同时顶进时,前端盾构主体与整体两节框架桥的顶力约为3 300 t;分开顶进时,前端盾构主体与第一节框架桥的顶力约在2 025 t左右;中继间法顶进第二节框架桥的顶力维持在1 250 t左右。顶进框架桥是一个综合性、各环节需要紧密配合的工作,尤其是顶进过程线路几何状态的检测与监控,乃是非常关键的工作内容。它关系到整个线路的行车安全和施工人员的安全,这就要求线路检测与监控人员,必须对每趟通过的列车观察,并对线路的钢轨发生几何变化进行纠正。若不能进行及时处理的(如:钢轨扭曲过大、断轨、道床严重变形等),必须按铁路相关要求进行拦截列车处理,决不允许因线路的不安全问题造成行车事故。所以线路在顶进过程中的监控和养护等工作尤为重要。

3. 沿顶进方向土体的水平位移发生的变化(除顶进之初由于路肩坍塌所造成的影响)还是比较小的。每一次顶进土体扰动都不明显,分析原因:一是装了反拉系统与顶进油顶的紧密配合,二是框架桥顶面减阻板面上抹了润滑机油与顶进路堤(覆土层)的土体接触减少覆土与钢板的摩擦系数,从而减轻了对路基、道床的影响,加上土体之间密实均匀,所以观测桩的水平竖向变化较小。顶进工作中,每次顶程以 30 ~ 40 cm 为宜,而且及时通过反拉系统与主体盾构顶进的速度、压力相配合,极大地控制了覆土层的位移和线路的变化,加之对线路几何状态的监控,发现微变能做到及时处理,确保了顶进工作的顺利进行。本次监测的观测桩横向水平位移最大达 18 cm,而纵向水平位移最大为 16.1 cm,每次顶进横向水平与竖向位移的偏移量在 0 ~ 0.5 cm 之间。所以土体的复位对保证轨道平顺、列车安全运营有较大影响。

4. 框架桥顶进过程前各项工作必须准备充分。顶进过程中各项工作开展的是否顺利将直接影响线路的稳定。顶进过程中,要加强线路的养护工作。要根据测量和线路工的观测变化数值情况,及时整治线路、调整线路工作,对于线路下沉的路段做到及时补充道砟并进行振捣恢复原几何状态,这样就能及时确保线路稳定,便于提高火车的运营速度。

第八章　展　　望

一、优　　势

铁路提速后，大量的铁路平交道口已经改为下穿的框架桥结构形式，顶进施工工艺也逐渐发展起来。对于高速铁路和城际铁路下的框架桥施工，由于列车速度较高，普通顶进法的下穿框架桥施工技术已经很难满足列车运行速度和施工过程中的安全要求。框架桥盾构虽是新兴的，但它相对于传统的施工工艺有明显优势。在它的适用范围内，必将成为今后框架桥顶进施工的一种重要工艺，各方面都将逐渐趋于成熟。框架桥盾构法相对于传统施工工艺的优势主要体现在以下几点。

1. 社会效益

框架桥盾构法顶进施工对线路影响小，火车通过施工段速度没有明显的降低，保证了线路的安全与通行能力，能最大限度地降低因下穿铁路框架桥施工对铁路运营的干扰，方便了国民的出行，此点在铁路运营高峰期效果尤为明显。

2. 经济效益

框架桥盾构法对铁路路基扰动小，提高了客运和货运的运输效率，对铁路部门增加营运收入也有可观的效益；同时框架桥盾构法相对于其他大跨度下穿框架桥的施工方法具有工期短、安全系数高的优势，减短了对铁路运营影响的时间，减轻了施工现场线路维护工人的作业周期与工作强度。

3. 技术效益

在一般顶进过程中，框架桥对铁路路基有明显的扰动，并使铁路路基向一侧偏移，而框架桥盾构法中的管棚工法和反拉系统就很好地解决了这一问题，管棚工法能限制上部土体的变形，使顶进过程中框架桥对上部线路路基影响最小。反拉系统和液压推进系统保持协调一致，顶进位移量和反拉位移量保持相等，能最大限度地防治线路偏移，达到对线路干扰最小的目的。

经工程实例分析，框架桥盾构法属于正在研究和有待完善的施工工艺。就目前国内对跨度较大的下穿铁路框架桥施工来看，框架桥盾构法具有明显的优势，是一门新兴的、可取的施工方法。因此，该施工方法已经得到很多技术人员的关注，很多研究人员也在不断对其进行各方面的钻研，不断发现问题并解决问题，在不断完善着此项技术。

二、研究方向

众所周知，一种新兴技术的出现并不能完全替代原有的技术，它还存在许多尚待解决的问题。框架桥盾构法在如今和今后还有很多需要研究的内容。下面列出几个正在研究或将来很有可能研究的方向与方法。

1. 适用范围的研究

(1)跨度

修建立交桥方法有许多种：中断交通，在拟定桥位处挖开路基建桥；修筑便线、便桥维持通车,在预定桥位处开挖路基建桥;用便梁承托线路维持通车,然后挖开路基建桥;还有上面所提到框架桥盾构法顶进框架桥等。

上述几种方法中,从火车通行及施工量方面考虑,前两种方法并不适用于正线立交桥的施工。便梁施工也有自己的适用范围。

20 世纪 80 年代后,由上海铁路局设计院设计、宝鸡桥梁厂生产了 D 型低高度施工便梁。D 型施工便梁分为 D_{12}、D_{16}、D_{20}、D_{24} 4 种型号,适用于单线、双线、直线、曲线($R \geqslant$ 400 m),设计行车限速为 60 km/h,为拆装式的钢结构。在平面为直线的情况下,其长度适用范围分别为:D_{12},12.40 m;D_{16},16.40 m;D_{20},20.48 m;D_{24},24.50 m。

由于 D 型便梁在保证行车上安全可靠,提高了顶进的行车速度,安装及拆除工作简单等优势受到了施工单位的欢迎,但适用范围受到跨度的限制,因此,跨度大于 24 m 的框架桥较多的还是采用框架桥盾构法顶进施工。因为对于大跨度框架桥,使用施工便梁架空线路较困难。而框架桥盾构法则可通过分别加长、增加盾构体的主梁和立柱来解决此困难。

(2)土质情况

框架桥盾构法对于土质情况是否有严格要求也有待研究。比如,对于较软的土质路基,在基本承载力小于 120 kPa 时,盾构法施工是否能适用还值得考虑。因为框架桥上下、左右都是土体,当顶程较长时,在地质不是很好的情况下,如果一旦出现“抬头”或“低头”现象,纠正起来将很麻烦。在砂黏土、黏砂土等承载力较高(150 kPa 以上)的地基上,地基基本就不需要进行特殊处理。

框架桥盾构顶板应有 50 cm 以上的覆土层,加上基床表层道砟厚度 60 cm,其覆土厚度现在建议应大于 150 cm。对于顶板土质为砂土或级配碎石等无黏聚力的情况,不建议采用框架桥盾构,因该施工方法会对线路产生很大扰动,影响线路行车安全。其对路基土也有着较严的要求,对于软弱土地基,包括淤泥及淤泥质土、泥炭、呈软塑或流塑状态的粉土和粉质黏土、松散的粉细砂等天然地基来说,这些土的天然含水量高($W > 30\%$),天然孔隙比($e >$ 1.0),强度低($[\sigma] \leqslant 0.1$ MPa),渗透系数小($K < 1 \times 10^{-5}$ cm/s),当土壤处于饱和状态时,在外力作用下,很容易发生触变或液化。故需进行地基处理,使其地基承载力达到设计要求后方能施工。但因为框架桥盾构法造价较大的原因,对于条件适用于采取便梁加固等措施的下穿铁路框架桥,不建议采取框架桥盾构法施工。

框架桥盾构法对铁路、公路填土路基都可使用,路基填筑高度不受限制。但其采用的是人工与机械相结合的挖土方法,因此对于填石路基不适用。

框架桥盾构法可用于框架桥、圆涵、管道等结构物的顶进施工。同时,可根据结构物的尺寸设计制作相应尺寸的盾构结构,且结构物顶进长度不受限制。

2. 优化措施的提出

由于框架桥盾构是一种新型的顶进形式,它的结构截面尺寸尚有可以优化的余地。通过以后研究工作的不断深入,要求既能保证框架桥盾构法顶进施工对线路影响较小,火车通过施工段速度没有明显的降低,同时又能减小或改进截面形式或尺寸,有利于施工,降低造价,并为以后的设计与施工提供指导意义。

在目前的结构设计尺寸下,挖土人员操作十分不便,如何选择良好的结构尺寸和截面尺寸是一项重要内容。

子盾构前方结构可以适当调整，如做成空的方合形，以有利于顶进中减少前方的土体阻力。顶板上放两层钢板与子盾构前端相连，在两层钢板间放润滑油，在顶板上放两层滚动钢珠，以便减少顶板上土对顶板的摩擦力，减少对土体的干扰。

在盾构结构（立柱等）施工工艺上可以进行优化。目前，盾构是钢结构，钢材是一项重要的开支，而连接用的是焊接工艺，铁路或公路框架桥的设计断面灵活多变，传统意义上的盾构体系由于其断面尺寸比较固定，一种规格的盾构只能应用在一定的断面情况下的框架桥施工上，为此若设计不同规格的盾构体系或不断改造盾构结构，则需要付出高昂的代价，从而浪费大量钢材，不但不能达到循环使用的要求，而且还费时，使施工不方便。因此，可将立柱和主梁等大量主体结构改为通用装配式构件，如何将焊接改为拴接是今后的研究方向。通过对主要杆件标准接头的设计，规定标准模数值，并以此模数为基础加工定型的主梁和立柱的分肢、支撑杆件，可以实现框架桥盾构的可拆装化，实现构件的循环使用，然后根据框架桥的结构尺寸以及盾构体内部作业的需要，对盾构体内部的净空尺寸进行规范化、标准化的设计，可以基本实现盾构体的可拆装化，增加各种部件的互换性和周转使用性，加快框架桥盾构拼装、拆除、转场的效率，减少盾构体拆装中造成的材料浪费，提高经济效益，推动框架桥盾构技术的发展，提高桥式盾构在更大范围的应用。

为防止框架桥两侧土体因顶进过程产生的土体松动而下塌，从而引起路基土的松动并下沉的发生，建议在框架桥外侧打入槽形钢，并注水泥砂浆。

为防止轨道的水平位移，在顶进方的路基外，预埋两个支撑桩，用水平梁支撑在纵轨束上，防止钢轨的水平位移，在顶进的后背上用预埋入桩和钢绞线系统作为拉力反拉在轨束上。

当然，还有很多值得优化的地方，这就需要研究人员和施工人员能在实际工程中不断发现问题，再提出解决的措施，不断优化现有盾构的设计与施工方法。

3. 分析软件的开发

现在大多数的设计已经通过软件来完成，而不需要人工进行过多繁琐计算。在现代智能化仪器和系统的设计中，程序软件的设计和优化，成为系统设计中至关重要的一个环节。盾构的设计同样有必要进行立项，开发出一套框架桥（涵）盾构法顶进施工自动设计软件系统。该系统可以根据框架桥（涵）结构尺寸、荷载情况、地质情况等自动设计盾构图。并提出施工过程中需要注意的各种事项，为大规模推广使用盾构法顶进施工创造条件。框架桥盾构设计软件的主要框架、主要内容及主要程序开发工作已经完成，正在进行测试和完善工作。这必将为设计带来便利。

4. 监测系统的跟进

框架桥盾构法是新兴技术，在以前一直还没有准确详细的资料和数据。随着框架桥盾构不断在各大工程的应用，建立完善的监测体制，采取有效的监测措施和技术，对施工过程进行详尽的观测，记录相关的数据，对影响列车正常运营的参数进行监测，并将监测的结果进行分析，为今后大规模推广使用盾构施工收集原始资料并积累和总结经验。框架桥盾构法顶进过程中，通过监测施工影响范围内铁路基床表层竖向和横向变形、轨道的下沉及横向位移，分析反拉力、顶推力与线路变形之间的相关性及研究框架桥顶面的不平顺、顶进超挖、欠挖、暂停时，对线路变形进行研究，以保证线路的稳定。在前期，通过对现场监测结果的分析，绘制基床土压力变化曲线、基床土的位移（水平、垂直位移）变化曲线及钢轨（轨枕）横向水平位移和垂直位移变化曲线,帮助指导顶进施工。并且这些试验成果可以用到下次的研究工作中。

5.最大通过速度分析

从现在的理论和实际情况下,框架桥盾构法顶进施工时列车的最大通过速度可达80 km/h,远远超过了普通顶进施工工艺所能达到的30~45 km/h。但是随着我国各方面的进步,铁路运输的速度会不断提高。到底框架桥盾构施工能否还能满足列车的要求还是一个未知数,不同的情况,可能达到的效果也不一样。到底采取哪些工程措施才能提高列车通过速度还需要进一步的研究和分析。在顶进过程中,基床土体由于在施工顶进过程中可能受到相当大的扰动,导致土体颗粒之间密实不均匀,其压力变化呈现一定的不规律性。尤其当行车密度较大时,在列车动荷载频繁的作用下土体发生下沉,引起相应的轨枕高程变低,且变化不均匀。行车时钢轨发生扭曲,若不能进行及时的道砟回填和线路养护将会对钢轨有一定的扭曲破坏作用。在此情况下,列车只能以较低的速度通过,所以线路的养护在顶进过程前后尤为重要。要满足列车的要求,首先要保证线路不能出现扭曲,沉降不能过大,横向位移不能过大。这就需要对线路加固措施进行分析,研究出在不同情况下所适用的加固方法。

总之,就目前的情况来看,可以对框架桥盾构法进行多方面的研究,包括施工工艺、机械设备、监测系统、适用范围、能将顶进施工对铁路线路的影响降到最低的优化措施,从而最终达到火车安全提速的目的。

三、应用前景

我国铁路的发展建设比较快,连续六次大的提速,使列车速度由原有的30~40 km/h,发展到今天的250~350 km/h。速度提高了,对安全要求也越来越高。框架桥盾构法虽然是一种刚刚起步的工艺,但其能适应列车速度的优势使其发展势头不可估量。经过十几年的发展,盾构法已经在很多大工程中应用起来。人们从中不断积累着经验,不断填充着原先的空白数据。盾构法施工工艺不仅适用于下穿铁路结构,也适用于下穿公路结构;不仅适用于铁路和高速公路的顶桥工程施工,也适用于城市地下通道及管道等项目的建设。现如今,其在铁路和公路交通行业中都得到了成功应用。它所具有的不中断通行、不限跨径、施工安全、地质条件受限制小以及工程造价低、施工周期短等优点,使其在今后必将得到更加广泛的应用。通过在实践中进一步完善盾构的设计方法、制作工艺和施工工艺,以不断地适应市场的需要,其研究成果的推广势必将有利于我国铁路和公路交通事业的飞速发展,其经济效益和社会效益均难以估量。

参 考 文 献

[1] 河北省石家庄市市政建设总公司. CJJ 74—99 城镇地道桥顶进施工及验收规程[S]. 北京:中国建筑工业出版社,1999.

[2] 中华人民共和国铁道部. TB 10002.1—2005 铁路桥涵基本设计规范[S]. 北京:中国铁道出版社,2005.

[3] 中铁工程设计咨询集团有限公司. TB 10002.3—2005 铁路桥涵钢筋混凝土和预应力混凝土结构设计规范[S]. 北京:中国铁道出版社,2005.

[4] 中交公路规划设计院. JTG D60—2004 公路桥涵设计通用规范[S]. 北京:人民交通出版社,2004.

[5] 中华人民共和国建设部. GB 50017—2003 钢结构设计规范[S]. 北京:中国计划出版社,2003.

[6] 李家稳. 地道桥设计与施工[M]. 北京:中国铁道出版社,2012.

[7] 李家稳,韩宝明,施仲衡,等. 管棚和盾构法框架桥设计与施工技术的研究[J]. 铁道标准设计,2009(4).

[8] 陈鹏. 下穿高速公路框架桥"盾构顶进"施工技术的应用[C]//老庄河现场学术交流会论文集,2005.

[9] 孙晓科. 框架桥盾构法施工参数对上方无缝线路的影响[J]. 山西建筑,2008,10.

[10] 张显利,祝金莲. 高速公路下穿地道桥的刚盾构顶进施工方法[J]. 中国市政工程,2001(6).

[11] 郝增新. 静力压桩改善桥涵基底承载力施工技术研究[J]. 山东交通科技,2006(2).

[12] 葛建明,张雪峰. 管棚加固技术在地道桥顶推施工中的应用[J]. 太远理工大学学报,2002(5).

[13] 危君安. 桥式盾构在既有线上的应用[J]. 四川建材,2009,2.

[14] 黄教林,胡麓山. 盾构掘进新工艺——框架桥盾构法[C]//第三届全国公路科技创新高层论坛论文集(下册).

[15] 罗逸清. 大跨度钢结构转换桁架预压施工与监测技术的研究和应用[D]. 重庆:重庆大学土木工程学院,2011.

[16] 王小波. 钢结构施工过程健康监测技术研究与应用[D]. 浙江:浙江大学,2010.

[17] 刘小云. 复杂结构施工监测分析与研究[D]. 陕西:长安大学,2009.

[18] 马明. 地道桥箱涵顶进信息化施工及方向控制研究[J]. 中国科技信息,2005(14).

[19] 高雪瑞. 钢刃角超前支护法在既有铁路防护中的应用[J]. 铁道标准设计,2011(9).

[20] 王穗辉,潘国荣. 全站仪应用于大型钢结构屋架的变形测试[J]. 铁路航测,2003(3).

[21] 刁建鹏,黄声享. CCTV 新台址主楼变形监测分析[J]. 测绘工程,2009(10).

[22] 杨柳. 变形监测技术的发展与应用[J]. 山西建筑,2008(9).

[23] 李锦城. 大跨度钢结构屋架挠度变形监测方法[J]. 铁道建筑,2006(12).

[24] 井浩,佘芳涛,邵生俊. 箱涵顶进施工安全监测与控制技术研究[J]. 地下空间与工程学报,2007(12).